Gedanken, Fragmente
und
Briefe.

Aus dem Französischen
nach der mit vielen unedirten Abschnitten vermehrten
Ausgabe P. Faugère's.

Deutsch
von
Dr. C. F. Schwartz.

In zwei Bänden.

Erster Band.

Leipzig, 1845.
Verlag von Otto Wigand.

Vorwort des Uebersetzers.

Die *Gedanken Pascal's* erscheinen durch die Ausgabe Herrn P. Faugère's*) als ein wesentlich umgestaltetes Werk. Darin liegt die Veranlassung und Rechtfertigung dieser Uebersetzung, welche sich an die genannte Ausgabe hält und nur dasjenige entfernt hat, was im Originale selbst von aller

---

*) Pensées, fragments et lettres de Blaise Pascal, publiés pour la première fois conformément aux manuscrits originaux en grande partie inédits par M. Prosper Faugère. Deux vol. in 8°. Paris, Andrieux éditeur. 1844.

Bedeutung entblößt durch eine Nachbildung noch entbehrlicher würde.

Die größere Mehrzahl der Anhänge, welche der Faugère'schen Ausgabe beigegeben sind, findet sich auch in der Uebersetzung.

Im August **1844**

Auszug aus der Einleitung des Herausgebers.

Man wußte seit langer Zeit, daß der gedruckte Text von Pascal's „Gedanken" mit den nachgelassenen Handschriften nicht vollkommen übereinstimme. Der Bericht V. Cousin's*) hat hierüber vollkommene Belehrung gegeben und gegenwärtige Ausgabe soll die bisherige Lücke ausfüllen.

Wenige Jahre nach dem Tode Pascal's schickten sich seine Verwandten und Freunde zur Veröffentlichung seiner nachgelassenen Papiere an, unter welchen sich Fragmente und Materialien zu einer umfangreichen Apologie des Christenthums, sowie über verschiedene Gegenstände der Philosophie, Theologie und Sittenlehre befanden. Aber der Nachklang seiner Provinzialbriefe war noch zu gewaltig, die Jesuiten waren mächtig am Hofe, und Pabst Clemens IX. hatte auf Ansuchen Ludwig's XIV. den theologischen Zwisten ein Ende zu machen gesucht. Unter diesen Umständen war es eine schwierige Sache, ein Buch über Moral und Religion zu veröffentlichen, welches Pascal's Namen trug. Daraus entstand für die Herausgeber der Gedanken die

---

*) Des Pensées de Pascal. Rapport à l'Académie française sur la nécessité d'une nouvelle édition de cet ouvrage par M. V. Cousin. Paris 1843.

Nothwendigkeit, die Handschriften einer Art von Reinigung und eben damit einer Verfälschung zu unterwerfen.

Arnauld, Nicole, der Herzog von Roannez und andre Freunde Pascal's unterdruckten oder änderten viele Gedanken, deren Kuhnheit einer boswilligen Erklarung Stoff gegeben hätte, ebenso die gegen die casuistische Moral gerichteten Abschnitte. Man entfernte Alles, was gegen die Jesuiten gerichtet war oder dem Pabstthume und der katholischen Orthodoxie nachtheilig zu sein schien. Und hierin waren die Herausgeber von Port=Royal nur zu gut durch die frommen Theologen unterstutzt, welche die Gedanken zu approbiren hatten. Denn kein religioses Buch durfte damals erscheinen, ohne durch eine bestimmte Anzahl von Doctoren untersucht worden zu sein. Der Herausgeber oder Verleger wahlte selbst die Approbatoren, aber es war Sitte, wenn das Werk zu Paris gedruckt wurde, dieselben wenigstens zum Theil aus der theologischen Facultat zu wählen. Diese Approbation war darum eine eigentliche Censur.

So unterlagen auch die Gedanken Pascal's, welche seine Krankheit und Tod unvollendet gelassen hatte, allen Verstummelungen und Verfälschungen, welche übertriebene Vorsicht und falscher Eifer eingeben konnten*). — Die Schriften von Margarethe Perier bezeichnen den Herzog von Roannez als denjenigen, welcher den größten Antheil an der ersten Ausgabe der Gedanken hatte. Doch kann man sich leicht denken, daß er die Revision denjenigen uberließ, welchen sie als Doctoren oder Schriftstellern von Beruf zukam, vor Allen Nicole und Arnauld. Die Copie der Gedanken ist auch wirklich an vielen Stellen über=

---

*) Vergl. Anhang 9 II.

laden mit Verbesserungen von der Hand Stephan Perier's, Nicole's und Arnauld's. Pascal's Schwester, Marg. Perier, war die einzige, welche — jedoch ohne Erfolg — darauf drang, daß man das Ganze unvermischt und unverändert wiedergebe. Wie wenig man ihr Folge leistete, davon ist vorliegende Ausgabe ein fortlaufender Beweis. Es finden sich weder in der ersten, noch in den folgenden Ausgaben zwanzig Linien im Zusammenhange, welche nicht irgend eine Verfälschung darboten. Gänzliche oder theilweise Auslassungen sind zahllos.

Diese erste Ausgabe vom Jahre 1670 wurde in demselben Jahre mit dem Titel einer „zweiten Auflage“ wieder abgedruckt, im folgenden als dritte, ohne Aenderung.

Im Jahre 1678 wurden die Gedanken wieder gedruckt unter dem Titel „Neue Ausgabe vermehrt mit mehreren Gedanken desselben Autors“. Das bei dieser Gelegenheit gegebene Privilegium enthält die Erlaubniß zum Druck eines Buches, betitelt „Gedanken Pascal's über die Religion und einige andere Gegenstände vermehrt mit einer großen Zahl neuer Gedanken desselben Autors, welche noch nicht gedruckt und erst seit Kurzem wieder aufgefunden sind“, welchen man ferner beigefügt hat von der Hand des erwähnten Schriftstellers eine Abhandlung über eine Beweisführung, welche, obwohl verschieden von „der geometrischen, doch eben so sicher ist als diese“, ferner „eine Abhandlung über die Gedanken besagten Herrn Pascal's und über die Bücher Mosis“ und „das Leben besagten Herrn Pascal's“.

Die Herausgeber, nämlich der Neffe und die Schwester Pascal's, hatten, wie man aus dem Privilegium ersieht, im Sinne, die Biographie von der Hand M. Perier's dieser Ausgabe beizufügen. Aber Roannez, Arnauld und

Nicole waren dagegen, weil man bei der Publication derselben die Erwähnung seiner angeblichen Widerrufung nicht unterlassen konnte. Es ist bekannt, daß Pascal während seiner letzten Krankheit den Pfarrer von St. Etienne-du-Mont rufen ließ und ihn bei dieser Gelegenheit über seine vorübergehende Trennung von Arnauld und Nicole in Folge der Formularfrage sprach. Der Geistliche, ein beschränkter Mann, mißverstand Pascal und glaubte, seine Worte enthalten das Geständniß eines Bruches mit Port-Royal und einen Widerruf des Jansenismus. Er machte in diesem Sinne Mittheilungen an den Erzbischoff von Paris und gab auf Ansuchen desselben eine Erklärung in der Weise ab, wie er die Worte Pascal's verstanden hatte. — Der Erzbischoff zeigte dem Herausgeber der ersten Ausgabe der Gedanken, als er ihm ein Exemplar des Buches überbrachte, diese Erklärung und drang in ihn, dieselbe einer zweiten Auflage voranzusetzen. Herr und Madame Perier hiervon unterrichtet, thaten jedoch Schritte bei dem Geistlichen, welcher sich die Sache auf's Neue in's Gedächtniß rief und eine genauere Erklärung gab, in welcher die vorgebliche Widerrufung Pascal's auf eine zufällige Spaltung hinsichtlich der Unterschrift des Formulars beschränkt wurde.

Die Freunde Pascal's legten dieser zweiten Erklärung große Wichtigkeit bei und wollten darum nicht, daß Pascal's Leben veröffentlicht würde, ohne dieses Actenstück beizufügen. Auf der andern Seite schien es jedoch gefährlich die Wahrheit über die jansenistischen Ansichten Pascal's zu veröffentlichen*), und so unterblieb der Druck seiner Biographie.

*) Vergl. Anhang 12.

Die in demselben Privilegium angekündigten neuen Gedanken sind nicht zahlreich und bieten außerdem dieselben Aenderungen und Verstümmelungen dar, welche man sich bei der ersten Ausgabe erlaubt hatte.

Diese Ausgabe wurde im folgenden Jahre wieder abgedruckt und es war ihr endlich das Leben Pascal's von Madame Perier angehängt. Im Jahre 1727 ließ der Bischoff von Montpellier in seinem dritten Briefe an Herrn de Soissons, jedoch ungenau, eine Anzahl ungedruckter Gedanken von Pascal über die Wunder abdrucken.

Im Jahre 1728 veröffentlichte der Pater Desmolets, Bibliothekar der Väter des Oratoriums zu Paris, in seinen Memoiren über Litteratur und Geschichte 1) Unterhaltung Pascal's und Sacy's über die Lectüre Epiktet's und Montagne's. 2) Nachgelassene Schriften oder Fortsetzung der Gedanken Pascal's aus dem Manuscripte des Abbé Perier, seines Neffen. Außer einer bedeutenden Anzahl neuer Gedanken enthielt dieser Auszug auch „die Kunst zu überreden" und „von der Eigenliebe", beide zum ersten Male veröffentlicht.

Diese Publication und die des Bischoffs von Montpellier, nebst der vierten Ausgabe der Gedanken umfaßten alles, was aus den nachgelassenen Schriften Pascal's bekannt war, als Condorcet im Jahre 1776 seine Lobrede Pascal's und dessen Gedanken erscheinen ließ. Condorcet schnitt Pascal für seine Zeit zu. Seine Lobrede ist eine Wiederholung der Kritik Voltaire's über die Gedanken, eine Protestation gegen den Aberglauben, diesen großen Feind, welchen die Voltaire'sche Schule bekämpfte, ihn aber zu oft mit der Religion verwechselte.

Die ersten Herausgeber hatten aus Frömmigkeit alle

Gedanken unterdrückt, deren Kühnheit bei der Orthodoxie des Lesers anstoßen konnte. Condorcet, mit dem entgegengesetzten Vorurtheile entfernte die Stellen, welche den Charakter frommer oder mystischer Gefühle trugen und für eine Zeit, die den Menschen aus den zwei Erscheinungen des Verstandes und sinnlicher Empfindung erklärte, unverständlich waren. Er veröffentlichte jedoch einige bis dahin unbekannte Stücke, z. B. die Abhandlung über „den geometrischen Geist", aber mit Entstellungen und ohne Angabe seiner Quelle. Er hat dieselbe wahrscheinlich dem Original-Manuscripte der Gedanken entnommen.

Condorcet, welcher die Frömmigkeit Pascal's so gut es ging, aus seiner Ausgabe verbannt hatte, ist jedoch der erste, welcher das mysteriöse Blatt veröffentlichte, auf welchem Pascal die Erinnerung an eine verzückte Meditation für sich niedergeschrieben hatte. Freilich sah er in diesem „mystischen Amulete" nur eine Schwachheit des großen Geistes, welche öffentlich lächerlich gemacht werden sollte, er begriff nicht, daß dasselbe nur Achtung erwecken mußte.

Es giebt entscheidende Stunden, in welchen der Mensch den Keim einer neuen Berufung in seinem Innern sich erschließen fühlt, eine neue Welt öffnet sich plötzlich seinem Geiste und ergriffen von einer gebieterischen Leidenschaft, wie einer Stimme Gottes, legt er seinem Gewissen das Gelübde auf, das Werk zu verfolgen, welches von nun an Zweck seines Lebens sein soll. So wird Augustin durch die Stimme von Oben gewonnen, die ihn unterwirft und hinreißt, so sieht sich Pascal, müde der Zerstreuungen der Welt und entschlossen sie zu verlassen, an einem Abende voll Angst und Verzückung plötzlich und für immer zur Religion zurückgekommen.

Descartes selbst hatte seine Stunde lyrischen Enthusiasnus. Als Freiwilliger in die bayrische Armee tretend hatte er das Soldatenkleid genommen, um das Schauspiel der menschlichen Dinge mehr aus der Nähe zu sehen. Er war vierundzwanzig Jahre alt, und *schon voll* von Gedanken, ergriffen von der leidenschaftlichen Liebe zur Wahrheit, die sein Glück und sein Leiden war, empfindend das gährende Schaffen, welches die Methode hervorbringen sollte, er hatte Träume, Ekstasen, eigenthümliche Gesichte. Es war am 10. November 1619. Er selbst hat das Datum und die Umstände dieses Tages aufbewahrt, welchen er ohne Zweifel für einen der merkwürdigsten seines Lebens achtete.

Wie viele Menschen ohne Descartes oder Pascal zu sein haben ähnliche Augenblicke in ihrem unbekannten Dasein! Aber ohne aus der Zeit Pascal's hinauszugehen, führen wir das Beyspiel eines Edelmannes vom Hofe Ludwigs XIV. an, er hieß de Guitry. Unter der militärischen Uniform oder dem Galakleide, beständig trug er eine Schrift bei sich, in welcher er gegen Gott und sich selbst die Verpflichtung versiegelt hatte, die Religion zu üben; dieß war eine Art von Zeuge, dessen für ihn allein sichtbare Gegenwart eine Aufmunterung zum Guten oder ein Tadel des Bösen war. Erst mit seinem Tode entdeckte man diese Schrift, welche eine merkwürdige Vergleichung mit der Pascal's darbietet *)!

Die Condorcet'sche Ausgabe wurde zwei Jahre später (1778) auf's Neue besorgt durch Voltaire, welcher mit einem Fuße bereits im Grabe, den letzten Streich gegen Pascal führte. Die von ihm beigefügten Noten sind meist nichts Anderes als Spott und Ungerechtigkeit.

---

*) Vergl. Anhang 13.

Im folgenden Jahre veröffentlichte der Abbé Bossut zum ersten Male sämmtliche Werke Pascal's. Die Jesuiten waren bekanntlich aus dem Lande vertrieben, seit nicht ganz 17 Jahren, und dennoch — eine eigene Sache! — zu einer Zeit des Unglaubens, wo die Streitigkeiten der Jansenisten und Jesuiten nur noch Spott und Gleichgültigkeit erregten, fürchtete man noch, daß die officielle Erlaubniß zum Druck der Werke Pascal's auf Schwierigkeiten stoßen konnte. Herr von Malesherbes, damals Siegelbewahrer, welcher diese Ermächtigung zu geben hatte, rieth selbst davon abzustehen und das Werk unter einem unterschobenen Namen des Druckortes und Verlegers zu drucken, indem er versprach, die Augen über dieser Verfehlung zuzudrücken. Die Ausgabe trägt in der That den Namen Detune, Buchhändler im Haag, obwohl sie in der That zu Paris durch den Buchhändler Nyon gedruckt wurde.

Diese neue Ausgabe der Gedanken enthielt 1. den alten Text der Ausgabe von 1678, 2. den größten Theil der Gedanken und der Abhandlung von der Kunst zu überreden, veröffentlicht durch Desmolets, 3. die Gedanken über die Wunder, 4. die durch Condorcet zuerst herausgegebenen Fragmente und endlich 5. eine kleine Zahl neuer Gedanken und Fragmente.

Es scheint nicht, daß Bossut das Original-Manuscript, damals auf der Bibliothek von St. Germain-des-Pres aufbewahrt, benutzt habe, er arbeitete nach einer Copie, welche ihm Herr Guerrier de Bezance mittheilte und später der königlichen Bibliothek schenkte. Ferner standen ihm die Handschriften des Pater Pierre Guerrier, aus dem Oratorienhause zu Clermont, eines Freundes und Vertrauten Magarethe Perier's zu Gebote. Dieses Fräulein sah sich nach dem Tode des Abbé Perier, ihres Bruders, im Besitze der Papiere ihres Onkels Pascal und derjenigen ihrer Mutter, Madame Perier. Um die Erhaltung dieser Papiere zu sichern, schenkte sie dieselben dem Oratorium zu Clermont. Diese sämmtlichen Papiere schrieb der Pater Guerrier ab. Seine Copie bildet zwei Sammlungen in 4⁰, welche wir zu Clermont wieder aufgefunden haben, und eine dritte in 8⁰ auf der königlichen Bibliothek.

Die Ausgabe Bossut's ungeachtet ihrer Mängel wurde gleichsam der authentische Text der Gedanken und bis auf die neueste Zeit ist sie ohne irgend eine bemerkenswerthe Verbesserung wiederholt worden.

Für die gegenwärtige Ausgabe sind folgende Handschriften benutzt worden

1. Die Original-Handschrift, aufbewahrt auf der königlichen Bibliothek zu Paris, ein Folioband von 491 numerirten Seiten Auf den meisten derselben befinden sich aufgeklebt oder eingefaßt (wenn sie auf beiden Seiten beschrieben sind) die Papiere, auf welche Pascal geschrieben oder dictirt hatte eine Masse von Betrachtungen und Bemerkungen über die verschiedensten Gegenstände, vornämlich über die Religion. Die Vorrede zur ersten Ausgabe der Gedanken sagt, daß man nach dem Tode Pascal's „seine sämmtlichen Papiere in mehrere Bündel eingefaßt fand, aber ohne alle Ordnung und Folge, Alles war so unvollkommen und schlecht geschrieben, fügt die Vorrede bei, daß man jede erdenkliche Mühe hatte, sie zu entziffern “

Dieselbe Unordnung findet sich in der Handschrift wieder. Ueberdieß ist die Schrift Pascal's äußerst flüchtig und scheint mit dem Gedanken an Schnelligkeit zu wetteifern. Es ist von seiner Hand beinahe das ganze Manuscript, mit Ausnahme weniger Seiten, welche dictirt oder abgeschrieben wurden. Man kann darin die Hand Madame Perier's, Domat's und Arnauld's erkennen. Am Anfange der Originalhandschrift befinden sich fünf nicht numerirte Blätter, welche besondere Erwähnung verdienen. Die zweiten letzten derselben enthalten das Original der im Kleide Pascal's gefundenen Schrift auf Papier und eine Copie der Pergamentschrift. Die drei ersten sind Attestationen des Abbé Perier, aus welchen hervorzugehen scheint, daß er in der Bibliothek von St. Germain-des-Prés aus dem in Rede stehenden Manuscript zwei andere Bände niederlegte, von welchen der eine mehrere Stücke über die Gnade und das Tridentiner Concil, der andere einige Auszüge aus dem Leben Jesu enthielt. Das große Manuscript enthält durchaus nichts über die Gnade oder jenes Concil, ja man hat Ursache zu vermuthen, daß diese Schriften nicht in der erwähnten Bibliothek niedergelegt wurden, sondern in der des Oratoriums zu Clermont blieben, denn der Pater Guerrier, welcher in seinen Sammlungen die in Rede stehenden Stücke abschrieb, sagt ausdrücklich, er habe sie nach den im Oratorium zu Clermont aufbewahrten Originalen copirt. — Von den Auszügen aus dem Leben Jesu findet sich in der Sammlung Guerrier's keine Spur. Vielleicht gehören dahin einige Stellen der Originalhandschrift.

2. Copien der Originalhandschrift.

a. Eine Abschrift, nach welcher ohne Zweifel die erste Ausgabe der *Gedanken* gemacht wurde (s. oben). Sie enthält einige Stellen, welche sich im Originale nicht finden.

b. Diese Copie ist wohl nach der ersten gemacht; sie ist von derselben Hand geschrieben.

Beide Copien konnten nur mit Vorsicht benutzt werden, da sie viele Fehler enthalten.

3. Handschriftliche Sammlungen des Pater Guerrier.
   a Ein Band in 4⁰ von 886 Seiten.
   b. Ein Band in 4⁰ von 352 Seiten.

Beide waren im Besitze des Herrn Bellaigue de Rabanesse *), bei welchem sie der Herausgeber auffand. Sie enthalten neben Copien Pascal'scher Schriften eine Menge von Briefen seiner Schwestern, mehrerer Theologen und anderer mit Port-Royal in Verbindung stehender Männer.

c Ein Band in 8⁰ von 343 Seiten, aufbewahrt in der königl. Bibliothek zu Paris, ebenfalls enthaltend Briefe und andere Schriften Pascal's und gleichgesinnter Männer.

4 Eine Copie der Sammlung Guerrier's. Unvollständig. M. S. Suppl. franç. No. 1485.

5. Ein Manuscript in Klein-Octav, im Besitze Herrn Sainte-Beuve's, einige kleinere Schriften Pascal's enthaltend.

6. Die Briefsammlungen des Arztes Vallant.

7. Eine Handschrift in Klein-Quart (No. 74 Fonds de Saint Germain-Gevres), welche unter Anderm die *Abhandlung über die Liebe* enthält. Man hat diese Schrift mißverstanden. Aus dem, was man von dem weltlichen Leben Pascal's während drei oder vier Jahren der Zerstreuung, deren Spur uns in den Briefen Jacquelinens und Margarethe Perier's aufbewahrt ist, kann man schließen, daß die bis dahin so strenge Enthaltsamkeit seiner Jugend nicht immer dieselbe blieb — Innig verbunden mit dem Herzog von Roannez, welcher entzückt von seinem schönen Geiste „*ihn beständig sehen mußte*“ (wie Marg. Perier sagt), fand sich Pascal, der nicht reich war,

*) Gestorben zu Clermont den 21. Februar 1844.

durch den jungen Herzog und Pair im Besitze der Genüsse und Gefahren eines verschwenderischen Lebens. Die Gesellschaft jener Zeit, diejenige vornehmlich, welche junge Leute, wie der Herzog von Roannez, der einundzwanzig, und Pascal, der achtundzwanzig Jahre alt war, besuchten, war voll von Scepticismus und Atheismus, einer Erbschaft des vorhergehenden Jahrhunderts. Die anständigsten Leute waren die, welche Montaigne lasen, andere, stärkere Geister lasen Werke, in welchen Atheismus zur Lehre gemacht war, Werke welche schnell in Vergessenheit gekommen sind, aber damals weit verbreitet waren.

Gewiß tauchte sich Pascal nicht in das unordentliche Leben, von welchem er Zeuge war, wir glauben sogar sagen zu dürfen, daß ihm aus dem Schauspiele, das unter seinen Augen damals vorging, der erste Gedanke zu dem Werke kam, welches er später der Religion widmen wollte. Darum durften wir auch, wenn wir von ihm ein Geständniß des Falls oder einer Schwäche haben wollten, nicht in der Abhandlung über die Liebe suchen. manche Seite der Gedanken, mit dem Tone edler Erniedrigung und beredter Traurigkeit geschrieben, ließe es uns errathen.

Es ist nicht zu bezweifeln, daß jene Abhandlung sich an besondere Umstände seines Lebens anknüpft. Ohne dieselbe zu kennen, konnten wir schon aus den Briefen Pascal's an Fräulein von Roannez schließen, daß er eine lebhafte Neigung zu ihr hatte. Unter den strengen und ernsten Formen dieser religiösen Ermahnungen fühlt man eine zarte Sorgfalt, welche die christliche Liebe allein nicht erklären würde.

Charlotte Gouffier von Roannez war fünfzehn oder sechszehn Jahre alt, als Pascal sich in enger Freundschaft mit ihrem Bruder verband. Zu jeder Zeit in dem Hause von Roannez freundlich aufgenommen*) befand sich Pascal häufig in Gesellschaft der Schwester seines Freundes. Allmählig gewohnte er sich, sie zu sehen und zu lieben, und ohne den Unterschied des Standes zu erwägen, hegte er vielleicht die Hoffnung, ihr Gemahl zu werden. Vielleicht mischte sich auch ein wenig Ehrgeiz in diese Neigung. Pascal hatte noch weltliche Gedanken und die Hand der Schwester eines Herzogs und Pairs konnte ihm für seine Pläne, welche er für die Zukunft gemacht hate, wünschenswerth erscheinen. — Aber Manches war ihm entgegen, er vertiefte sich mehr und mehr in Askese und mystische Betrachtung. Vielleicht, daß die unglückliche Liebe Theil an seiner Rückkehr zum religiösen Leben hatte. Und vor Allem, seine Seele war nicht von denen, welche, wenn sie hienieden kein Herz finden treu und groß genug, um sich darein zu ergießen — sich hinwenden zu der Quelle aller Schönheit und Liebe, sich verzehren im Schooße des allervollkommensten, ewigen, unendlichen Wesens.

Es ist jedoch glaublich, daß Pascal bei Fräulein von Roannez Erwiederung fand, denn wir sehen einen brieflichen Verkehr sich anknüpfen, der die höchste gegenseitige Achtung und Vertrauen voraussetzt. Leider kennen wir die Briefe Fräulein von Roannez's nicht, und nur Bruchstücke derjenigen von Pascal, da die Strenge seiner jansenistischen Abschreiber nur erbauliche Stellen aufbewahrt hat.

Eine der größten Schwierigkeiten vorliegender Ausgabe war die Herstellung der Ordnung unter den Tausenden von Bruchstücken. Die Eintheilung früherer Ausgaben war eher ein Hinderniß, als eine Erleichterung, denn sie war unvollständig und willkührlich und konnte dem Zweck, welchen eine

---

*) Vergl. Band I. Anhang 1.

neue Herausgabe sich setzen mußte, nicht genügen. Es war wie ein Gebäude, das man nicht erweitern und vergrößern konnte, ohne Alles wegzunehmen und von unten bis oben neu zu bauen.

Unsere erste Sorge war, alle Materialien in zwei Theile zu theilen diejenigen Bruchstücke, welche Pascal für sein großes apologetisches Werk geschrieben hatte, auf der einen und alles Andere auf der andern Seite. Die letzteren Schriften machen den ersten Band, die ersteren den zweiten Band dieser Ausgabe aus. Ueberdieß ist stets die chronologische Ordnung festgehalten. — Hinsichtlich der Anordnung der Apologie haben wir uns bald überzeugt, daß es streng genommen unmöglich ist, den ursprünglichen Plan wieder aufzufinden Pascal hatte nur den Grundgedanken und die Haupteintheilungen seines Werkes fest bestimmt, die Unterabtheilungen waren noch zu suchen und kaum hatte er einige Capitel bezeichnet. Man darf nur die unter dem Titel „Anordnung“ zusammengestellten Bemerkungen lesen, um sich zu überzeugen, daß die letzte Form, welche dem Werke zu geben wäre, Pascal selbst noch unbekannt war.

Ohne darum zu behaupten, daß wir die strenge Ordnung des Buches wieder aufgefunden haben, suchen wir dasselbe ihr so nahe als möglich zu bringen, hierfür konnten wir zerstreute Bemerkungen der Handschrift benutzen, so wie den Bericht, welchen Stephan Perier und du Bois de Lacour von der Unterhaltung geben, in welcher ihnen Pascal den Plan seiner Apologie mittheilte. Dieser bestand darin, von der Kenntniß des Menschen zu der Religion zu gelangen. Darum haben wir außerdem mit Rücksichtnahme auf eine eigne Bemerkung Pascal's das Werk in zwei Hälften getheilt. Die eine derselben soll den Menschen in seinem natürlichen Zustande kennen lehren, seine Leiden, seine

Größe, seine Unfähigkeit, sein Verlangen, seine Bedürfnisse, darauf die Systeme der Philosophie mit ihren widersprechenden Meinungen, seit Jahrhunderten vergeblich nach dem Wahren, Gerechten und Guten suchend. Die andere Hälfte zeigt, wie die Religion allein den Menschen kennt, allein ihm die Wahrheit, Gerechtigkeit und Glück geben kann, und entwickelt hierauf die Beweise dieser Religion. — Beide Hälften sind in Capitel getheilt. Für einige derselben ist der Titel von Pascal selbst gegeben. Die an die Spitze derselben gestellte Uebersicht soll die befolgte Ordnung rechtfertigen oder wenigstens im Einzelnen erklären.

Eine Bemerkung, welche als beständiger Commentar dieses Werkes angesehen werden muß, ist diese, daß die Mehrzahl der Bruchstücke nie bestimmt war, an's Licht zu treten. Es ist gewiß von höchstem Interesse, einen großen Geist mitten in seinem Schaffen zu überraschen, dessen Ausdruck um so freier ist, als er spricht, ohne an Hörer zu denken, aber es wäre ungerecht, den Schriftsteller beim ersten Worte zu nehmen, welches seiner Feder entschlüpft; mancher Gedanke, welcher sonderbar oder gezwungen erscheint, welcher dunkel ist, oder zu weit greift, würde in vollendeter Darstellung den höchsten Grad der Richtigkeit und Klarheit erreicht haben.

Man hat bisher Pascal mit gleichem Unrechte bald einer unterwürfigen Devotion, bald eines unheilbaren Scepticismus mit gleichem Unrechte beschuldigt. Er war mit einer ganz platonischen Seele geboren. Hätte er seinem natürlichen Hange gefolgt, so wäre er frühzeitig zum Studium der Religion und zur Betrachtung der großen Probleme menschlichen Zustandes gelangt. Aber der Einfluß des ersten Beispiels ist mächtig, das Haus seines Vaters war gewissermaßen eine Akademie der Natur-Wissenschaften,

Pascal als Kind lebte unter Männern, welche ausschließlich der Mathematik ergeben waren, so erschien ihm die Beschäftigung hiermit als der große Zweck des Lebens und er verwandte darauf alle Kraft seines Geistes. Sein Vater kannte nichts Höheres, als die Geometrie. Er war ein rechtschaffener Beamter, welcher als Ehrenmann die Pflichten eines Bürgers und Familienvaters erfüllte, aber sich wenig mit Religion befaßte. Er gehörte ohne Zweifel zu den „anständigen Leuten, welche Montaigne zu ihrem Breviere hatten". Während er daher vielleicht übermäßig den Geist seines Sohnes in Anspruch nahm, vernachlässigte er seine religiöse Erziehung und das Herz des Jünglings nährte sich, so gut es ging, „mit der Lecture aller Arten von Büchern". In diesem Untereinander fielen ihm die „Versuche Montaigne's" in die Hände und sein wißbegieriger Geist ließ sich von diesen Gedanken einnehmen, aber Montaigne löst die Fragen nicht, er erregt nur das Verlangen zu wissen und giebt am Ende den Zweifel anstatt der Einsicht.

Pascal lag im Kampfe mit diesem Zweifel und war durch Montaigne von der Nichtigkeit der Wissenschaften unterrichtet, als der Zufall zu seinem Vater zwei Edelleute führte, welche voll Frömmigkeit und mit Port-Royal verbunden waren Der junge Pascal wurde durch ihr Beispiel gleichsam eingeweiht, er las die Schriften von Arnauld und St. Cyran und ein neues Licht ging für ihn auf. Dieser Zeit seines Lebens gehören die Briefe an, welche an der Spitze dieses Bandes stehen, sie bezeugen die schnellen Fortschritte, welche Pascal in der Religion machte. Später eingetreten in weltliches Leben hielt er es nicht lange inmitten dieser Zerstreuungen und dieses Geräusches aus. Auf's Neue ergriffen ihn Zweifel, tiefer geworden durch das Schauspiel einer verdorbenen Gesellschaft. Aber bald suchte er Zuflucht in der Religion, und da seine Seele dießmal stärker war, verdoppelte sich auch sein heiliger Eifer und er schloß sich um so fester an das Kreuz.

Von welcherlei Art war aber der Glaube Pascal's? war er gläubig im strengsten Sinne, welchen die katholische Kirche dem Worte giebt? Man kann es glauben es ist schwer es zu wissen und schlechthin zu bejahen oder zu verneinen. Aber es ist für uns nach dieser genauen Beschäftigung mit seinen Schriften außer allem Zweifel, daß er eine tiefe Ueberzeugung von der sittlichen und philosophischen Trefflichkeit, von dem natürlichen und göttlichen Vorzuge des Christenthums hatte, dieser Glaube beherrscht in ihm alle Stürme des Gedankens. Er glaubt an Jesus Christus, nothwendigen Mittler zwischen Gott und dem Menschen, Erneuerer der Seelen, Erlöser des menschlichen Geschlechts.

Da er beim Studium der mathematischen und physikalischen Wissenschaften sich an strenge Beweise gewöhnt hatte, so bleibt ihm zuweilen diese Vorliebe und dieses Bedürfniß auch für seine Speculationen im Gebiete der Sittenlehre und Religion; und in diesem Sinne wendet er die Berechnung der Wahrscheinlichkeit auf das Dasein Gottes und die Unsterblichkeit der Seele an. Aber er begnügt sich nicht mit einem nur speculativen Christenthume, er bedarf eines Glaubens, der in ihm lebendig werden, seines ganzen Wesens sich bemächtigen, seine Richtschnur und sein Leben werden kann.

Dieß ist der Glaube, welchem Pascal ohne Unterlaß nachgeht und welchen er in dem Feuereifer seiner Seele niemals so besitzt und so ausübt, wie er gern wollte. Mit solchem Glauben vereinigt sich eine tiefe Melancholie die Klage Hiob's und Salomo's über die flüchtige Kürze des Lebens, das Elend des Menschen, die Hinfälligkeit der Weisheit und ihrer Pläne.

Pascal's Meinung ist nicht, wie man schon gesagt hat, daß der Mensch ohne Christus schlechthin jedes Begriffes von Gott, dem wahren Guten, der Gerechtigkeit und Seligkeit entbehre. Sein Mißtrauen in die natürliche Vernunft des Menschen ging niemals so weit; aber es giebt verschiedene Grade in der Wissenschaft der Religion und Sittenlehre, er glaubte, daß die vollkommene Erkenntniß Gottes, des Wahren und Guten untrennbar sei von der Kenntniß Christi. Dieß ist der Scepticismus Pascal's für unzureichend zu halten alle Systeme, welche die menschliche Vernunft außerhalb des Christenthums erzeugt hat. Er wäre gleichgültig oder Zweifler, wenn er aufhörte Christ zu sein.

Gleicherweise hat man Pascal vorgeworfen entweder Descartes nicht verstanden zu haben oder ein Feind aller Philosophie und insbesondere der cartesischen zu sein. Dieß ist unbegründet. Allerdings war Pascal kein Schüler Descartes', ein solcher Geist konnte nicht bei einem Andern in die Schule gehen. Er erleuchtet sich mit dem Lichte, das ihn umgiebt, behält aber seine unvergängliche Eigenthümlichkeit, was er empfängt, eignet er sich an und bildet es um durch eigne Kraft.

Darum zeigt manche Stelle der Schriften Pascal's den Einfluß cartesischer Philosophie, ohne daß er Cartesianer gewesen wäre. Aber in seinem gerechten Mißtrauen gegen alle Systeme gestand Pascal Descartes eben so wenig, als allen andern Unfehlbarkeit zu. Er erkannte das Neue und Große in dem Versuche Descartes', er war der Meinung, dieser Philosoph habe den Unterschied geistiger und körper=

licher Natur bewiesen, aber er war nicht gewiß, daß Descartes, wie er behauptete, eine vollständige Metaphysik, ein vollkommenes Weltsystem aufgestellt habe.

Weiter verwarf er für die Apologie der Religion alle rein-metaphysischen Beweise, weil er sie für „zu entfernt von dem Gedankengange der Menschen hielt und für zu verwickelt, um lebendig zu ergreifen". Pascal schrieb aber für Jedermann, nicht allein für die Metaphysiker, die Einsicht in die Religion sollte Gemeingut aller Menschen sein.

Descartes ebenbürtig durch die Gewalt seines Geistes ist Pascal ihm überlegen durch sein Gemüth, begabt mit einem weniger ausgedehnten, aber sichereren und tieferen Blicke, er war nicht so fruchtbar, aber auch weniger abenteuerlich als Descartes, wenn bei diesem die Methode zum Systeme geworden war, so übte sie Pascal thätig mit unfehlbarer Strenge, alle Erwerbungen, welche er in den Wissenschaften machte, hat er festgehalten. Wenn er, wie Montaigne und Descartes selbst, gern gegen Philosophen und Lehrer der Logik redet, so läßt er doch stets das gesetzliche Recht der menschlichen Vernunft gelten, „er beraubt seine Urtheilskraft," wie Montaigne sagt, „nicht des Rechtes Schlüsse zu machen," und niemand verkündigte kräftiger das absolute Recht der Vernunft und Erfahrung in der Mathematik und Naturwissenschaft, als er es zu einer Zeit gethan hat, wo diese Unabhängigkeit neu und gewagt war. Dennoch ist Pascal größer durch sein Gemüth als durch seinen Verstand was neben seiner mathematischen Genauigkeit seine ausgezeichnete Originalität ausmacht, ist das sittliche Gefühl. Hierin ist er unerreicht, und sein Name, so hoch gestellt, ist doch so volksthümlich, hier auch ruht das Geheimniß dieses Styles, der so groß ist, ohne übertrieben zu sein, überall voll von Wärme und Inhalt, lebendig,

2 *

ohne stürmisch zu sein, persönlich ohne Pedanterie oder Eigenliebe, stolz und bescheiden zugleich, der vollendetste im Jahrhundert der vollendeten Schriftsteller. Seine Redekunst lag in seinem Gemüth und seine Sprache war natürlich groß und edel, weil sein Gemüth, höher noch als sein Verstand, das Edle und die Große in sich trug

Briefe.

1648 — 1661.

Briefe.

Brief Pascal's an seine Schwester Jacqueline*).

Den 26 Januar 1648.

Meine liebe Schwester,

Wir haben Deine Briefe erhalten. Ich hatte die Absicht, Dir auf den ersten derselben zu antworten, welchen Du mir vor mehr als vier Monaten schriebst, aber mein Unwohlsein und einige andere Angelegenheiten verhinderten mich, es auszuführen. Seit dieser Zeit war ich nicht im Stande Dir zu schreiben, theils wegen meines Uebels, theils aus Mangel an Muße oder um anderer Gründe willen. Ich habe wenige Stunden Muße und Gesundheit, beides zusammen. Nichts destoweniger will ich versuchen diesen Brief zu Ende zu bringen, ohne mich zu zwingen; ich weiß nicht, ob er lang oder kurz sein wird. Meine Hauptabsicht ist, Dir hier den Thatbestand der Besuche wissen zu lassen, von welchen Du Kunde hast, und die — hoffte ich — mir Stoff geben sollten, Dich zufrieden zu stellen und auf Deine letzten Briefe zu antworten. Ich kann mit nichts Anderem anfangen, als daß ich Dir die

*) 1er Recueil M S. du Père Guerrier. p. 140.

Freude bezeuge, welche sie mir gemacht haben, ich habe aus ihnen ein so lebendiges Vergnügen empfangen, daß ich es Dir nicht mit Worten sagen könnte. Ich bitte Dich, zu glauben, daß es für mich, obwohl ich Dir nicht schrieb, keine Stunde gab, in welcher Du mir nicht gegenwärtig gewesen wärest, wo ich nicht Wünsche gemacht hätte für die Weiterführung des großen Planes, den Gott Dir eingab. Ich habe neue Freude empfunden bei jedem Briefe, der von ihm Zeugniß gab, und bin entzückt gewesen ihn fortgehen zu sehen, ohne daß Du von unserer Seite irgend welche Nachrichten gehabt hättest. Das hat mich glauben machen, daß er eine übermenschliche Stütze hat, da er keiner menschlichen Mittel bedurfte, um sich zu halten. Dennoch möchte ich Etwas dazu beitragen, aber ich habe keines der Erfordernisse, die dazu nothwendig sind. Meine Schwachheit ist so groß, daß, wenn ich es unternähme, ich eher eine Handlung der Unbesonnenheit, als der christlichen Liebe beginge und mit Recht für uns beide das Unglück fürchten müßte, das dem Blinden droht, der von einem Blinden geführt wird. Ich habe diese meine Unfähigkeit ohne Vergleich mehr gefühlt seit den fraglichen Besuchen, und weit entfernt, Licht für Andere aus ihnen geholt zu haben, haben sie mir selbst nur Verwirrung und Unruhe gebracht, welche Gott allein stillen kann und woran auch ich mit Sorgfalt, aber ohne Uebereilung und ohne Unruhe arbeiten werde, wohl wissend, daß das Eine wie das Andre mich nur weiter vom Ziele entfernen würde. Ich sage, daß Gott allein hier stillen kann und daß ich daran arbeiten werde, weil Andere, welche mir diese Unruhe zerstreuen sollten, sie nur auf's Neue rege machten und vermehrten; so bin ich auf mich selbst gewiesen, und es bleibt mir nur übrig, Gott zu bitten, daß er den Erfolg segne. Ich bedarf hierfür der Theilnahme gelehrter und unparteiischer Leute jene werden es nie thun, ich suche nur noch diese, und deßhalb wünschte ich so sehr, Dich zu sehen; die Briefe sind lang, unbequem und beinahe unnütz in solchen Dingen. Doch will ich Dir Einiges daruber schreiben.

Als ich das erste Mal Herrn Rebours*) sah, sagte ich ihm, wer ich sei, und wurde mit so vieler Artigkeit empfangen, als ich nur wünschen konnte, sie gehörte ganz meinem Herrn Vater, da ich sie nur mit Rücksicht auf ihn empfing. Nach den ersten Begrüßungen bat ich ihn um Erlaubniß, ihn von Zeit zu Zeit sehen zu dürfen, er gestand es mir zu. So stand es mir frei, ihn zu besuchen, und ich betrachte diese erste Zusammenkunft nicht als einen Besuch, sie war nur die Erlaubniß dazu. Ich war wieder bei ihm einige Zeit nachher und unter Anderem sagte ich ihm mit meinem gewohnlichen Freimuthe und meiner Einfachheit, daß wir ihre Bücher und die ihrer Gegner gesehen hatten, daß dieses hinreiche, um ihm zu sagen, daß wir ebenso dachten. Er bezeugte mir daruber einige Freude. Ich sagte ihm hierauf, wie ich glaube, daß man nach den Grundsätzen des gemeinen Menschenverstandes selbst viele Dinge beweisen könne, von welchen die Gegner sagen, daß sie ihm zuwider laufen und daß die Urtheilskraft richtig geleitet zum Glauben an sie führe, wiewohl man dieselben ohne Hülfe der Vernunft schon glauben müsse.

Dieß waren meine eigenen Ausdrücke, in welchen, wie ich meine, nichts liegt, was auch die strengste Bescheidenheit verwunden könnte. Aber da, wie Du weißt, alle Handlungen zwei Quellen haben konnen, und diese Rede

*) Schüler des Abtes St. Cyran und einer der Vorsteher von Port-Royal.

aus Eitelkeit und Vertrauen auf die Urtheilskraft hervorgehen konnte, so reichte dieser Verdacht, welcher durch die Kenntniß vermehrt wurde, die er von meiner Beschäftigung mit Geometrie hatte, hin, ihn meine Rede befremdend finden zu lassen, er sprach sich darüber in einer Erwiederung aus, so voll von Demuth und Bescheidenheit, daß sie ohne Zweifel den Hochmuth besiegt hätte, den er widerlegen wollte. Ich versuchte dennoch, ihm meinen Beweggrund begreiflich zu machen, aber meine Rechtfertigung vermehrte seinen Zweifel, er nahm meine Entschuldigungen für Hartnäckigkeit. Ich gestehe, seine Worte waren so schön, daß sie mich, hätte ich wirklich geglaubt in dem Zustande zu sein, welchen er sich dachte, daraus befreit hätten, aber da ich diese Krankheit nicht zu haben meinte, so widersetzte ich mich dem dargebotenen Heilmittel. Aber er verstärkte es in demselben Maaße, als ich es zu fliehen schien, weil er meine Weigerung für Verhärtung nahm, und je mehr er sich anstrengte fortzufahren, desto mehr zeigt ihm mein wiederholter Dank, daß ich es nicht für nöthig halte. So ging diese Zusammenkunft in einer Ungewißheit und Verlegenheit hin, welche durch die übrigen fortdauerte und sich nicht hat auseinandersetzen können. Ich werde Dir die andern nicht Wort für Wort berichten, weil es weder nöthig noch zweckmäßig wäre. Ich will Dir nur kurz die Hauptsache von dem angeben *), was dort gesagt oder besser von dem, was verschwiegen wurde.

Aber ich bitte Dich vor allen Dingen, aus dem, was ich Dir mittheile, keine Folgerung zu ziehen, weil es mir

---

*) Man hat den Brief nicht, der hier angekündigt scheint.

A. d. H.

Es ist nicht unmöglich, daß Pascal in dem vorliegenden Briefe diese Darstellung gab und dieselbe in der Abschrift weggelassen wurde.

geschehen konnte, nicht alle Dinge mit der nöthigen Genauigkeit zu sagen; und daraus könnte Dir einiger Zweifel entstehen eben so nachtheilig, als ungerecht. — Denn ich finde, nach reiflicher Ueberlegung hier nur Eine Dunkelheit, wo es gefährlich und schwer wäre entscheiden zu wollen. Ich meines Theils enthalte mich des Urtheils, gleichsehr um meiner Schwachheit, als um meiner Unkenntniß willen.

Brief Pascal's und seiner Schwester Jacqueline*) an ihre Schwester, Madame Perier**).

Den 1. April 1648.

Wir wissen nicht, ob dieser Brief nicht, wie die andern, ohne Ende bleiben wird, aber wir wissen gewiß, daß wir Dir ohne Ende schreiben möchten. Wir haben hier den Brief Herrn von St. Cyran's, *über die Berufung*, gedruckt seit Kurzem ohne Approbation oder Privilegium, der bei Vielen angestoßen hat. Wir lesen ihn und werden ihn Dir später schicken. Wir möchten gern wissen, was Du und unser Vater darüber denken. Derselbe ist sehr erhaben.

*) 1er Recueil MS du P. Guerrier. p. 109.

**) „Geschrieben von der Hand des Fräulein Pascal." (Anm. des P. Guerrier.) Wir sehen aus einem ungedruckten Briefe Jacquelinens, daß eine ihrer Hauptbeschäftigungen, wenn sie mit ihrem Bruder in Paris sich aufhielt, die war, für ihn zu schreiben. Darum ist das Original dieses und des folgenden Briefes von ihrer Hand, aber dem Hauptinhalte und Style nach sind die Briefe augenscheinlich von Pascal. Er war damals 25, Jacqueline 22 Jahre alt

Wir haben mehrmals angefangen Dir zu schreiben, aber ich bin davon zurückgehalten worden durch das Beispiel und Unterhaltung oder, wenn Du willst, durch die harten Zurückweisungen, von welchen Du weißt, aber nachdem wir uns so gut wir konnten, darüber aufgeklärt haben, bin ich der Meinung, daß wir, obwohl man mit einiger Vorsicht zu Werke gehen muß, und obwohl es Gelegenheiten giebt, wo man nicht von diesen Dingen sprechen soll, hiervon ausgenommen sind, denn wie wir an einander nicht zweifeln und gleichsam gegenseitig versichert sind, daß wir in allen diesen Reden nur den Ruhm Gottes zum Gegenstande und beinahe keine Berührung, als unter uns selbst, haben, so sehe ich nicht ein, warum wir uns Unruhe darüber machen sollten, so lange er uns diese Denkweise erhält. Nehmen wir hierzu noch den Bund, welchen die Natur, und zu diesem denjenigen, welchen die Gnade unter uns gestiftet hat, so glaube ich, werden wir, weit entfernt hierin ein Verbot zu sehen, vielmehr eine Verpflichtung erkennen, denn ich finde, daß unser Glück, auf diese letztere Weise vereinigt zu sein, so groß ist, daß wir uns vereinen müssen, um es zu erkennen und uns darüber zu freuen Denn — wir müssen es gestehen — erst seit dieser Zeit (welche man, wie Herr von St. Cyran will, den Anfang des Lebens nennen soll) dürfen wir uns eigentlich als wahre Geschwister betrachten, erst seit dieser Zeit hat es Gott gefallen, uns in seiner neuen Welt dem Geiste nach zu verbinden, wie er es in der irdischen dem Fleische nach gethan hatte.

Wir bitten Dich, keinen Tag vorübergehen zu lassen, ohne daß Du Dir dieses in's Gedächtniß fassest und oft die Führung erkennest, mit welcher Gott es so gefügt hat und gemacht, daß wir nicht allein unter einander Geschwister, sondern auch die Kinder desselben Vaters seien; denn Du weißst, daß mein Vater uns hierzu vorausbestimmt und gleichsam gezeugt hat.

Darin müssen wir bewundern, daß uns Gott das Bild und die Wirklichkeit dieser Verbindung gegeben hat, denn, wie wir oft unter uns gesagt haben, die körperlichen Dinge sind nur ein Bild der geistigen und Gott hat das Unsichtbare in dem Sichtbaren dargestellt. Dieser Gedanke ist so allgemein und so nützlich, daß man keine längere Zeit vorbeigehen lassen soll, ohne mit Aufmerksamkeit daran zu denken. Wir haben ausführlich genug über die Beziehung dieser beiden Arten der Dinge gesprochen; darum wollen wir hier nicht davon reden, es ist zu lang um geschrieben zu werden und zu schön, um Dir nicht im Gedächtnisse geblieben zu sein, und, was mehr ist, unumgänglich nothwendig nach meinem Dafürhalten. Denn wie unsere Sünden uns gleichsam verschlungen halten in die körperlichen und irdischen Dinge, und wie diese nicht allein die Strafe für unsere Sünden, sondern auch die Veranlassung zu neuen, der Grund der ersten sind, so müssen wir uns des Ortes selbst, wo wir gefallen sind, bedienen, um uns von unserm Falle zu erheben. Darum müssen wir den Vortheil wohl zu schätzen wissen, welchen die Güte Gottes uns darbietet, uns beständig ein Bild der Güter vor Augen zu lassen, welche wir verloren haben, uns in der Gefangenschaft selbst, in die seine Gerechtigkeit uns gebracht hat, mit so Vielem zu umgeben, das uns zu einem beständig gegenwärtigen Unterrichte diente.

So müssen wir uns als Verbrecher betrachten eingeschlossen in einem Gefängnisse, das voll ist von Bildern ihres Befreiers und Anweisungen aus der Knechtschaft sich los zu machen; aber freilich kann man diese heiligen Züge nicht ohne ein übernatürliches Licht entdecken, denn wie ein jegliches Ding von Gott redet zu dem, der ihn kennt, und ihn offenbart denen, die ihn lieben, so verbergen ihn dieselben Dinge Allen, die ihn nicht kennen.

So folgt man den Finsternissen der Welt aus grober Verblendung, hängt sich an sie, macht sie zum letzten Ziele seiner Wünsche, was man nicht thun kann ohne einen Raub am Heiligen, denn nur Gott soll das letzte Ziel sein, wie er allein auch der Anfang ist. Denn wie groß auch die Aehnlichkeit der geschaffenen Natur mit ihrem Schöpfer sei, wie sehr auch die unbedeutendsten Dinge, die kleinsten und werthlosesten Theile der Welt wenigstens durch ihre Einheit die vollkommene Einheit darstellen, welche nur in Gott ist, so ist es doch nicht erlaubt ihnen die höchste Verehrung zu zollen, weil es vor Gott und Menschen nichts Abscheulicheres giebt, als Götzendienst, da man der Creatur die Ehre giebt, die man nur dem Schöpfer schuldet. Die Schrift ist voll von der Rache, welche Gott an den Schuldigen geübt hat, und das erste Gebot des Dekalog's, welches alle andern in sich faßt, verbietet vor allen Dingen die Anbetung der Bilder. Aber weil er viel eifriger ist, unsere Liebe, als unsere Verehrung zu erhalten, so ist es sichtbar, daß es kein Verbrechen giebt, welches ihm beleidigender und hassenswerther wäre, als wenn wir die Geschöpfe über Alles lieben, wiewohl sie sein Bild tragen.

Darum sollen die, welchen Gott seine großen Wahrheiten geoffenbaret hat, diese Bilder benutzen, um dessen sich zu freuen, welchen sie darstellen, und nicht ewig in dieser fleischlichen und jüdischen Verblendung bleiben, welche das Nachbild für die Wirklichkeit nimmt. Und diejenigen, welche Gott durch die Wiedergeburt aus Gnaden von der Sünde befreit hat (welche das wahre Nichts ist, weil sie Gott, dem wahren Sein, entgegengesetzt ist), um ihnen eine Stelle in seiner Kirche — seinem wahrhaften Tempel — zu geben, nachdem er sie zuvor schon aus Gnaden dem Nichts entrissen hat durch ihre Erschaffung, um ihnen eine Stelle im Weltall zu geben sie haben eine doppelte Verpflichtung, ihm zu dienen und ihn zu ehren. Denn soweit sie Geschöpfe sind, sollen sie sich in der Ordnung der Geschöpfe halten und den Ort, den sie ausfüllen, nicht entheiligen, soweit sie Christen sind, sollen sie ohne Unterlaß darnach trachten, würdige Glieder am Leibe Christi zu sein. Aber während die Geschöpfe, welche die Welt bilden, ihre Verpflichtung erfüllen, indem sie sich innerhalb einer begränzten Vollendung halten, weil die Vollendung der Welt ebenfalls begränzt ist, sollen die Kinder Gottes ihrer Reinheit und Vollkommenheit keine Gränze setzen, weil sie Theile eines ganz göttlichen und unendlich vollkommenen Leibes sind, wie auch Christus den Befehl der Vervollkommnung nicht beschränkt und uns ein Vorbild giebt, an welchem sie sich im unendlichen Maaße finden, wenn er sagt „Ihr sollt vollkommen sein, gleichwie euer Vater im Himmel vollkommen ist." Es ist ein sehr schädlicher und unter den Christen und denen, welche fromm sein wollen, gewöhnlicher Irrthum, sich glauben zu machen, daß es eine bestimmte Stufe der Vollkommenheit gebe, auf welcher man sicher sei und die man nicht zu überschreiten nöthig habe. Denn es giebt keine Stufe, welche nicht schlecht wäre, sobald man auf ihr stille steht, und von welcher man nicht herabsänke, wenn man nicht höher steigt.

Brief Pascal's und seiner Schwester Jacqueline an ihre Schwester, Madame Perier*)

Paris den 5. November 1648, Nachmittags.

Meine liebe Schwester,

Dein Brief hat uns wieder an einen Zwist erinnert, den man aus dem Gedächtniß verloren hatte, so vollständig ist er vergangen Die etwas zu weit gehenden Erklärungen, die wir gegeben haben, riefen den allgemeinen und alten Gegenstand unsrer Klagen hervor, und die Genugthuung, die wir leisteten, hat die Bitterkeit besänftigt, die sich in meinem Vater gebildet hatte. Wir haben gesagt, was Du schon gesagt hattest, ohne zu wissen, daß Du es gesagt hast; und darauf haben wir mündlich entschuldigt, was Du schriftlich entschuldigt hattest, ohne daß wir darum gewußt hätten; und wir haben das, was Du gethan hast, erst erfahren, nachdem wir selbst das Gleiche gethan hatten, denn wie wir vor meinem Vater nichts geheim hielten, so hat er uns auch Alles entdeckt und jeden Verdacht weggeräumt. Du weißt, wie sehr solche Verlegenheiten den äußern und innern Frieden eines Hauses trüben und wie sehr man in solchen Fällen der Mittheilungen bedarf, welche Du uns zu spät gegeben hast.

Wir haben Dir selbst solche zu geben hinsichtlich Deiner eignen Mittheilungen. Die erste bezieht sich darauf, daß Du von uns selbst dasjenige erfahren haben willst, wovon Du schreibst. Erstens. Ich erinnere mich so wenig, mit Dir davon gesprochen zu haben, daß mir vielmehr die

*) 1er Recueil M. S. du P Guerrier p 105.

Sache ganz neu ist, und noch mehr — wäre jenes wahr, so müßte ich furchten, Du habest es in menschlicher Weise behalten, wenn Du doch die Person, von der Du es erfahren, nicht vergessen hattest, um Dich einzig Gottes zu erinnern, der allein eigentlich Dir dieses mitgetheilt haben kann. Wenn Du Dich daran erinnerst als an eine gute Sache, so solltest Du nicht daran denken, es von einem Andern zu haben, da Du sowohl als die Andern es nur von Gott allein lernen konnen. Denn mag man bei dieser Art von Anerkennung gleich nicht bei den Menschen stehen bleiben, an welche man sich wendet, als waren sie die Urheber des Guten, das man durch ihre Vermittlung empfangen hat, so muß dieses doch eine kleine Entgegensetzung gegen Gott hervorrufen, insbesondere bei denen, welche von fleischlichen Eindrücken, welche uns als Quelle des Guten die außeren es mittheilenden Gegenstande betrachten lassen, noch nicht vollkommen gereinigt sind.

Dieses soll aber nicht heißen, daß wir diejenigen nicht anerkennen und uns ihrer erinnern durfen, von denen wir irgend welche Unterweisung haben, wenn diese Personen das Recht haben, sie uns zu geben, wie die Väter, die Bischöffe und Vorsteher, weil sie die Lehrer, wie andere die Schuler sind. Das ist aber bei uns nicht der Fall; denn wie der Engel die Anbetung eines heiligen Dieners, wie er, zurückwies, so bitten wir Dich, diese Worte menschlicher Anerkennung nicht mehr zu gebrauchen, und sagen Dir, Du mogest kunftighin uns keine solchen Schmeicheleien mehr sagen, da wir Schüler sind, wie Du.

Das Zweite bezieht sich darauf, daß Du sagst, es sei nicht nothig uns diese Dinge zu wiederholen, da wir sie schon wissen, dieses läßt mich fürchten, Du unterscheidest nicht hinreichend zwischen den Dingen, von welchen Du redest, und denen, von welchen die Welt redet. Es ist gewiß, daß es hinreicht, diese einmal gehört und gut im Gedächtniß behalten zu haben, während es für jene nicht hinreicht, sie einmal begriffen und auf die rechte Weise, d. h. durch die innere Bewegung aus Gott erkannt zu haben, um ihre Kenntniß auf dieselbe Weise sich zu erhalten, obwohl man sich die Erinnerung daran leicht erhält. Nicht als ob man einen Brief des Apostels Paulus nicht eben so leicht behielte und sich daran erinnerte, als ein Buch von Virgil, aber die Kenntnisse, welche wir auf diese Weise erwerben, gleichwie ihre Erhaltung sind nur eine Sache des Gedächtnisses, während dagegen, um jene geheime und für den, der dem Himmel fremd ist, fremde Sprache zu verstehen, es nöthig ist, daß die Gnade, wie sie allein das erste Verständniß geben kann, so auch es fortsetze, stets gegenwärtig erhalte und ohne Unterlaß in den Herzen der Gläubigen erneue, um sie stets lebendig zu erhalten, gleichwie Gott den Seligen die Seligkeit stets erneuert, die eine Wirkung und Folge der Gnade ist, gleichwie auch die Kirche sagt, daß der Vater beständig den Sohn hervorbringe und die Ewigkeit seines Wesens durch eine Ausgießung seiner Substanz erhalte, welche ununterbrochen und ohne Ende ist.

So ist also die Fortdauer der Gerechtigkeit der Gläubigen nichts anderes als die fortgesetzte Eingießung der Gnade, und nicht eine einzelne fortbestehende Gnade, und daraus lernen wir trefflich unsre beständige Abhängigkeit von der Barmherzigkeit Gottes, weil nothwendig Dürre entsteht, wenn er auch nur im Geringsten ihren Lauf unterbricht. In dieser Lage müssen wir natürlich stets neue Anstrengungen machen, um diese stätige Neuheit des Geistes zu erwerben, da man die alte Gnade nur durch die Erwerbung einer neuen erhalten kann und im andern Falle auch jene verlieren würde, die man festhalten möchte, wie die, welche das Licht einsperren wollen und Finsterniß einschließen. Darum müssen wir wachen, ohne Unterlaß unser Inneres zu reinigen, welches immer mit neuen Flecken sich beschmutzt und dabei auch die alten behält, denn ohne anhaltende Erneuerung ist man nicht fähig, den neuen Wein zu empfangen, der nicht in alte Schläuche gefaßt werden darf.

Darum darfst Du Dich nicht scheuen, uns die Dinge wieder vor Augen zu stellen, welche wir im Gedächtniß haben und die man in das Herz aufnehmen muß. Denn Deine Worte können ohne Zweifel besser als Werkzeug der Gnade dienen, als die Vorstellung, welche uns davon im Gedächtnisse geblieben ist, da die Gnade vornehmlich dem Gebete geschenkt und Deine Liebe zu uns eines von jenen Gebeten ist, die man niemals unterbrechen soll. Darum soll man sich auch niemals weigern, die heiligen Dinge zu lesen oder zu hören, so gemein und bekannt sie auch sind, denn unser Gedächtniß mit den Unterweisungen, die es behalten hat, ist nur ein seelenloser und jüdischer Leib ohne den Geist, der es beleben soll. Und häufig bedient sich Gott dieser äußern Mittel, um jene verständlich zu machen und der menschlichen Eitelkeit desto mehr ihren Halt zu entziehen, wenn wir auf diese Weise die Gnade in uns selbst aufnehmen. Darum bringt ein Buch oder eine Predigt, mögen sie noch so gewöhnlich sein, weit mehr Frucht für denjenigen, der sich mit größerer Neigung ihnen hingiebt, als die trefflichsten und erhabensten Reden, die meistens mehr unterhaltend als belehrend sind, man sieht häufig, daß die rechten Zuhörer, obwohl unwissende und fast beschränkte Leute, schon gerührt sind bei dem Namen Gottes oder den Worten, die ihnen die Hölle drohen, wenn sie gleich nichts Anderes verstehen als dieses, und auch dieses vorher eben so gut wußten.

Der dritte Punkt betrifft das, daß Du sagst, Du schreibest diese Dinge nun, um uns zu zeigen, daß Du eben so denkest. Hierfür drücken wir Dir gleicherweise unser Lob und unsern Dank aus, wir loben Deine Standhaftigkeit und danken Dir für den Beweis, den Du uns davon gabst. Wir hatten dieselbe Aeußerung schon von Herrn Perier erhalten und die Erklärungen, die wir uns von ihm hatten geben lassen, hatten uns der Sache versichert: wir können Dir nicht ausdrücken, wie sehr wir darüber erfreut sind, als wenn wir Dir die Freude vorhalten, welche Du empfinden würdest, wenn Du uns dasselbe sagen hörtest.

Im Besonderen haben wir Dir nichts zu sagen, außer über die Zeichnung zu Eurem Hause*). Wir wissen, daß Herr Perier Alles, was er anfängt, zu ernsthaft nimmt, um an zwei Dinge zugleich denken zu können, und daß die Zeichnung so weitläufig ist, daß er, um sie zu vollenden, lange Zeit sich mit nichts Anderem abgegeben haben muß. Wir wissen auch, daß sein Entwurf nur einen Theil des Gebäudes betrifft, aber außerdem, daß sie schon an und für sich zu groß ist, so nöthigt sie zur Vollendung des Uebrigen, sobald kein Hinderniß mehr im Wege steht, wie sehr man sich auch vornehme, dagegen fest zu bleiben, besonders wenn er die Zeit zum Bauen anwendet, welche nöthig wäre, um sich über die geheimen Reize, die sich dabei finden, zu enttäuschen. Deßhalb haben wir ihm gerathen, viel weniger zu bauen, als er vorhatte, und nur das Einfache und Nothwendige, jedoch nach demselben Plane,

*) Ein Landhaus, welches Herr Perier bauen ließ und noch zu Bienassis bei Clermont vorhanden ist.

damit er keinen Grund habe sich darauf einzulassen und sich nicht das Mittel der Ausführung raube. Wir bitten Dich, die Sache ernstlich zu erwägen, Dich zu entschließen und ihn zu berathen, damit er nicht etwa weit mehr Klugheit habe und weit mehr Sorge und Mühe auf den Bau eines Hauses verwende, das er nicht nöthig hat zu bauen, als auf den Bau jenes mystischen Thurmes, von welchem, wie Du weißt, der h. Augustin in einem seiner Briefe redet, den er in seinen Unterhaltungen vollenden will. Lebe wohl.

B. P. — J. P.

Nachschrift von Jacqueline. Ich hoffe Dir im Besondern von meiner Angelegenheit zu schreiben und Dir die Einzelnheiten mitzutheilen, inzwischen bitte Gott um einen glücklichen Ausgang.

a) Wenn Du eine gute Seele weißt, bitte sie, mich in ihr Gebet einzuschließen.

Anm. des P. Guerrier: „Dieser Brief ist von der Hand Frl. Pascal's geschrieben." —

a) „Diese Linie ist von der Hand Herrn Pascal's."

Brief Pascal's an Herrn Perier, seinen Schwager, aus Veranlassung des Todes seines Vaters*).

Paris den 16 October 1651.

Da Ihr nunmehr beide**) von unserm gemeinsamen Unglücke unterrichtet seid, und der Brief, den ich ange-

---

*) 1er Recueil M. S. du P. Guerrier p. 1.

**) Herr und Madame Perier. Stephan Pascal war den 24. September gestorben.

fangen hatte, mir durch die Erzählung etlicher glücklichen Umstände, die das traurige Ereigniß begleiteten, einigen Trost gewährte, so will ich Euch diejenigen nicht vorenthalten, die ich noch im Gedächtnisse habe. Ich bitte Gott, mir seine Tröstungen ferner zu geben und zu erneuern, wie wir sie früher schon von seiner Gnade empfingen, und wie sie auch neuestens bei dieser Gelegenheit durch unsere Freunde uns zu Theil wurden.

Ich weiß nicht mehr, wo mein erster Brief endigte. Meine Schwester hat ihn abgeschickt, ohne darauf zu achten, daß er unvollendet war. Ich meine er enthielt hauptsächlich nur etliche Einzelheiten göttlicher Führung in seinem Leben und seiner Krankheit, die ich Euch hier wiederholen möchte, so sehr habe ich sie mir in's Herz gegraben und so gründlichen Trost 'geben sie. Ihr könnet sie aber in dem früheren Briefe selbst nachsehen, und meine Schwester wird Euch bei erster Gelegenheit einen genaueren Bericht geben.

Ich will darum hier nur von der Folgerung reden, die ich daraus ziehe, daß — ausgenommen die, welche durch Gefühle der Natur dabei betheiligt sind — jeder Christ sich darüber freuen soll.

Auf dieser großen Grundlage will ich meine Erörterung für Euch beginnen, trostreich denen, welche die erforderliche Freiheit des Geistes haben, um inmitten der Gewalt des Schmerzes sie zu fassen.

Wir sollen Trost für unsre Leiden nicht in uns selbst suchen, nicht bei den Menschen, nicht bei dem Geschaffenen, sondern in Gott. Denn niemals ist ein Geschöpf der erste Grund der Unfälle, die wir Leiden nennen, vielmehr ist die göttliche Vorsehung ihre einzige und wahre Ursache, Richter und Herrscher; wir müssen darum unmittelbar uns zur Quelle wenden und auf den Ursprung zurückgehen, um eine gründliche Linderung zu finden. Folgen wir dieser Lehre und betrachten das Ereigniß nicht als eine Wirkung des Zufalls, nicht als eine unabwendbare Nothwendigkeit des Naturlaufes, nicht als ein Spiel der Elemente und Theile, die den Menschen bilden (denn Gott hat seine Auserwählten nicht der Laune und dem Zufall überlassen), sondern als eine unabweisbare Folge, unausbleiblich, gerecht, heilig, nützlich zum Besten der Kirche und zur Erhöhung des Namens und der Größe Gottes — als Folge eines Rathschlusses seiner Vorsehung, gekannt seit aller Ewigkeit, um ausgeführt zu werden in der Fülle der Zeiten, in diesem Jahre, an diesem Tage, zu dieser Stunde, an diesem Orte, auf diese Weise, kurz, daß Alles, was geschieht, von aller Zeit vorher gewußt und vorher gewollt war in Gott, wenn wir, sage ich, in überschwanglicher Gewißheit der Gnade dieses Ereigniß betrachten nicht an und für sich und außer Gott, sondern außer ihm selbst und in seiner Einheit mit dem Willen Gottes, in der Gerechtigkeit seines Rathschlusses, in der Ordnung seiner Vorsehung, — als der wahren Ursache, ohne die es nie geschehen wäre, durch die es geschehen und durch die es gerade so geschehen ist. wir würden anbeten in demüthigem Schweigen die unerforschliche Größe seiner Geheimnisse, verehren die Heiligkeit seiner Rathschlüsse, segnen die Führung seiner Vorsehung, wir würden unsern Willen mit dem göttlichen Willen selbst vereinend mit ihm, in ihm und für ihn dieselbe Sache wollen, die er in uns und für uns von aller Ewigkeit gewollt hat.

Betrachten wir sie darum so und üben die Lehre, die mir ein großer Mann in der Zeit unsrer größten Trauer gegeben hat, daß nur in der Wahrheit Trost zu finden sei! In der That, weder Sokrates noch Seneca haben in einem solchen

Falle etwas Ueberzeugendes. Sie stehen unter dem Einflusse des Irrthums, der im ersten Menschen das ganze Geschlecht verblendete. sie nehmen den Tod als etwas dem Menschen Natürliches; und alle ihre Reden, die sie auf diesen falschen Satz gebaut haben, sind so haltlos, daß sie durch ihre Unersprießlichkeit nur zum Beweise dienen, wie schwach überhaupt der Mensch ist, da auch die höchsten Erzeugnisse der Größten unter den Menschen so niedrig und so kindisch sind. Nicht so Jesus Christus, nicht so die heiligen Bücher hier ist die Wahrheit entdeckt und der Trost in ihrem Gefolge, eben so unfehlbar, wie sie unfehlbar vom Irrthum getrennt ist.

Betrachten wir darum den Tod in der Wahrheit, welche die heilige Schrift uns gelehrt hat. Wir haben diesen wunderbaren Vortheil, zu wissen, daß der Tod eine wahrhafte und wirkliche Strafe der Sünde ist, dem Menschen auferlegt, um sein Verbrechen zu sühnen, nothwendig für ihn, um ihn von der Sünde zu reinigen; die einzige, welche die Seele von den Begierden der Glieder befreien, ohne welche die Heiligen nicht in diese Welt kommen. Wir wissen, daß das Leben, auch das Leben des Christen, ein beständiges Opfer ist, das nur durch den Tod vollendet werden kann. Wir wissen, daß Christus bei seinem Kommen in die Welt sich wie ein Brandopfer und wahrhaftes Opferlamm betrachtet und Gott dargebracht hat; daß seine Geburt, sein Leben, sein Tod, seine Auferstehung, seine Himmelfahrt, seine Gegenwart im Abendmahle und sein ewiges Sitzen zur Rechten ein einziges Opfer sind, und wir wissen, daß was an Christus geschah, auch an allen seinen Gliedern geschehen soll.

Betrachten wir darum das Leben als ein Opfer, und alle Zufälle des Lebens müssen nur so weit den Geist des

Christen beruhren, als sie dieses Opfer unterbrechen oder vollenden. Nennen wir darum nicht „übel“, was das Schlachtopfer Gottes zu einem Schlachtopfer des Teufels macht, aber nennen wir „gut“, was das Schlachtopfer des Teufels in Adam zu einem Schlachtopfer Gottes macht; und nach diesem Maaßstabe wollen wir das Wesen des Todes prüfen.

Für diese Betrachtung müssen wir auf die Person Christi zurückgehen, denn Alles, was in den Menschen ist, ist verabscheuenswerth, und wie Gott die Menschen nur im Mittler Jesus Christus betrachtet, so sollen auch die Menschen weder Andere noch sich anders als durch Vermittlung Christi ansehen. Denn wenn wir nicht durch diese Mitte hindurchgehen, so finden wir in uns nur wirkliches Unglück, oder abscheuliche Freuden, aber wenn wir jegliches Ding in Christo betrachten, so finden wir lauter Trost, lauter Genüge, lauter Erbauung.

Betrachten wir darum den Tod in Jesu Christo und nicht ohne ihn. Ohne Christus ist er schrecklich, gräulich, der Schauder der Natur. In Christus ist er ganz anders, er ist lieblich, heilig und die Freude der Gläubigen. Alles ist süß in Christo, selbst der Tod. Darum hat er gelitten und ist gestorben, um Tod und Leiden zu heiligen. Als Gott und als Mensch ist er das Höchste und das Verworfenste gewesen, um in sich jedes Ding zu heiligen, ausgenommen die Sünde, und ein Vorbild zu sein in allen Lagen des Lebens.

Um zu erwagen, was der Tod und was der Tod in Christus ist, muß man auf die Stufe sehen, die er in seinem beständigen, ununterbrochenen Opfer einnimmt, und muß hierfür bemerken, daß im Opfer der Tod des Opferthieres die Hauptsache ist. Die Darbringung und die Weihung, welche vorangehen, sind Vorbereitungen, die Vollendung aber ist der Tod, in welchem durch Vernichtung des Lebens die Creatur Gott die höchste Hingebung bezeugt, deren sie fähig ist, indem sie sich vernichtet vor den Augen seiner Majestät und sein höchstes Sein anbetet, das allein wahrhaft ist. Freilich giebt es noch ein anderes Stück nach dem Tode des Opfers, ohne welches der Tod unnütz ist, nämlich die Annahme des Opfers von Seiten Gottes, wie es in der Schrift heißt. **Et odoratus est Dominus suavitatem***) „und Gott roch und nahm an den lieblichen Geruch des Opfers." Sie ist es, welche die Darbringung krönt; aber ist mehr eine Handlung Gottes gegen die Creatur, als der Creatur gegen Gott und hebt nicht auf, daß die letzte Handlung der Creatur der Tod ist.

Dieß Alles ist erfüllt in Jesus Christus. Bei seinem Eintritt in die Welt hat er sich dargebracht. **Obtulit semet ipsum per Spiritum sanctum****). **Ingrediens mundum dixit: hostiam noluisti*****). **Tunc dixi ecce venio. In capite etc.**†) „Er hat sich geopfert durch den heiligen Geist. Da er in die Welt kommt, spricht er Herr, die Opfer gefallen Dir nicht, aber Du hast mir einen Leib gegeben. Da sprach ich. Siehe, ich komme†) um zu thun, o Gott, Dein Wille und Dein Gesetz sind in der Mitte meines Herzens." Dieß ist seine Darbringung. Seine Heiligung war eins damit. Dieses Opfer hat durch sein ganzes Leben gedauert und ist erfüllt worden durch seinen Tod. „Er mußte solches leiden, um einzugehen zu seiner Herrlichkeit††), und obwohl er der Sohn Gottes war, mußte

*) 1 Mos. 8, 21.
**) Hebr. 9, 14.
***) Hebr. 10, 5. 7.
†) Ps. 39, 8 9
††) Luc. 24, 26

er doch Gehorsam lernen"*). Aber in den Tagen seines Fleisches hat er mit lautem Geschrei zu dem gerufen, der ihn vom Tode retten konnte, und ist erhört worden für seine Unterthänigkeit und Gott hat ihn erweckt und ihm seine Herrlichkeit gesandt, vorgebildet einst im Feuer des Himmels, das auf das Opfer fiel, um seinen Leib zu verbrennen und zu verzehren und ihn geistig erleben zu lassen ein Leben der Herrlichkeit. Das hat Christus erreicht, das ist vollendet in seiner Auferstehung.

Da also dieses Opfer vollkommen war durch Christi Tod und vollführt auch an seinem Leibe durch die Auferstehung, wo das Bild des sündigen Fleisches verschlungen wurde durch die Herrlichkeit — so hatte Christus an seinem Theile Alles vollbracht, es blieb nur noch übrig, daß das Opfer von Gott angenommen wurde, daß, gleichwie der Rauch sich erhob und den Geruch zum Throne Gottes trug, auch Christus im Stande vollkommener Opferung dargebracht, getragen und angenommen wurde am Throne Gottes selbst. Dieses hat sich erfüllt in der Himmelfahrt, in welcher er emporstieg. Durch eigene Kraft und die Kraft seines heiligen Geistes, der ihn allwärts umgab, ist er erhoben worden, wie der Rauch des Opfers, des Bildes Christi, ist getragen worden zur Höhe durch die Luft, die ihn hielt, das Bild des heiligen Geistes und die Apostelgeschichte**) sagt ausdrücklich, daß er aufgenommen wurde im Himmel, um uns zu versichern, daß das heilige Opfer erfüllt auf Erden angenommen und angenehm war vor Gott, aufgenommen in den Schooß Gottes, wo es herrlich brennt von Ewigkeit zu Ewigkeit.

---

*) Hebr. 5, 8.
**) Apg. 1, 2

Dieses ist der Stand der Dinge in unserem Herrn. Betrachten wir sie nun in uns! Von dem Augenblicke an, wo wir in die Kirche eintreten, in diese Welt der Glaubigen und vornehmlich der Erwählten, in welche Christus mit seiner Menschwerdung eintrat durch das Vorrecht des Eingebornen Gottes, sind wir dargebracht und geweiht. Dieses Opfer setzt sich fort im Leben und vollendet sich im Tode, wo die Seele erst wahrhaft alle Laster und die Liebe zur Erde verläßt, deren Beruhrung sie während des Lebens stets verunreinigt, ihre Opferung vollbringt und in den Schooß Gottes aufgenommen wird.

Betrüben wir uns darum nicht, wie die Heiden, die keine Hoffnung haben. Wir haben meinen Vater nicht im Augenblicke seines Todes verloren: wir haben ihn gleichsam verloren, als er durch die Taufe in die Kirche eintrat. Von da an gehörte er Gott, sein Leben war Gott gewidmet, nur noch fur Gott bezog sich sein Handeln auf die Welt. In seinem Tode hat er sich völlig losgemacht von den Sünden; und in diesem Augenblicke ist er von Gott aufgenommen, ist sein Opfer vollendet und gekrönt worden.

So hat er also geleistet, was er gelobt hatte, er hat das Werk vollendet, das Gott ihm aufgetragen hatte, er hat den Zweck seiner Erschaffung erfüllt. Der Wille Gottes hat sich an ihm vollführt, sein Wille ist verschlungen in Gott. Darum soll unser Wille nicht trennen, was Gott geeinet hat; ersticken und mildern wir durch das Verständniß der Wahrheit die Gefühle der verdorbenen und gefallenen Natur, welche nur falsche Bilder hat und durch ihre Täuschungen die Heiligkeit der Gefühle trübt, welche die Wahrheit und das Evangelium uns geben soll.

Lasset uns darum den Tod nicht mehr betrachten, wie

die Heiden, sondern wie Christen, das heißt mit der Hoffnung, wie Paulus lehrt, da sie das besondere Vorrecht der Christen ist. Lasset uns den Leichnam nicht mehr betrachten als ein stinkendes Aas, denn die trugerische Natur stellt ihn sich so vor, sondern als den unverletzlichen, ewigen Tempel des heiligen Geistes, wie der Glaube lehrt. Denn wir wissen, daß die heiligen Leiber vom heiligen Geiste bewohnt sind bis zur Auferstehung, welche erfolgen wird kraft dieses Geistes, der dazu in ihnen wohnt. Dieß ist die Ansicht der Väter und deßhalb ehren wir die Reliquien der Todten, von diesem wahren Grundsatze aus gab man ehedem das Abendmahl in den Mund der Todten, weil man glaubt, sie verdienen als Tempel des heiligen Geistes auch mit diesem heiligen Sacramente vereinigt zu sein. Aber die Kirche hat diesen Brauch geändert; nicht als ob die Leiber nicht heilig wären, sondern weil das Abendmahl als Brod des Lebens und der Lebenden nicht der Todten gegeben werden soll.

Nehmen wir denn den Gestorbenen nicht mehr für einen, der aufgehört hat zu leben, obwohl uns die Natur dieses angiebt, sondern als einen, der anfängt zu leben, wie die Wahrheit bezeugt. Halten wir nicht mehr seine Seele für vernichtet, vergangen, sondern für belebt und vereint mit dem höchsten Leben, und verbessern wir hiernach auch durch Aufmerken auf diese Wahrheiten die irrigen Gefühle, die uns eingeprägt sind und dieses Grauen, das dem Menschen so naturlich ist

Um dieses Grauen desto kräftiger zu zähmen, muß man seinen Ursprung begreifen; um ihn kurz zu berühren, muß ich Euch im Allgemeinen sagen, wo die Quelle aller Fehler und aller Sünden ist. Ich habe dieses von zwei sehr großen, heiligen Personen erfahren. Die Wahrheit, welche dieses Geheimniß bedeckt, ist die, daß Gott den Menschen mit zweifacher Liebe geschaffen hat, mit einer Liebe zu Gott und zu sich selbst, aber mit der Bestimmung, daß die Liebe zu Gott unendlich, d. h. ohne ein anderes Ende als Gott selbst, und die Liebe zu sich selbst endlich sein und auf Gott sich beziehen solle.

In diesem Zustande liebte sich der Mensch nicht allein ohne Sünde, sondern er mußte sich lieben, wenn er nicht sündigen wollte.

Seitdem die Sünde kam, hat der Mensch jene erste Liebe verloren und die Liebe zu sich selbst ist allein zurückgeblieben in dieser großen, unendlich liebefähigen Seele, diese Eigenliebe hat sich ausgedehnt, ist über ihre Gränzen getreten in das Leere, das die Liebe zu Gott verlassen hatte, und so hat er sich allein und alle Dinge für sich oder mit andern Worten sich unbeschränkt geliebt.

Dieß ist der Ursprung der Eigenliebe. Sie war natürlich für Adam und gerecht im Stande der Unschuld, aber sie ist verbrecherisch und unmäßig geworden in Folge der Sünde.

Dieß ist die Quelle dieser Liebe, die Ursache ihrer Verderbniß und Ausschweifung. Gerade so geht es mit der Herrschsucht, Trägheit und anderen. Die Anwendung ist leicht zu machen. Doch kommen wir zurück auf unseren Gegenstand. Das Grauen vor dem Tode war natürlich für Adam, im Stande der Unschuld, weil sein Leben Gott sehr angenehm war, und der Tod war schrecklich, weil er ein mit dem Willen Gottes übereinstimmendes Leben endigte. Darauf wurde nach dem Sündenfalle das Leben des Menschen verdorben, sein Leib und seine Seele unter sich und beide zugleich Gott feindlich. Diese fürchterliche Veränderung hatte ein so heiliges Leben angesteckt, aber die Liebe zum

Leben ist geblieben, das Grauen vor dem Tode blieb dasselbe, und so ist, was in Adam gerecht war, ungerecht und verbrecherisch für uns.

Dieß ist der Ursprung des Grauens vor dem Tode und der Grund seiner Fehlerhaftigkeit.

Erleuchten wir darum den Irrthum der Natur durch das Licht des Glaubens. Billig war das Grauen vor dem Tode im Stande der Unschuld, der Tod ist in der That schrecklich, wenn er ein ganz reines Leben endigt.

Es war recht, ihn zu hassen, wenn er eine heilige Seele von einem heiligen Leibe trennte: aber es ist recht, ihn zu lieben, wenn er eine heilige Seele von einem unreinen Leibe trennt. Es war recht, ihn zu fliehen, wenn er den Frieden zwischen Seele und Leib störte, aber nicht, wenn er den unvereinbaren Widerspruch beider auflößt. Betrübte er einen unschuldigen Leib, nahm er demselben die Freiheit Gott zu ehren, trennte er die Seele von einem untergebenen und im Einklange mit ihr handelnden Leibe, endigte er alle Güter, deren der Mensch fähig ist, da war es recht ihn zu hassen aber wenn er ein unreines Leben endigt, wenn er dem Leibe die Freiheit zu sündigen nimmt, wenn er die Seele von einem mächtigen und allen ihren Beweggründen zum Heile widerstrebenden Rebellen befreit, so ist es sehr unrecht, dasselbe Gefühl zu hegen.

Wir wollen darum die Liebe zum Leben nicht aufgeben, welche die Natur uns einpflanzte, da wir sie von Gott empfangen haben, aber sie richte sich auf das Leben, für welches Gott sie uns gab, nicht auf das Gegentheil. Im Einklange mit der Liebe Adams zu seinem unschuldigen Leben und Christi selbst zu dem seinigen, wollen wir uns zum Hasse entflammen gegen ein Leben, welches dem von Christo geliebten entgegensteht; und wollen nur den Tod scheuen, den Christus gescheut hat, der einen Gott angenehmen Leib erfaßt, aber fürchten wir nicht einen Tod, welcher einen schuldigen Leib straft, einen befleckten Leib reinigt und uns darum die entgegengesetzten Gefühle einflößen soll, wenn wir etwas Glauben, Hoffnung und Liebe haben.

Es ist einer der großen Grundsätze des Christenthums, daß Alles, was an Christo geschah, auch an der Seele und am Leibe jedes Christen geschehen soll. Wie Christus während seines sterblichen Lebens gelitten hat, abgestorben ist diesem sterblichen Leben, wieder erweckt ist zum neuen Leben, aufgefahren zum Himmel und sitzet zur Rechten des Vaters, so soll Leib und Seele leiden, sterben, auferwachen, zum Himmel fahren und sitzen zu Rechten.

Alles dieses erfüllt sich an der Seele während dieses Lebens; nicht so am Leibe.

Die Seele leidet und stirbt der Sünde ab in der Buße und Taufe, die Seele erwacht zu einem neuen Leben ebenfalls in der Taufe, die Seele verläßt die Erde und fährt zum Himmel in der Stunde des Todes und sitzet zur Rechten zur Zeit, da Gott es befiehlt.

Nichts von diesem geschieht am Leibe während dieses Lebens, wohl aber hernach. Denn im Tode stirbt der Leib seinem sterblichen Leben ab, im Gerichte wird er zum neuen Leben erwachen; nach dem Gerichte wird er zum Himmel fahren und zu Rechten sitzen.

So geschieht also dasselbe am Leibe wie an der Seele, aber zu verschiedener Zeit; und die Veranderungen des Leibes beginnen erst, wenn die der Seele vollendet sind, das heißt in der Stunde des Todes, so daß der Tod fur die Seele die Krönung ihrer Seligkeit, für den Leib der Anfang derselben ist.

Dieß sind die wunderbaren Führungen der göttlichen Weisheit zum Heile der Menschen; und der heilige Augustin lehrt, daß Gott es also geordnet hat, damit man nicht, wenn der Leib des Menschen in der Taufe für immer gestorben und auferweckt wurde, in den Gehorsam des Evangeliums eintrete aus Liebe zum Leben, während die Größe des Glaubens desto stärker hervortritt, wenn man durch die Schatten des Todes zur Unsterblichkeit strebt.

Dieß ist fürwahr unser Glaube und das Bekenntniß, das wir ablegen; und hier ist wohl mehr als genug um durch meine geringe Handreichung Eurem Troste zu Hülfe zu kommen. Ich würde es nicht wagen, Euch so beizustehen aus meinem Eigenen, aber es ist nur die Wiederholung dessen, was ich gelernt habe, und ich thue es mit Zuversicht, indem ich Gott bitte, diese Saat zu segnen und ihr Wachsthum zu geben, denn ohne ihn können wir nichts thun, und seine heiligsten Worte haften nicht in uns, wie er selbst gesagt hat.

Nicht als wünschte ich, ihr solltet ohne Schmerzgefühl sein der Schlag ist zu empfindlich, er wäre sogar unerträglich ohne übernatürliche Hülfe. Darum ist es nicht gut, daß wir ohne Schmerz seien, wie die Engel, welche kein Gefühl von der Natur haben; aber es ist auch nicht gut, daß wir ohne Trost seien, wie die Heiden, welche das Gefühl der Gnade nicht haben. sondern gut ist es, daß wir betrübt und getröstet seien wie Christen, und daß die Gnade siege über die natürlichen Gefühle, daß wir sagen, wie die Apostel „wir werden verfolgt und wir segnen", damit die Gnade nicht allein in uns, sondern siegreich in uns sei, damit wir den Namen unsers Vaters heiligen und seinen Willen zu dem unsrigen machen; damit seine Gnade regiere und herrsche über die Natur, und damit unsere Anfechtungen seien wie der Stoff eines Opfers, das seine Gnade verzehrt und vernichtet zum Ruhme Gottes; und damit diese besondern Opfer ehren und vorbereiten das allgemeine Opfer, in welchem die ganze Natur verzehrt werden soll durch die Macht Jesu Christi.

So werden wir Vortheil ziehen aus unseren eigenen Unvollkommenheiten, da sie zum Stoff dieses Brandopfers dienen werden· denn dieß ist der Zweck wahrer Christen ihre eigenen Unvollkommenheiten zum Vortheile zu wenden, da den Erwählten alle Dinge zum Besten dienen.

Und wenn wir genauer darauf merken, so werden wir für unsere Erbauung große Vortheile finden, indem wir die Sache in der Wahrheit erwägen, wie wir eben sagten. Denn da der Tod des Leibes wahrhaft nur ein Bild des Todes der Seele ist, und wir daran fest halten, daß wir hierin alle möglichen Gründe haben, Gutes für ihr Heil zu hoffen, so ist es gewiß, daß wir, sobald wir den Lauf des Mißvergnügens hemmen können, folgenden Vortheil daraus ziehen können. Wenn schon der Tod des Leibes so schrecklich ist, daß er uns so schwere Bewegungen veranlaßt, so mußte der Tod der Seele noch viel untröstlichere hervorbringen. Gott hat uns den ersten gesandt, er hat den andern abgewendet. Messen wir darum die Größe unserer Güter an der Größe unserer Uebel, und das Uebermaaß unseres Schmerzes sei das Maaß unserer Freude

Nichts kann diese Freude mäßigen, als die Furcht, er möchte einige Zeit in den Strafen schmachten, welche den Rest der Sünden dieses Lebens austilgen sollen, und um den Zorn Gottes über ihm abzuwenden, müssen wir mit Fleiß das Unsrige thun. Das Gebet und die Opfer sind ein untrügliches Heilmittel seiner Leiden. Aber ich habe in unserer Trübsal von einem heiligen Manne gehört, eine der gründlichsten und nützlichsten Liebeserweisungen gegen die Todten sei die, das zu thun, was sie, wenn sie noch auf Erden wären, uns thun hießen, und den heiligen Rathschlägen zu folgen, die sie uns gegeben haben; uns für sie in den Stand zu setzen, in welchem sie uns gegenwärtig wünschen.

Auf diese Weise lassen wir sie gleichsam in uns wieder aufleben, da ihre Rathschläge in uns lebendig und wirksam sind; und wie die Stifter der Ketzereien im andern Leben für die Sünden bestraft werden, zu denen sie ihre Anhänger verleitet haben, in welchen ihr Gift noch lebt, so werden die Todten neben ihrem eigenen Verdienst, für diejenigen belohnt, welche sie durch ihren Rath und Beispiel sich nachgezogen haben.

So möge er denn vor Gott in uns wieder aufleben, so viel in unserer Macht steht. Wir wollen uns trösten in der Einigung unserer Herzen, in welcher er, wie mir dünkt, noch lebt und unsere Vereinigung möge uns gewissermaßen seine Gegenwart wiedergeben, wie Christus gegenwärtig ist in der Versammlung der Glaubigen.

Ich bitte Gott, in uns diese Gefühle zu bilden und zu erhalten und diejenigen zu befestigen, die ich, wie mir däucht, von ihm habe, meine Zärtlichkeit gegen Euch und meine Schwester, die größer ist, als je, denn die Liebe, welche wir für unseren Vater hatten, darf doch wohl nicht verloren gehen, sie soll sich auf uns selbst zurückergießen und wir sollen vor Allem die Liebe erben, die er für uns hegte, um uns, wo es möglich ist, noch herzlicher zu lieben.

Ich bitte Gott, uns in diesen Vorsätzen zu befestigen, und auf diese Hoffnung hin beschwöre ich Euch, mir zu erlauben, daß ich Euch eine Ansicht mittheile, auf die Ihr auch ohne mich wohl kommen würdet, die ich aber dennoch geben will. Sie bezieht sich darauf, daß wir uns, nachdem wir Trostgründe hinsichtlich seiner Person gefunden haben, nicht um unsern Trost bringen lassen durch den Blick auf die Versorgung und den Nutzen, welchen wir durch seine Gegenwart haben würden.

Ich selbst bin hierbei am meisten betheiligt. Wenn ich ihn vor sechs Jahren verloren hätte, so wäre es um mich geschehen gewesen und obwohl ich in diesem Augenblicke keine so dringende Nothwendigkeit zu sehen glaube, so weiß ich doch, daß er mir noch zehn Jahre nothwendig und mein ganzes Leben über nützlich gewesen wäre.

Weil aber Gott es zu dieser Zeit, an diesem Orte und in solcher Weise geordnet hat, so hoffen wir, daß es so zu seinem Ruhme und unserem Heile am dienlichsten sei.

So sonderbar dieses scheinen mag, so glaube ich doch, daß man auf diese Weise über alle Vorkommnisse urtheilen soll und daß, wie unglücklich sie auch uns scheinen mögen, wir hoffen müssen, daß Gott daraus eine Quelle der Freude für uns machen wird, wenn wir ihm die Führung anheimstellen.

Wir kennen Personen von Stande, welche den Tod einer Person aus ihrem Gesinde befürchteten und durch ihr Gebet vielleicht die Abwendung desselben bewirkt haben, wodurch so vieles Unglück bewirkt oder veranlaßt wurde, daß man wünschen sollte, sie wären nicht erhört worden.

Der Mensch ist gewiß zu schwach, um über den Verlauf der Dinge in der Zukunft richtig urtheilen zu können.

Wir wollen darum auf Gott hoffen und uns nicht durch fürwitzige, unbesonnene Vermuthungen erschöpfen. Stellen wir uns ihm anheim, daß er unser Leben führe und lassen wir die Unzufriedenheit nicht die Oberhand gewinnen.

Der heilige Augustin lehrt, daß es in jedem Menschen eine Schlange, eine Eva und einen Adam giebt. Die

Schlange sind die Sinne und unsre Natur; Eva ist die begierige Lust, und Adam ist die Vernunft. Die Natur versucht uns beständig. Die begierige Lust verlangt häufig, aber die Sünde wird nicht vollendet, wenn die Vernunft nicht einwilligt.

Lassen wir darum die Schlange und Eva handeln, wenn wir es nicht hindern können, aber bitten wir Gott, daß seine Gnade unseren Adam dermaßen stärke, daß er siegreich bleibe, damit Christus der Herr siege und in uns herrsche ewiglich. Amen.

Anm. des P. Guerrier. „Ich habe diesen Brief nach dem von der Hand Pascal's geschriebenen Originale copirt."

Auszug eines Briefes von Pascal an Herrn Perier *)

Ich habe so eben Ihren Brief erhalten; mit ihm den meiner Schwester, welchen ich aus Mangel an Muße nicht lesen konnte, auch halte ich dieses für unnöthig.

Meine Schwester that gestern Profeß, Donnerstag den 5. Juni 1653. Es ist mir unmöglich gewesen, hinauszuschieben die Herren von Port-Royal fürchteten, ein kleiner Aufschub möchte einen großen mit sich führen und wollten sie aus dem Grunde drängen, weil sie hoffen, sie bald in Aemter einzuführen, folglich muß man sich eilen, weil sie mehrere Profeßjahre haben müssen. Damit hat man mich abgefertigt. Kurz ich konnte nicht u. s. w.

(Anm. des P. Guerrier „Copie nach dem Originale.")

*) 2e Recueil M. S. du P. Guerrier. p. 182.

Auszüge aus einigen Briefen an Fräulein von Roannez*).

1656.

Ich bin sehr erfreut, daß Sie an dem Buche Herrn Laval's**) und den „Betrachtungen über die Gnade" Geschmack finden, ich mache daraus große Folgerungen für das, was ich wünsche***). Ich melde die näheren Umstände der Verdammung, die Sie so erschreckt hatte†), es hat nichts zu bedeuten, Gott sei Dank! und es ist ein Wunder, daß man nicht schlimmer damit umgeht, da die Feinde der Wahrheit die Macht und den Willen haben ihn zu unterdrücken.

Vielleicht gehören Sie zu denen, welche verdienen, daß Gott sie nicht verlasse und nicht von der Erde nehme, die sich ihrer so unwürdig gemacht hat, und er erwartet, daß Sie der Kirche durch Ihre Gebete dienen, wenn die Kirche Ihnen durch die ihrigen gedient hat. Denn die Kirche ist es, welche mit Christus, der von ihr unzertrennlich ist, die Bekehrung aller derer verdient, die nicht in der Wahrheit

---

*) 2e Recueil du P. Guerrier p. 117.

**) Der Herzog von Luynes hat unter diesem Pseudonym mehrere Werke religiösen Inhalts, unter Anderem die „wörtliche und mystische Umschreibung der Psalmen" im Jahre 1630 herausgegeben. Von diesem Buche ist ohne Zweifel hier die Rede.

***) Pascal wünschte (siehe die Einleitung), daß Fräulein von Roannez Nonne würde. Sie trat wirklich im Jahre 1657 in Port-Royal ein und begann ihr Noviziat, aber die Sache zerschlug sich. (Vergl. Anhang I.)

†) Dieß bezieht sich auf die Verdammung Arnauld's durch die Sorbonne. Der Brief ist also vom Jahre 1656. Die folgenden wohl auch mit Ausnahme des letzten, welche vom Anfange des Jahres 1657 sein können.

sind, und die Bekehrten sind es in der Folge, welche der Mutter, die sie befreite, Beistand leisten. Ich lobe von ganzem Herzen den kleinen Feuereifer für die Vereinigung mit dem Pabste, welchen ich in Ihrem Briefe gefunden habe. Der Leib lebt nicht ohne das Haupt, das Haupt nicht ohne den Leib. Wer von dem einen oder andern sich trennt, gehört nicht mehr zum Ganzen und zu Christo. Es wird wohl in der Kirche Niemand geben, der an dieser Einheit des Ganzen mehr festhielte, als diejenigen, welche Sie die Unsrigen nennen. Wir wissen, daß alle Tugenden, das Martyrthum, die Kasteiungen und alle guten Werke außerhalb der Kirche und der Gemeinschaft mit ihrem Haupte, dem Pabste, unnütz sind

Ich werde mich niemals von seiner Gemeinschaft trennen, wenigstens bitte ich Gott, mir dieses in Gnaden zu verleihen, sonst wäre ich für immer verloren

Ich gebe Ihnen hier eine Art von Glaubensbekenntniß, *ich weiß nicht warum, aber ich will es nicht ausstreichen* oder von Neuem anfangen.

Herr du Gas hat heute früh mit mir über Ihren Brief gesprochen, er ist so erstaunt und erfreut, als man nur sein kann. Er weiß nicht woher Sie die Dinge alle haben, die er mir aus Ihren Aeußerungen mittheilte, er hat mir Ueberraschendes gesagt, das mich aber jetzt nicht mehr so sehr überrascht. Ich fange an, mich an Sie und an die Gnade, die Gott Ihnen erzeigt, zu gewöhnen, und dennoch gestehe ich, daß sie mir stets neu erscheint, wie sie es auch in der That ist. Denn es findet ein beständiges Zuströmen von Gnaden statt, welches die Schrift einem Flusse und dem Lichte vergleicht, das die Sonne beständig von sich giebt und das immer neu ist, hörte sie einen Augenblick auf, es auszustrahlen, so würde alles das Licht, das wir von ihr empfangen haben, verschwinden und wir wurden im Finstern bleiben.

Er sagte mir, daß er eine Antwort an Sie angefangen habe und es umschreiben wolle, um es leserlicher zu machen und zugleich zu erweitern. Er schickt es mir aber soeben mit einigen Worten, die mir zu wissen thun, daß er es weder abschreiben noch weiter ausführen konnte, daraus schließe ich, daß es schlecht geschrieben sein wird. Ich bin Zeuge seines Mangels an Muße, und des Verlangens, das er hatte, Zeit für Sie zu gewinnen.

Ich theile mit Ihnen die Freude, welche Sie uber den Vorgang mit den Nonnen empfinden werden; denn ich sehe wohl, Sie nehmen Antheil an der Kirche Sie sind ihr sehr verbunden. Seit sechzehn Jahrhunderten schmachtet sie nach Ihnen, es ist Zeit nach ihr zu schmachten und nach uns Allen und ihr all' unser übriges Leben zu widmen, da auch Christus sein Leben nur empfing, um es für sie und für uns zu verlieren.

II.

October 1656.

Es scheint mir, Sie nehmen Antheil genug an dem Wunder, um Ihnen im Besonderen zu melden, daß die Bestätigung desselben durch die Kirche zu Stande gekommen ist, wie Sie aus beiliegendem Gutachten des Großvicar's ersehen *).

Es giebt so Wenige, denen Gott sich in so außeror-

*) Dieses Gutachten, welches die wunderbare Heilung der Margarethe Perier, Nichte Pascal's, durch Berührung des heiligen Dornes, approbirte, ist vom 22 October 1656 Pascal war damals mitten in den Provinzialbriefen.

deutlichen Auftritten zeigt, daß man diese Gelegenheit wohl benutzen muß, weil er aus dem Geheimnisse der Natur, das ihn umgiebt, nur heraustritt, um unseren Glauben zu einem desto glühenderen Eifer zu entflammen, je sicherer wir Ihn kennen.

Offenbarte sich Gott den Menschen beständig, so wäre es kein Verdienst, an ihn zu glauben, und offenbarte er sich nie, so gäbe es wenig Glauben. Aber er verbirgt sich gewöhnlich und offenbart sich nur selten denen, welche er in seinen Dienst ziehen will. Dieses wunderliche Geheimniß, in welches Gott sich zurückzog, undurchdringbar für die Menschen, weist uns eindringlich in die Einsamkeit, fern vom Blicke der Menschen.

Gott ist verborgen geblieben unter dem Schleier der Natur, welcher ihn für uns verhüllt, bis zur Fleischwerdung, und nachdem er erscheinen mußte, hat er sich noch mehr verborgen, indem er sich mit der Menschheit umgab. Er war weit leichter zu erkennen, so lange er unsichtbar war, als da er sichtbar wurde. Endlich da er das Versprechen erfüllen wollte, welches er den Aposteln gegeben hatte, bei den Menschen zu wohnen bis zu seiner letzten Wiederkunft, hat es ihm gefallen, in dem allerwunderlichsten und dunkelsten Geheimnisse gegenwärtig zu sein, in den Gestalten des Abendmahls. Dieses ist das Sacrament welches Johannes in der Offenbarung ein verborgenes Manna nennt, und ich glaube, daß Jesaias ihn in diesem Zustande sah, wenn er im Geiste der Weissagung sagt. „Du bist wahrlich ein verborgener Gott." Es ist das letzte mögliche Geheimniß.

Der Schleier der Natur, welcher Gott bedeckt, ist gelüftet worden durch mehrere Ungläubige, welche, wie Paulus sagt, einen unsichtbaren Gott durch die sichtbare Natur erkannt haben. Die ketzerischen Christen haben ihn durch seine Menschheit hindurch erkannt und beten Jesus Christus als Gott und Mensch an. Aber ihn zu erkennen unter den Gestalten des Brodes ist allein den Katholiken eigen nur uns erleuchtet Gott so weit.

Man kann dazu noch das Geheimniß des göttlichen Geistes zählen, der in der Schrift verborgen ist. Denn es giebt einen doppelten, vollkommenen Sinn, den buchstäblichen und den mystischen, die Juden bleiben bei Einem stehen, wissen nicht einmal, daß es noch einen andern giebt und suchen nicht nach ihm, wie die Gottlosen, welche die natürlichen Wirkungen der Natur zuschreiben ohne zu denken, daß sie einen andern Urheber habe, und wie die Juden, welche in Christus einen vollkommenen Menschen sahen und darum nicht daran dachten, eine andre Natur zu suchen Wir dachten nicht, daß er es wäre, sagt abermals Jesaias. Ebenso lassen die Ketzer, weil sie die vollkommene äußere Gestalt des Brodes im Abendmahle sehen, sich nicht beigehen, eine andere Substanz darin zu suchen. Jedes Ding bedeckt ein Mysterium, jedes Ding ist ein Schleier, der Gott verhüllt. Die Christen sollen ihn in Allem erkennen. Die zeitlichen Leiden verhüllen ewige Güter, zu welchen sie führen. Die zeitlichen Freuden verhüllen ewige Leiden, die sie uns bringen. Bitten wir Gott, uns zu seiner Erkenntniß und zu seinem Dienste zu führen, und danken wir ihm ohne Ende, daß er sich uns in Allem auf allerlei Weise geoffenbart hat, während er für die Andern in Allem sich verborgen hat.

III.

Ich weiß nicht, wie Sie den Verlust Ihrer Briefe aufgenommen haben. Ich wünsche, daß Sie denselben so nehmen, wie es recht ist. Es ist Zeit über gut oder schlimm nach dem Willen Gottes, der weder ungerecht noch blind sein kann, zu urtheilen und nicht nach dem eigenen, der stets voll Uebelwollen und Irrthum ist. — Haben Sie diese Gedanken gehabt, so bin ich ganz beruhigt, dann haben Sie haltbarere Trostgründe, als derjenige, welchen ich Ihnen geben kann, daß ich hoffe, sie werden sich wiederfinden. Man hat mir bereits den vom fünften gebracht, dieß ist zwar nicht der wichtigste — der an Herrn du Gas ist es wenigstens mehr — aber ich schöpfe daraus Hoffnung, auch den andern noch zu bekommen.

Ich weiß nicht, warum Sie sich beklagen, daß ich für Sie nichts geschrieben habe, ich trenne Sie Beide nicht und denke stets an das Eine, wie das Andere. Sie sehen leicht, daß meine übrigen Briefe, und dieser auch Sie angehen. Wahrlich ich wünsche in meinen Urtheilen untrüglich zu sein. In diesem Falle hätten Sie es gut, denn ich bin sehr zufrieden mit Ihnen, aber mein Urtheil ist nichts. Ich sage dieses aus Veranlassung der Art und Weise, in welcher Sie von dem guten, verfolgten Franziskaner sprechen und dessen, was ' thut. Ich wundre mich nicht, daß Herr N. sich der Sache annimmt, ich erwartete dieß von seinem Eifer, aber der Ihrige ist mir ganz neu, das ist die neue Sprache, die gewöhnliche Wirkung eines neuen Herzens. Christus hat im Evangelium das Erkennungszeichen für die Gläubigen aufgestellt, daß sie eine neue Sprache reden, und in der That die Erneuerung der Gedanken und Wünsche hat auch die der Rede zur Folge. Was Sie von den Tagen Ihrer Einsamkeit und dem Troste sagen, welchen Sie aus dem Lesen geschöpft haben, würde Herr N. gern hören, wenn ich es ihm mittheilte, ebenso meine Schwester. Dieß sind in Wahrheit neue Dinge, die aber selbst wieder immer erneuert werden müssen, denn diese Neuheit, welche Gott nicht mißfallen kann, gleichwie der alte Mensch ihm nicht gefallen kann, ist verschieden von allen Neuigkeiten der Erde, denn diese, so neu sie auch sein mögen, altern mit der Zeit; während dieser neue Geist sich desto mehr erneuert, je länger er dauert. Unser alter Mensch stirbt, sagt Paulus, und erneuert sich von Tag zu Tag und wird vollkommen neu seyn erst in der Ewigkeit, wo man ohne Unterlaß das neue Lied singen wird, wovon David spricht in dem Psalme Laudes *), das heißt den Gesang des neuen Geistes der Liebe.

Ich kann Ihnen als Nachricht von jenen beiden Personen mittheilen, daß ihr Eifer wirklich nicht erkaltet, darüber bin ich erstaunt, denn es ist weit seltener, jemanden auf dem Wege der Frömmigkeit fortschreiten, als ihn betreten zu sehen. Ich habe sie beide beständig im Sinne, besonders die, an der das Wunder geschah **), weil hier etwas noch Außerordentlicheres im Spiele ist, obwohl dieses auch bei den andern stattfindet und fast ohne Beispiel. Es ist gewiß, daß die Gnadenweisungen, welche Gott in diesem Leben giebt, das Maaß der Herrlichkeit sind, welche er für das andere vorbereitet.

Wenn ich auf das Ende und die Krönung seines Werkes aus den Anfängen schließe, die sich an den Frommen zeigen, so ergreift mich eine achtungsvolle Verehrung derer, die er sich zu seinen Auserwählten ersehen zu haben scheint. Ich muß sagen, es kommt mir vor, als sähe ich sie schon sitzend auf den Stühlen, von welchen aus diejenigen, die Alles verlassen haben, die Welt richten werden mit Christus,

*) Ps. 96, 1.

**) Margarethe Perier, welche man damals die petite miraculeuse (die kleine Wunderperson) nannte.

wie er verheißen hat. Wenn es mir aber in den Sinn kommt, daß statt dessen dieselben Menschen fallen und unter die Zahl der unglücklichen Gerichteten kommen können, und ihrer so viele des Ruhmes verlustig gehen und andern aus Nachlässigkeit die Krone lassen werden, welche Gott ihnen angeboten hat — ich kann diesen Gedanken nicht ertragen. Der Schauder, sie im ewigen Elende zu sehen, nachdem ich sie mir mit so vielem Rechte schon im andern Stande gedacht hatte, treibt mich, meinen Sinn von dieser Vorstellung abzuwenden und zu Gott mich mit der Bitte zu richten, er möge die schwachen Creaturen, die er sich erworben hat, nicht verlassen und ihm für die Beiden das zu sagen, was wie Sie wissen die Kirche heute noch mit Paulus sagt „Herr, vollende Du selbst das Werk, das Du begonnen hast“ Paulus betrachtet sich oft in beiden Zuständen und sagt anderswo „Ich züchtige meinen Leib, damit nicht ich selbst, der so viele Völker bekehrt hat, verworfen werde.“ Ich schließe darum mit den Worten Hiob's. „Ich habe immer den Herrn gefürchtet, wie die wüthenden Fluthen des Meeres, welches anschwillt, mich zu verschlingen,“ und abermals „Selig ist der Mensch, der stets in Furcht ist.“

IV.

Es leidet keinen Zweifel, daß man sich nie ohne Schmerz von einer Sache losmacht. Man fühlt die Fessel nicht, wenn man dem, der uns nach sich zieht, freiwillig folgt, wie Augustin sagt, aber wenn man anfängt Widerstand zu leisten, in entgegengesetzter Richtung zu gehen, dann leidet man, das Band dehnt sich und hält die Gewalt aus, und dieses Band ist unser eigener Leib, der nur im Tode bricht.

Der Herr hat gesagt. seit dem Kommen Johannis des Täufers *), d. h. seit seinem Kommen in das Herz des Gläubigen, leidet das Himmelreich Gewalt und die Gewaltthätigen reißen es zu sich. Ehe man ergriffen ist, trägt man nur die Last der Begierde, die uns zur Erde zieht, zieht nun Gott zu sich nach oben, so fühlt man die Gewalt der beiden entgegengesetzten Kräfte, über welche Gott allein uns hinüberhelfen kann. Aber wir können Alles, sagt der heilige Leo, mit dem, ohne welchen wir nichts können. Es gilt darum sich zu entschließen zu diesem Kriege für das ganze Leben, es giebt hienieden keinen Frieden. Christus ist gekommen das Schwerdt zu bringen und nicht den Frieden **). Doch wie man gestehen muß, daß, wie die Schrift sagt, die Weisheit der Menschen nur Thorheit vor Gott ist ***), so ist auch dieser Krieg, der den Menschen hart scheint, ein Friede vor Gott, der Friede, welchen Christus auch gebracht hat. Dennoch wird er erst vollkommen sein, wenn der Leib vernichtet ist. Darum sehnen wir uns nach dem Tode, wenn wir auch gutwillig das Leben ertragen aus Liebe zu dem, welcher für uns Leben und Tod ertragen, und der uns mehr Güter geben kann, als wir bitten oder verstehen, wie Paulus in der Epistel der heutigen Messe sagt.

V.

Ich furchte nichts mehr für Sie, Gott sei Dank! ich habe eine wunderbare Hoffnung. Es liegt eine große Kraft

*) Matth. 11, 12.
**) Matth 10, 34.
***) 1 Cor. 3, 19.

des Trostes in dem Worte Christi: es soll gegeben werden denen, die da haben. Nach dieser Verheißung können die, die Vieles empfangen haben, noch mehr hoffen, und die Außerordentliches empfangen, sollen Außerordentliches hoffen. Ich suche, so viel ich kann, mich über Nichts zu betrüben und Alles, was geschieht, für's Beste zu nehmen. Ich glaube, dieses ist Pflicht, und daß man sündigt, wenn man es nicht thut. Die Sünden sind ja nur Sünden, weil sie dem Willen Gottes entgegengesetzt sind, besteht nun das Wesen der Sünde darin, daß wir einen dem uns bekannten Willen Gottes widerstrebenden Willen haben, so ist es klar, wie mir scheint, daß es Sünde wäre, sich nicht darnach zu richten, wenn er uns seinen Willen in den Ereignissen offenbart.

Ich habe es erfahren, daß Alles was geschieht etwas Wunderbares hat, da ihm der Wille Gottes aufgedrückt ist. Ich lobe ihn von ganzem Herzen für die Fortdauer seiner Gnaden, denn ich sehe deutlich, daß sie nicht abnehmen.

Die Sache des * geht ziemlich schlecht. Dieß ist ein Umstand, der Alle, die wirklich von Gott bewegt sind, zittern macht eine Verfolgung sich vorbereiten zu sehen, nicht allein gegen die Personen (dieß wäre wenig) sondern gegen die Wahrheit Ohne zu lügen Gott ist sehr verlassen. Es scheint mir eine Zeit zu sein, wo ihm ein geleisteter Dienst wohlgefällig ist. Er will, daß wir aus der Natur über die Gnade urtheilen und so erlaubt er den Gedanken, daß, wie ein von den eigenen Unterthanen aus dem Lande verjagter Fürst die höchste Zärtlichkeit für diejenigen hat, welche ihm im allgemeinen Aufruhre treu blieben, so auch Gott, wie es scheint, diejenigen mit besonderer Güte ansehe, welche heut zu Tage die Reinheit des Glaubens und der Sittenlehre, die so heftig bestritten sind, vertheidigen. Der Unterschied ist aber der zwischen den Königen der Erde und dem König der Könige, daß die ersteren ihre Unterthanen nicht erst treu machen, sondern sie schon so finden während Gott die Menschen stets nur in der Untreue des Unglaubens findet und sie gläubig macht, wenn sie treu sind. So daß, anstatt, daß die Könige in ausgezeichneter Weise denen verbunden sind, welche ihnen gehorsam bleiben, hier das Gegentheil geschieht die, welche im Dienste Gottes aushalten, sind ihm selbst unendlich verpflichtet.

Halten wir darum an, ihn zu loben, wenn er uns Gnade erzeigt hat, für welche wir ihn in der Ewigkeit loben werden, und bitten wir ihn, sie uns ferner zu verleihen und sich unserer und der ganzen Kirche, außer welcher nur Fluch ist, zu erbarmen.

Ich nehme Theil an dem Verfolgten *), von welchem Sie reden. Ich sehe wohl, daß Gott sich verborgene Diener bewahrt hat, wie er zu Elias sagte. Ich bitte Gott, daß wir darunter sein mögen tüchtig und recht, im Geist und in der Wahrheit und ohne Falsch.

VI.

Was auch in der Sache **'s weiter geschehen mag, das was bis jetzt erfolgte, ist hinreichend, um aus ihm einen wunderbaren Vortheil gegen diese verwünschten Grundsätze zu ziehen. Diejenigen, welche dabei betheiligt sind, möchten dafür Gott den höchsten Dank sagen, und ihre Verwandten und Freunde müssen Gott bitten, daß er sie dieses großen Glückes und dieser hohen Ehre nicht verlustig gehen

*) Nach einer andern Lesart „an den vier Verfolgten"

lasse. Alle Ehren der Welt sind nur das Nachbild dieser Ehre, sie allein ist bleibend und wirklich und dennoch ist sie unnütz ohne die rechte Beschaffenheit des Herzens. Weder Bußungen des Leibes noch Erschütterungen des Geistes, sondern allein die guten Regungen des Herzens verdienen und ertragen die körperlichen und geistigen Leiden und Freuden. Denn am Ende bedarf es zur Heiligung der zwei Dinge, Leiden und Freuden. Paulus hat gesagt, daß die, welche den guten Weg betreten, Leiden und Unruhe finden werden in großer Zahl. Dieß muß diejenigen trösten, welche Leiden zu fühlen bekommen; sie haben ja gehört, daß der Weg zum Himmel, welchen sie suchen, voll davon ist, so sollen sie sich denn freuen, den Spuren zu begegnen, daß sie auf dem rechten Wege sind. Aber diese Leiden sind nicht ohne Freuden und werden nur durch die Freude überwunden. Wer Gott verlaßt, um zur Welt zurückzukehren, thut es nur, weil er die Freuden der Erde süßer findet als die der Vereinigung mit Gott, weil dieser überwiegende Reiz ihn verführt, ihn seine erste Wahl bereuen läßt und, wie Tertullian sagt, zu einem Büßer des Teufels macht. Ebenso würde Niemand die Freuden der Welt verlassen, um das Kreuz Christi zu umfassen, wenn er nicht Verachtung, Armuth, Nacktheit, Verworfenheit vor den Menschen süßer fände, als die lockenden Freuden der Sünde. Darum, sagt Tertullian, soll man nicht glauben, das Leben des Christen sei ein trauriges Leben. Man verläßt eine Freude nur, um eine größere zu finden. Betet ohne Unterlaß, sagt Paulus, danket allezeit, seid allezeit fröhlich*). Die Freude, Gott gefunden zu haben, ist der Grund der Trauer, wenn man ihn beleidigt hat, und der ganzen Lebensänderung.

---

*) 1 Thess 5, 16—18

Eine solche Freude hat der Mann, der den Schatz im Acker gefunden, nach dem Gleichnisse Christi*), und Alles verkauft, was er hat, um ihn zu kaufen. Die Söhne der Welt haben diese Freude nicht, welche die Welt weder geben, noch nehmen kann, wie Christus selbst sagt. Die Seligen haben diese Freude ohne alle Trauer, die Söhne der Welt haben ihre Trauer ohne diese Freude, und die Christen haben die Freude gemischt mit der Trauer, andere Freuden gesucht zu haben, und mit der Furcht, sie zu verlieren durch die Lockungen anderer Freuden, die uns stets zu verführen suchen.

Und so sollen wir arbeiten ohne Unterlaß, uns diese Freude zu erhalten, welche unsere Furcht mildert, uns diese Furcht zu erhalten, welche unsere Freude erhält und wenn wir fühlen, daß wir zu sehr nach der einen Seite gezogen werden, uns nach der andern neigen, um aufrecht zu bleiben. Erinnert euch des Guten in den Tagen der Anfechtung, erinnert euch der Anfechtung in den Tagen des Genusses, sagt die Schrift, bis daß die Verheißung Christi, seine Freude voll zu machen, an uns erfüllt werde. Wir wollen uns darum nicht niederschlagen lassen durch die Traurigkeit, wir wollen nicht glauben, daß die Frommigkeit in einer Bitterkeit ohne Tröstung bestehe Die wahre Frömmigkeit, die sich nur im Himmel vollkommen findet, ist so voll von Befriedigung, daß sie ihren Anfang, Fortgang und ihre Krönung damit erfüllt. Sie ist ein so strahlendes Licht, daß es wiederglänzt auf Alles, was ihr gehört, und wenn auch einige Trauer sich beimischt, vornehmlich beim Anfange, so kommt sie nur von uns und nicht von der Tugend, denn sie ist nicht die

*) Matth. 13, 44.

Wirkung der Frömmigkeit, die anfängt sich in uns zu bilden, sondern der Unfrömmigkeit, die noch in uns ist. Werfen wir das gottlose Wesen von uns, so wird die Freude ungemischt sein. Schreiben wir darum nicht der Andacht die Schuld zu, sondern uns selbst und suchen keinen andern Trost als durch unsere Besserung.

VII.

Ich bin sehr erfreut, durch Ihren Brief zu neuen Hoffnungen berechtigt zu sein in Betreff einer Sache, für deren Erfolglosigkeit Sie fürchteten. Grund zur Furcht hat man überall, gelange sie nicht, so würde ich jene schlechte Traurigkeit fürchten, von welcher Paulus sagt, daß sie den Tod wirke, während eine andere Leben schafft.

Gewiß ist, daß diese Sache ein dorniges Unternehmen war, und die betreffende Person möchte, wenn sie sich herauszieht, darauf wohl etwas eitel werden können, wäre sie nicht eingedenk, daß man Gott um seinen Beistand angefleht hat und darum glauben muß, das hieraus entspringende Gute sei sein Werk. Aber gelänge es ihr auch nicht, so dürfte sie darum doch nicht muthlos werden, eben weil man Gott darüber angerufen hat, so daß er diese Sache gleichsam als die seinige angenommen, ja, er muß als der Urheber alles Guten und alles Uebels, außer der Sünde, betrachtet werden. Ich möchte ihr in dieser Beziehung den Spruch wiederholen, den ich schon früher aus der Schrift anführte: „Wenn ihr im Glück seid, so erinnert euch des Unglücks, das ihr verdienet, und wenn ihr im Unglück seid, so seid des Glückes eingedenk, das ihr hoffet!"

Jedoch in Betreff der andern Person, welche, wie Sie

wissen, mir ihre geistige Unruhe mittheilt, gestehe ich, daß es mir sehr leid thut, sie in dieser Stimmung zu wissen. Ich habe inniges Mitleid mit ihren Schmerzen und wünschte sehr, sie erleichtern zu können, ich bitte sie, nicht um die Zukunft zu sorgen und dessen eingedenk zu sein, was unser Herr sagt, daß jedem Tage seine Plage genüge.

Die Vergangenheit soll uns nicht in Anspruch nehmen, da wir nur Reue über unsere Fehler zu empfinden haben, noch weniger aber soll uns die Zukunft kümmern, weil sie gar nicht in unsrer Gewalt ist und wir vielleicht nie sie erreichen. Nur die Gegenwart ist unser wirkliches Eigenthum, das wir nach dem Willen Gottes anwenden sollen. Auf sie vor Allem müssen unsre Gedanken gerichtet sein. Und doch ist der Mensch so unruhig, daß er beinahe nie an die Gegenwart und an die Zeit, in welcher er lebt, sondern immer an die Zukunft denkt. So lebt man immer in der Zukunft und nie in der Gegenwart. Unser Herr wollte nicht, daß wir um Weiteres sorgen, als um den heutigen Tag. Diese Gränze müssen wir zu unserem Besten und zur Ruhe unserer Seele einhalten. Denn in der That die christlichen Vorschriften gewähren den reichsten Trost, gewiß größeren, als die Lebensregeln der Welt.

Ich sehe wohl manche Drangsal für diese Person, für Andere und für mich selbst voraus, aber ich flehe zu Gott, wenn ich mich in solcher ängstlichen Berechnung überrasche, daß er mich in meine gebührenden Gränzen zurückweise, ich sammle mich in mir selbst und finde, daß ich manche Pflichten der Gegenwart versäumte, um mich in unnöthigen Gedanken an die Zukunft zu verlieren, welche nicht nur nicht meine Aufmerksamkeit erheischen, sondern sogar mir untersagt sind. Nur weil man nicht versteht, die Gegenwart richtig aufzufassen und sich in sie einzuleben, macht man sich Plane für die Zukunft.

Was ich hier sage gilt mir und nicht jener Person, welche gewiß mehr Tugend und christliche Weisheit hat, als ich, aber ich stelle ihr meinen Fehler vor die Augen, um sie vor Gleichem zu bewahren der Anblick des Bösen bessert oft kräftiger, als das Beispiel des Guten, und gut ist es, daß man sich gewöhne, aus dem Bösen Nutzen zu ziehen, da es sich überall findet, während das Gute so selten ist.

VIII.

Ich habe Mitleid mit der Person, deren Unruhe Sie wie ich kennen, und deren Bekümmerniß mir eben nichts Befremdendes hat. Das ist für sie ein kleiner Gerichtstag, der sich ohne eine totale Erschütterung nicht einstellen kann, wie der große Tag des Gerichts eine allgemeine Erschütterung über die Kinder der Welt bringen wird, die ausgenommen, welche sich bereits selbst gerichtet haben, wie diese Person es thun will. Diese zeitliche Noth sichert sie gegen ewige Pein kraft des unendlichen Verdienstes Jesu Christi, welcher diese erduldet und auf sich genommen hat, dieses mag sie trösten. Unser Joch ist auch das seinige, sonst wäre es unerträglich.

Nehmet auf euch, sagt er, mein Joch. Es ist nicht unser Joch, nein, das seinige, darum trägt er es auch. Wisset, sagt er, daß mein Joch sanft und leicht ist. Leicht ist es nur für ihn und seine göttliche Kraft. Ich möchte ihr rathen, stets eingedenk zu sein, daß diese Unruhe nicht aus dem Guten stammt, welches in ihr Platz zu greifen beginnt, sondern aus dem Bösen, das noch in ihr ist und das mehr und mehr abnehmen muß. Sie muß einem Kinde gleichen, das von Räubern aus den Armen seiner Mutter, welche es nicht lassen will, gerissen wird, es klagt für die Gewalt, die ihm widerfährt, nicht die liebend zurückhaltende Mutter an, sondern die ungerechten Räuber. Der ganze Adventsgottesdienst ist geeignet, den Schwachen Muth einzuflößen, und oft wiederholt sich das Wort der heiligen Schrift *Fasset Muth, ihr, die ihr verzagt und kleinmuthig seid, siehe, euer Erretter kommt;* und die heutige Vesper sagt „Nehmet neue Krafte und scheuchet von nun an alle Furcht, siehe unser Gott kommt, er kommt, um zu helfen und zu retten." —

IX.

Ihr Brief hat mich äußerst erfreut. Ich gestehe, daß ich anfing besorgt oder wenigstens erstaunt zu sein. Ich weiß nicht, wie es sich mit diesem Anfang des Schmerzes verhält, von welchem Sie sprechen, aber das weiß ich, daß er kommen muß. Ich las eben, als ich dachte an Sie zu schreiben, das dreizehnte Capitel des Evangeliums Marci, und so will ich Ihnen mittheilen, was ich fand. Christus spricht hier in langer Rede zu seinen Jungern von seinem letzten Kommen, und da Alles, was an der Kirche geschieht, sich auch an jedem einzelnen Christen wiederholen muß, so ist gewiß, daß dieses ganze Capitel eben so gut den Zustand des einzelnen Christen schildert, der bei seiner Bekehrung den alten Menschen ablegt, als den Zustand des ganzen Weltall's, das zertrummert werden wird, um nun einem neuen Himmel und einer neuen Erde Platz zu machen, wie die Schrift sagt*). Ebenso dachte ich, daß diese Weissagung von der Zerstorung des alten Tempels — Bild der Zerstörung des alten Menschen in jedem von uns — von welchem kein Stein auf dem andern bleiben soll, andeute,

*) 2 Petr. 3, 13

daß keine einzige Leidenschaft des alten Menschen zurückbleiben dürfe, und diese bürgerlichen und häuslichen Kriege mit all ihrem Grauel schildern so trefflich die innere Unruhe derer, welche sich Gott zu eigen geben, daß es kein besseres Gemälde giebt.

Aber auffallend ist das Wort „wenn ihr sehen werdet den Grauel der Verwustung an dem Orte, da er nicht sein soll, alsdann fliehet, ohne in das Haus zurückzukehren, etwas zu holen aus eurem Hause." Diese Worte scheinen nur genau auf unsere Zeit zu deuten, wo das Sittenverderbniß sich in die Häuser der Heiligkeit, in die Bücher der Theologen und Mönche eingeschlichen hat, da es am wenigsten sich zeigen sollte. Bei solcher Verwüstung gilt es sich zu flüchten, und wehe den Schwangern oder Säugenden alsdann — das heißt allen denen, welche an die Welt gefesselt sind! Es mag passend sein, hierüber das Wort einer dem Himmel lebenden Frau anzuführen: man sollte nicht untersuchen, ob man Beruf hat, sich von der Welt zu trennen, sondern nur, ob man Beruf hat, in ihr zu bleiben, wie man auch nicht fragt, ob man Beruf habe, ein verpestetes oder brennendes Haus zu verlassen.

Dieses Capitel des Evangeliums, das ich mit Ihnen gern ganz lesen möchte, endigt mit einer Ermahnung, zu wachen und zu beten, um all' diesem Elende zu entgehen und wahrlich, man hat recht, ohne Unterlaß zu beten, wenn die Gefahr ohne Unterlaß droht.

Hierzu übersende ich Ihnen die verlangten Gebete; es ist drei Uhr Mittags. Seit Ihrer Abreise ist an einer Nonne von Pontoise ein Wunder geschehen, sie ist ohne ihr Kloster zu verlassen, von furchtbaren Kopfschmerzen geheilt worden durch Anrufung des heiligen Dornes. Ich will Ihnen später hierüber ein Näheres mittheilen. Ich will hier nur ein schönes, für Manche trostreiches Wort Augustin's anführen: Diejenigen sehen wahrhaft Wunder, welche daraus Nutzen ziehen, denn man sieht sie nicht, wenn man sie nicht benutzt.

Ich kann Ihnen für das Geschenk, das Sie mir gemacht haben, nicht genug danken. Ich konnte nicht begreifen, was es wäre, denn ich habe es geöffnet, ohne Ihren Brief gelesen zu haben, und reute mich, ihm nicht gleich von Anfang den schuldigen Respect erwiesen zu haben.

Es ist wahr, daß der heilige Geist unsichtbar in den Reliquien derer ruht, welche in der Gnade Gottes gestorben sind, bis er einst sichtbar bei der Auferstehung in ihnen erscheinen wird, und darum verdienen die Reliquien der Heiligen unsere Verehrung. Denn Gott verläßt die Seinen niemals, nicht einmal im Grabe, wo ihre Leiber, wenn gleich todt in den Augen der Menschen, lebendiger sind vor Gott, weil die Sünde nicht mehr in ihnen wohnt. Die Sünde hat aber in ihnen ihren Sitz während dieses Lebens, wenigstens ihre Wurzeln, denn die Früchte derselben finden sich nicht immer. Wegen dieser unseligen Wurzel, die ihnen während des Lebens anhaftet, ist es nicht erlaubt, sie in Ehren zu halten, sie verdienen vielmehr Haß. Darum ist der Tod nothwendig, um von Grund aus diese unselige Wurzel zu ertödten, ja darum ist er selbst wünschenswerth. Doch wozu Ihnen sagen, was Sie so gut wissen, besser verlohnte es sich der Mühe, es denen zuzurufen, von welchen Sie sprechen, aber sie würden es nicht hören.

Anm. des P. Guerrier „Abschrift aus den von Fräulein Perier dem Oratorium zu Clermont geschenkten Papieren.“

Auszug eines Briefes an Madame Perier*).

1659.

Ihre Meinung**) war kurz die, daß Ihr auf keine Weise, ohne die christliche Liebe und Euer Gewissen tödtlich zu verletzen und Euch eines der grösten Verbrechen schuldig zu machen, ein Kind***) dieses Alters, dieser Unschuld und selbst dieser Frommigkeit der gefährlichsten und niedrigsten Stellung des Christenthums preisgeben konnet. Zwar in den Augen der Welt habe die Sache keine Schwierigkeit und sei ohne Zaudern auszuführen, aber in den Augen Gottes entscheide sie sich noch leichter und müsse ohne Zogern aufgegeben werden, denn der Stand einer Vortheile bringenden Ehe sei nicht minder wunschenswerth nach dem Urtheile der Menschen, als niedrig und gering vor Gott. Da man noch nicht wisse, wozu sie berufen und ob ihr Temperament nicht ruhig genug sei, um sie mit aller Frommigkeit ihre Jungfrauschaft ertragen zu lassen, so ware es große Unkenntniß uber den Werth dieses Standes, sie zur Wegwerfung eines Gutes aufzufordern, das für Jedermann um seiner selbst, den Eltern aber um ihrer Kinder willen so werthvoll ist; denn sie konnen es für sich selbst nicht mehr wunschen und hoffen in diesen Gott wieder

*) 2e Recueil du P Guerrier p 214

**) Die Meinung Singlin's, de Sacy's und Rebours', welche Pascal zu Port-Royal zu Rathe zog und welche derselben Ansicht waren Singlin wollte, daß die Sache den beiden Andern mitgetheilt würde, wie Pascal dieses im Anfange des Briefes sagt. (Anm. des P Guerrier.)

***) Jacqueline Perier, damals 15 Jahre alt (ders.). Hieraus folgt, da das Kind 1644 geboren ist, daß der Brief von 1659 sein muß.

zu erstatten, was sie gewöhnlich um anderer Gründe, als um Gottes willen verscherzten.

Ueberdieß sind die Männer, wenn gleich reich und klug nach dem Urtheile der Welt in der That nichts als Heiden vor Gott, so daß es das letzte Wort dieser Manne ist ein Kind mit einem gewöhnlichen Manne zu verbinden, sei eine Art von Mord, ja ein Gottesmord an ihrer Person.

Anm. des P. Guerrier „Copirt nach dem Original, von welchem nur die vierte und fünfte Seite erhalten sind.“

Brief an die Marquise de Sablé *).

December 1660

Wenn ich gleich sehr in der Enge bin, kann ich es doch nicht aufschieben, Ihnen tausend Dank dafür zu sagen, daß Sie mir die Bekanntschaft Herrn Menjot's**) verschafft haben; denn ohne Zweifel verdanke ich sie Ihnen. Und da ich ihn schon zuvor hochschätzte nach dem, was mir meine Schwester über ihn gesagt hatte, so kann ich Ihnen nicht sagen, welche Freude mir seine Artigkeit machte. Man darf nur seinen Brief lesen, um zu sehen, wie viel Geist und Verstand der Mann besitzt, und wenn ich gleich nicht im Stande bin, in das Innere des Gegenstandes einzudringen, den er in seinem Buche behandelt, so habe ich doch aus der einfachen Weise, mit welcher er in wenigen

*) M S. der Königl. Bibl. Heft 2 des Arztes Vallant, Fol 288. Vergl. Anhang II.

**) Ein unter den Protestanten sehr beliebter Arzt, selbst ein Reformirter Vergl Anhang III.

Worten die Immaterialität der Seele mit dem Vermögen der Materie, die Seelenthätigkeiten zu stören und Wahnsinn zu erzeugen*), Vieles gelernt. Ich bin sehr ungeduldig, bald die Ehre zu haben, mich mit Ihnen hierüber zu unterhalten.

Bruchstück eines Briefes an Madame Perier**).

1661.

Ihr habt mich durch die Nachrichten über die Einzelheiten eurer Kämpfe erfreut, zumal da Ihr selbst dabei betheiligt seid. Denn ich stelle mir vor, daß Ihr nicht die Kämpfer dieses Landes nachahmet, welche — wie mir scheint — einen so schlechten Gebrauch von dem Segen machen, welchen Gott ihnen anbietet, für die Verbreitung seiner Wahrheiten etwas zu leiden. Denn handelte es sich, ihrer eigenen Wahrheit Geltung zu verschaffen, so würden sie nicht anders zu Werke gehen, und sie scheinen nicht zu

---

*) Dieses kann nur das Buch sein, welches gegen Ende des Jahres 1660 unter dem Titel erschien Febrium malignarum historia et curatio. In demselben findet sich eine Abhandlung de Delirio in genere (über den Wahnsinn im Besondern)

**) 2e Recueil du P. Guerrier. p 210 Dieses Bruchstück ist mit einigen Veränderungen theilweise von Bossut veröffentlicht worden Der Brief ist wahrscheinlich von der Zeit, wo Pascal mit Nicole und Arnauld im Kampfe lag wegen Unterzeichnung des Formulars (über die fünf Sätze Jansen's), nämlich im Jahre 1661. Er ist wohl an Herrn Perier und zugleich an Montorcier, Guerrier, Domat und Andere gerichtet, welche damals einen lebhaften Streit mit den Jesuiten zu Clermont hatten. Vergl. Anhang IV.

ahnen, daß es dieselbe Vorsehung ist, welche den Einen ihr Licht einströmt, den Andern es versagt. Sie scheinen einem andern Gotte zu dienen, als demjenigen, welcher es zuläßt, daß Hindernisse sich ihnen in den Weg stellen, wenn sie an der Bekehrung Anderer arbeiten.

Sie glauben Gott einen Dienst zu erweisen, wenn sie gegen die Hindernisse murren, gleich als wäre es eine andere Macht, welche ihren frommen Eifer hervorruft, eine andere, welche den sich Widersetzenden Kraft giebt.

Dieses stammt aus unserer Eigenliebe. Wenn wir aus eigenem Antriebe wollen, daß eine Sache gelinge, so erzürnen wir uns gegen die Hindernisse, weil wir in diesen Hemmungen etwas finden, was der bewegende Grund, der uns zum Handeln treibt, nicht hineingelegt hat, und auf Dinge stoßen, welche der Eigenwille, der uns beseelt, nicht gebildet hat.

Aber wenn Gott wirklich unser Handeln leitet, so fühlen wir nie etwas Aeußeres, das nicht denselben Ursprung hatte, wie unser Handeln, es giebt keinen Gegensatz gegen das Bewegende, das uns treibt, derselbe Geist, der uns handeln heißt, veranlaßt Andere zum Widerstande oder erlaubt ihnen wenigstens diesen. So finden wir also keine Verschiedenheit, und nicht unser Geist ist es, welcher die fremden Begegnisse bekämpft, sondern es ist derselbe Geist, der das Gute hervorbringt und das Böse zuläßt. In Folge dieses Einklangs bleibt der Frieden der Seele ungestört und wir haben an ihm eines der besten Kennzeichen, daß wir im Geiste Gottes handeln, indem es viel gewisser ist, daß Gott dieses Uebel zuläßt, wie groß es auch sei, als daß er (und keine andere verborgene Triebfeder) das Gute in uns schafft, wie viel wir auch immer darauf halten mögen. Um daher richtig zu erkennen, ob Gott es ist, der uns zum Handeln treibt, ist es weit sicherer, nach unserem Betragen gegen außen, als nach unseren Beweggründen nach innen zu fragen; weil wir in dem letzteren Falle, finden wir schon lauter Gutes, doch nicht versichert sein können, daß es in der That von Gott komme.

Wenn wir uns aber in unseren Verhältnissen nach Außen prüfen, oder wenn wir erwagen, ob wir die äußeren Hindernisse mit Geduld ertragen, dieß kann uns ein Zeugniß geben, daß derjenige, welcher unseren Willen bewegt, derselbe ist, welcher ihm Schwierigkeiten entgegentreten läßt und da es ohne Zweifel Gott ist, welcher diese zuläßt, so hat man auch ein Recht, in aller Demuth zu hoffen, daß Gott jenen in uns erzeugt habe.

Aber wie' man handelt, als hatte man den Beruf, der Wahrheit zum Triumphe zu verhelfen, ob wir doch nur fur sie zu streiten haben. Der Wunsch nach Sieg ist so naturlich, daß man oft, wenn er sich das Verlangen des Triumphes der Wahrheit zum Deckmantel nimmt, den einen mit dem andern verwechselt und den Ruhm Gottes zu suchen meint, wenn man in der That nur den eigenen sucht. Die Art und Weise, wie wir Hindernisse aufnehmen, scheint mir hierfur der sicherste Weg zu sein, denn am Ende, wenn wir nur den Willen Gottes wollen, so müssen wir nothwendig ebenso seiner Gerechtigkeit, als seiner Gnade den Sieg wunschen, und lassen wir es an unserem Theile nicht fehlen, so muß unser Geist sich in einem richtigen Ebenmaaße finden, mag die Wahrheit anerkannt, mag sie bekampft sein, weil im ersteren Falle die Gnade Gottes, in diesem seine Gerechtigkeit triumphirt.

Pater juste, mundus te non cognovit. Heiliger Vater, die Welt hat Dich nicht erkannt. Augustin sagt, es sei eine Wirkung seiner Gerechtigkeit, daß er in der Welt nicht anerkannt sei. Laßt uns beten und arbeiten und fröhlich sein über Alles, wie Paulus sagt.

Hättet Ihr mich bei meinem ersten Fehler zurechtgewiesen, so hätte ich diesen zweiten nicht begangen, sondern mich gemäßigt. Aber ich will weder jenen noch diesen auswischen, das möget Ihr selbst thun, wenn Ihr wollt. Ich konnte mich nicht zurückhalten, so sehr bin ich gegen diejenigen aufgebracht, welche durchaus wollen, daß man an die Wahrheit glaube, welche sie vordemonstriren. Das hat Christus während seines Lebens auf Erden nicht gethan. Das heißt sich lustig machen und, wie mir scheint, ...*).

Sehr leid thut es mir, Herrn de Laporte**) krank zu wissen. Ich versichere Euch, daß ich ihn von ganzem Herzen schätze.

Ich u. s. w.

Brief an Madame Perier***).

Von Rouen, Samstag den letzter Januar 1643.

Meine liebe Schwester,

Ich zweifle nicht, daß Ihr in Sorge gewesen seid, weil Ihr lange Zeit von hier aus keine Nachricht erhalten habet. Aber ich meine Ihr werdet die Reise der Erwählten als Grund vermuthet haben, wie es auch wirklich war. Sonst hätte ich Euch gewiß öfter geschrieben. Ich habe Dir zu

*) Der Schluß fehlt in der Handschrift.
**) Dieser war Hausarzt der Familie Perier zu Clermont.
***) Nach einem Autographe im Besitze Herrn A. A. Renouard's.

sagen, daß, als die Herren Commissare zu Gizors waren, mein Vater mich einen Ausflug nach Paris machen ließ, wo ich einen Brief von Dir vorfand, in welchem Du erstaunt bist, daß ich Dir nicht oft genug schreibe, und sagst, daß Du es alle Wochen einmal thuest. Ist dem so, so ist gewiß, daß die Briefe verloren gehen, denn ich erhalte nicht einmal alle drei Wochen einen. Bei meiner Rückkehr nach Rouen fand ich einen Brief von Herrn Perier, welcher mir meldet, daß Du krank seist. Er sagt mir nicht, ob Dein Uebel gefährlich ist, noch ob es besser geht, und seitdem ging ein Botentag vorbei, ohne daß ich einen Brief erhielt, so daß wir in Sorge sind, aus welcher ich Dich bitte uns so bald als möglich zu ziehen, aber ich glaube, daß diese Bitte unnütz ist, denn ehe Du diesen Brief erhaltst, werden wir hoffentlich Briefe von Dir oder Herrn Perier haben. Das Departement wird fertig, Gottlob! Wüßte ich etwas Neues, so würde ich Dir es zu wissen thun *).

Ich bin, meine liebe Schwester,

Dein unterthäniger, ergebener Diener und
Bruder Pascal.

---

*) Hier folgt eine Nachschrift von der Hand seines Vaters, welche ebenso Familienangelegenheiten enthält, wie die Zeilen des Sohnes, der damals erst 18 Jahre alt war.

Gebet um gute Benutzung der Krankheit.

1647 oder 1648

In der ersten Ausgabe der Pensées ist dieses Gebet folgendermaßen eingeleitet „Man hat für passend gehalten „am Schlusse der Gedanken über Religion u. s. w. ein „Gebet beizufügen, welches Pascal in seiner Jugend ver„faßte und das schon mehrmals nach ungenauen Abschriften „gedruckt wurde, weil dieses ohne Mitwirkung derer ge„schah, welche jetzt die vorliegende Sammlung veröffent„lichen."

Hiernach könnte dieses Stück aus dem Ende des Jahres **1647** oder dem Anfange von **1648** sein, wo Pascal in Folge zu angestrengter Arbeit krank war und die Pariser Aerzte zu Rathe ziehen mußte. Er war eben in den ersten Wallungen seines religiösen Eifers.

Der Text ist nach der ersten Ausgabe der Pensées abgedruckt.

P. F.

I. Herr, der Du die Güte selbst bist in Allem, was Du thust, dessen Gnade sich so weit erstreckt, daß nicht nur Glück, sondern auch Unglück, das Deinen Auserwählten zustoßt, eine Gabe Deiner Huld ist, laß mich in der Lage, in welche Deine Gerechtigkeit mich versetzt hat, nicht als Heide handeln, möge ich vielmehr als wahrer Christ Dich als meinen Gott und Vater anerkennen, in welcher Lage ich mich immer befinden mag, da die Veränderung meiner Verfassung nicht Dein Verhältniß zu mir ändert, Du bist immer derselbe, wenn auch ich dem Wechsel unterworfen bin, Du bist nicht minder Gott, wann Du schlägst und strafst, als wann Du tröstest und Barmherzigkeit übest.

II. Du hattest mir Gesundheit verliehen, um Dir zu dienen, aber ich habe einen allzu weltlichen Gebrauch von ihr gemacht. Du sendest mir jetzt die Krankheit, um mich zu bessern; o so gieb, daß ich sie nicht übel anwende, und durch meine Ungeduld Dich erzürne. Ich habe meine Gesundheit mißbraucht, und Du hast mich mit Recht bestraft. O so laß nicht zu, daß ich Deine Strafe übel anwende. Und da die Verderbniß meiner Natur so groß ist, daß sie mir selbst Deine Segnungen in Fluch umwandelt, o, so möge, mein Gott! Deine allgewaltige Gnade Deine Züchtigungen mir zum Nutzen kehren. War mein Herz voll von Liebe zur Welt, so lange es sich stark fühlte, so vernichte diese Kraft zu meiner Errettung, mache mich unfähig für die Genüsse der Welt, sei es durch Schwächung meines Körpers, oder durch christlichen Liebeseifer, damit ich nur an Dir meine Freude habe.

III. O Gott, vor dem ich Rechenschaft ablegen muß über alle meine Handlungen am Ende meines Lebens und am Ende der Welt! O Gott, der Du die Welt und alle Dinge in der Welt nur erhältst, um Deine Auserwählten zu prüfen, oder um die Sünder zu strafen! O Gott, der Du den Sünder sich verstocken lässest im verführerischen, strafbaren Weltdienst! O Gott, der Du unsern Körper sterben lässest, und der im Augenblick des Todes unsere Seele von allem dem lostrennst, was sie in der Welt liebte! O Gott, der Du mich in diesem letzten Augenblick meines Lebens von Allem abrufen wirst, an das ich mich gehängt hatte, und an dem ich meine Befriedigung fand! O Gott, der Du am letzten Tage verzehren wirst Himmel und Erde und alle Geschöpfe, die darinnen wohnen, um allen Menschen zu zeigen, daß Nichts außer Du besteht, und daß also nichts unsere Liebe verdient als Du, weil Nichts außer Dir von Dauer ist! O Gott, der Du alle diese eiteln Götzenbilder und alle diese tödtlichen Lieblingsbüsten zerstören wirst! Ich preise Dich, mein Gott, und ich will Dir lobsingen alle Tage meines Lebens, daß Du zu meinem Heil mich auf diesen furchtbaren Tag aufmerksam gemacht hast, indem Du vor meinen Augen Alles zerstörtest in der Schwäche, in welche Du mich versetzt hast. Ich preise Dich, mein Gott, o ich will Dir lobsingen alle Tage meines Lebens, daß Du es mir unmöglich gemacht hast, dem süßen Genuß der Gesundheit und der Weltfreuden mich zu ergeben, und daß Du zu meinem Besten großentheils jene trügerischen Götzenbilder gestürzt hast, welche Du nicht am Tage Deines Zornes zum Schrecken der Gottlosen gänzlich zernichten wirst. Gieb, o Herr, daß ich in Folge dieser Zertrümmerung, welche Du an mir gemacht hast, mich selbst richte, damit Du nicht richten müssest nach jener letzten Zertrümmerung, welche mein Leben und die Welt treffen wird. Denn wie ich im Augenblick des Todes von der Welt getrennt, losgerissen von allen diesen Dingen, allein vor Dir sein werde, um Deiner Gerechtigkeit Rechenschaft abzulegen über alle Bewegungen meines Herzens, o so laß mich, mein Herr, meine jetzige Krankheit als eine Art von Tod betrachten, um losgetrennt von der Welt, frei von allem was ich liebte, allein in Deiner Gegenwart die Bekehrung meines Herzens von Deiner Huld zu erflehen, möge dieses der große Trost sein, den Du mir bietest, daß Du mir jetzt eine Art von Tod zusendest, um Deine Gnade zu üben, bevor Du mir wirklich den Tod schickst, um Dein Gericht zu üben. Wenn Du also, mein Gott, meinem Tode zuvorkamst, so laß auch mich der Strenge Deines Urtheilsspruchs zuvorkommen, damit ich mich selbst vor Deinem Gericht richte, um Gnade vor Deinem Antlitz zu finden.

IV. Laß mich, mein Gott, in der Stille meines Herzens die Beschlüsse Deiner Vorsehung über den Gang meines Lebens anbeten, möge Deine Zuchtruthe mich trösten, möge ich, nachdem ich während des Friedens in der Bitterkeit meiner Sünden gelebt habe, nun die himmlische Süßigkeit Deiner Gnade während der segensreichen Leiden, die Du mir zugetheilt, empfinden! Aber ich erkenne es, mein Gott, daß mein Herz so sehr verhärtet und voll von Gedanken, Sorgen, Unruhen und Liebe der Welt ist, daß weder Krankheit noch Gesundheit, weder Reden, noch Bücher, noch die H. Schrift, noch Dein Evangelium, noch Deine heiligsten Mysterien, noch Almosen und Fasten, noch Fleischesertödtung, noch Wunder, noch Gebrauch der Sacramente, noch das Opfer Deines Leibes, noch alle meine Anstrengungen oder die der ganzen Welt Etwas beitragen können, um meine Bekehrung ins Werk zu setzen, wenn Du nicht alle diese Dinge mit einem außerordentlichen Beistand Deiner Gnade begleitest. Darum, o Gott, wende ich mich an Dich, o Allmächtiger, um von Dir ein Geschenk zu erflehen, das alle Geschöpfe der Welt mir nicht zu geben vermögen. Ich wagte es nicht, Dir mein Geschrei vorzulegen, wenn ein Anderer es erhören könnte. Aber, mein Gott, da die Bekehrung meines Herzens, welche ich von Dir fordere, ein

Werk ist, das alle Kräfte der Natur übersteigt, so kann ich mich nur an den allmächtigen Schöpfer und Herrn der Natur und meines Herzens wenden. Zu Wem anders, Herr, sollte ich schreien, bei Wem sollte ich Hülfe suchen, als bei Dir? Alles, was nicht Gott ist, kann mein Verlangen nicht stillen. Gott selbst erflehe und suche ich, und nur an Dich, mein Gott, wende ich mich, um Dich zu finden. Oeffne die Thür meines Herzens, Herr, komm herzu zu diesem empörerischen Platze, welchen die Laster in Beschlag nahmen. Ihnen ist er unterthänig. Dringe ein, als in das Haus des Starken; aber binde zuvor den starken, mächtigen Feind, der darin herrscht, und nimm dann die Schätze, die darinnen sind. Herr nimm meine Liebe, welche die Welt mir geraubt hatte, raube selbst diesen Schatz, oder nimm ihn vielmehr wieder, denn Dir gehört er, wie ein Tribut, den ich Dir schulde, weil er das Siegel Deines Bildes trägt. Du hattest dieses Bild geschaffen im Augenblicke meiner Taufe, welche meine zweite Geburt ist, aber es ist ganz ausgetilgt. Das Bild der Welt spiegelt sich so treu darauf ab, daß Dein Bild nicht mehr sichtbar ist. Du allein konntest meine Seele schaffen, Du allein kannst sie umschaffen, Du allein konntest in ihr Dein Bild eindrücken, Du allein kannst es wieder herstellen und neu aufdrucken, d. h. Jesus Christus, meinen Erlöser, der Dein Bild und der Abglanz Deiner Herrlichkeit ist.

V. O mein Gott! Wie glücklich ist ein Herz, das einen so trefflichen Gegenstand lieben darf, der ihn nicht entehrt, dessen Liebe ihm so segenbringend ist! Ich fühle es, daß ich die Welt nicht lieben kann, ohne Dir zu mißfallen, ohne mir zu schaden, ohne mich zu entehren, und dennoch liebe ich noch die Welt. O mein Gott! wie glücklich ist eine Seele, die an Dir ihre Freude hat, weil sie sich dieser Liebe nicht nur ohne Gewissensbisse, sondern selbst zu ihrem Verdienst hingeben kann! Wie fest und dauerhaft ist ihr Glück, weil sie in ihrer Hoffnung nie getäuscht wird, da Du niemals vergehst, und weil weder Leben noch Tod sie von dieser Liebe zu scheiden vermag, derselbe Augenblick, welcher die Gottlosen sammt ihren Götzenbildern in dasselbe Verderbniß stürzen wird, wird auch die Gerechten mit Dir zu gemeinsamer Herrlichkeit verbinden, und wie die Einen sammt den vergänglichen Dingen, an welche sie ihr Herz hangen, vergehen werden, so werden die Andern ewig bestehen in dem ewigen, in sich selbst Leben habenden Gegenstande, mit dem sie sich innig verbanden! O wie glücklich sind die, welche mit voller Freiheit und unbesiegbarer Neigung ihres Willens frei und vollkommen den lieben, welchen sie zu lieben gezwungen sind!

VI. Vollende, mein Gott, die guten Regungen, welche Du mir einflößest. Sei das Ende derselben, wie Du ihr Anfang warst. Kröne Deine eigenen Geschenke, denn ich erkenne, daß es Deine Geschenke sind. Ja, mein Gott, und weit davon entfernt zu behaupten, daß meine Gebete ein Verdienst haben, das Dich zu ihrer Erfüllung nöthigt, gestehe ich vielmehr in aller Demuth, daß ich, nachdem ich mein Herz den Geschöpfen, welche Du nur für Dich und nicht für die Welt, noch für mich gemacht hattest, hingegeben habe, nur von Deiner Barmherzigkeit Hülfe erwarten kann, weil ich in mir selbst nichts Gutes besitze, was Dich dazu bestimmen konnte, und da alle meine natürlichen Neigungen, auf die Geschöpfe oder mich selbst gerichtet, Dich nur erzürnen müssen. So danke ich Dir denn mein Gott, für die guten Regungen, die Du mir eingiebst, und für diese selbst, durch welche Du mich zum Danke aufforderst.

VII. Rühre mein Herz durch ernste Reue über meine Fehler, weil ohne diesen inneren Schmerz die äußeren Leiden, mit denen Du meinen Körper schlagst, mir nur neuer Grund zum Sündigen wurden. Laß mich richtig erkennen, daß die Uebel des Körpers nur die Strafe und das Bild zugleich von den Seelenleiden sind. Aber lasse sie auch ihre Heilung sein, indem Du mich in den Schmerzen, welche ich empfinde, den mitempfinden lässest, welchen ich bisher in meiner Seele nicht kannte, ob sie gleich ganz krank, und voll von Aussatz war. Denn, Herr, die größte ihrer Krankheiten ist diese Gefühllosigkeit und diese äußerste Schwache, welche ihr alles Gefühl ihres eigenen Elends benahm. O so laß Du mich diese Schmerzen lebendig fühlen, und hast Du mir ein längeres Ziel des Lebens gestellt, so möge alles übrige Leben eine fortgehende Buße sein, die Schuld abzuwaschen, welche ich auf mich lud.

VIII. Herr, wenn gleich mein vergangenes Leben frei war von groben Vergehen, deren Veranlassung Du gnädig von mir abgewendet hast, so war es doch gleichwohl von Dir gehaßt von wegen meines fortwährenden Leichtsinns, des schlechten Gebrauchs Deiner heiligsten Sacramente, durch die Verachtung Deines Wortes und Deiner Eingebungen, durch die Trägheit und die gänzliche Unzweckmäßigkeit meiner Handlungen und meiner Gedanken, durch den schlechthinigen Verlust der Zeit, welche Du mir nur vergönntest, um Dich anzubeten, um in allen meinen Beschäftigungen Du zu Gefallen zu leben, und um Reue zu empfinden über die tagtäglichen Fehler, welchen bloß die Gerechtesten unterliegen, so daß ihr Leben eine fortwährende Buße sein muß, ohne welche sie Gefahr laufen, ihre Gerechtigkeit zu verlieren Also, mein Gott, handelte ich immer Deinem Willen zugegen.

IX. Ja, mein Herr, bis hierher war ich immer taub

zu Deine Eingebungen, und ich verachtete Deine Orakel, ich urtheilte gegen Deine Urtheilssprüche, ich widersetzte mich den heiligen Geboten, welche Du aus dem Schooß des ewigen Vaters der Welt überbrachtest, und nach denen Du die Welt richten wirst. Du sagst: Wohl denen, welche weinen, und wehe denen, welche getröstet sind! Ich aber sagte: wehe denen, welche seufzen, und überglücklich die, welche getröstet sind! Ich sagte: wohl denen, welche sich großen Vermögens, glänzenden Ruhmes, blühender Gesundheit erfreuen! Und warum anders pries ich sie glücklich, als weil alle diese zeitlichen Güter ihnen Mittel darreichten, sich der Geschöpfe zu erfreuen, das heißt Dich zu verletzen? Ja, Herr, ich gestehe, daß ich die Gesundheit für ein Gut hielt, nicht weil sie die Mittel an die Hand giebt, Dir mit Nutzen zu dienen, um mehr Sorge und Zeit Deiner Anbetung und der Erfüllung der christlichen Liebespflichten zu zollen, sondern weil ich von ihr unterstützt ich mich freier den Freuden des Lebens in die Arme werfen und ihre verderblichen Vergnügungen besser genießen konnte. So erzeige mir denn, Herr, die Gnade, meinen verdorbenen Verstand umzuschaffen, und meinen Willen dem Deinigen gleich zu machen. Möge ich mich im Unglück glücklich schätzen und mögest Du, während ich unfähig bin, nach außen zu wirken, meine Gefühle also reinigen, daß sie sich den Deinigen nicht mehr widersetzen, und möge ich Dich also in meinem Innern finden, weil ich Dich in Folge meiner Schwäche nicht in der Außenwelt suchen kann. Denn, Herr, Dein Reich ist in Deinen Gläubigen, und ich werde es in mir selbst finden, wenn ich bei mir Deinen Geist und Deinen Willen finde.

X. Aber, Herr, was soll ich thun, um Dich zu veranlassen, Deinen Geist über diese elende Erde auszugießen?

Alles, was ich bin, ist Dir verhaßt, und ich finde nichts in mir, was Dir gefallen könnte. Ich sehe nichts, mein Herr, als nur meine Schmerzen, die einige Aehnlichkeit mit den Deinigen haben. So betrachte denn die Schmerzen, welche ich leide, und die, welche mir drohen Sieh mit einem barmherzigen Auge die Wunden, welche Deine Hand mir geschlagen hat, o mein Erlöser! der Du Deine Leiden liebtest bis zum Tode! o Gott, der Du nur Mensch wurdest, um mehr als alle Menschen zum Besten der Menschen zu dulden! O Gott, der Du nach dem Sündenfalle des Menschen nur Fleisch wurdest und einen Körper annahmst, um damit alle die Strafen zu erdulden, welche wir durch unsere Sünden verschuldet! o Gott, der Du also die leidenden Körper liebst, daß Du für Dich selbst den schmerzenreichsten Körper wähltest! o so erbarme Dich meines Körpers, nicht um seiner selbst willen, nicht um dessen willen, was er beherbergt, denn Alles in ihm verdient nur Deinen Zorn, sondern um der Schmerzen willen, die er erträgt, und die allein Deiner Liebe werth sein können. Liebe meine Leiden, Herr, mögen meine Leiden Dich auffordern, zu mir zu kommen. Aber um die Vorbereitung auf Dein Wohnen in mir vollständig zu machen, mein Herr, so laß nicht nur meinen Körper dem Deinigen dadurch ähnlich sein, daß er um meiner Sünden willen leidet, sondern auch meine Seele mit der Deinigen dadurch, daß sie die Traurigkeiten um derselben Uebertretungen willen empfinde, damit ich also leide mit Dir, wie Du, an Körper und Geist, um der Sünden willen, die ich begangen habe.

XI. Erzeige mir die Gnade, Herr, Deinen Trost meinen Leiden beizugesellen, damit ich als Christ leide. Ich fordere nicht, von den Leiden verschont zu bleiben, denn dieses ist nur der Lohn der Heiligen, aber ich bitte

Dich, mich den Schmerzen der Natur nicht Preis zu geben ohne die Tröstungen Deines Geistes, denn dieses ist der Fluch, welcher auf Juden und Heiden lastet. Ich bitte nicht, vollen und ganzen Trost ohne alles Leiden zu haben, denn dieses ist das Leben der Herrlichkeit. Ich bitte auch nicht, ohne allen Trost allen Leiden bloßgestellt zu sein, denn dieses wäre Judaismus. Aber ich bitte Dich, Herr, daß Du mich die Schmerzen der Natur für meine Sünden, und den Trost Deines Geistes um Deiner Gnade willen, beide zugleich empfinden lassest, denn dieses ist die wahre Lage eines Christen. Möge ich die Schmerzen nicht ohne Trost empfinden, aber möge ich die Schmerzen und Trost zugleich empfinden, um so zu der Vollendung zu gelangen, in welcher man nur Deinen Trost ohne allen Schmerz empfindet. Denn, Herr, Du ließest die Welt schmachten in ihren natürlichen Leiden ohne Trost, vor der Ankunft Deines eingeborenen Sohnes, Du tröstest und erleichterst jetzt die Leiden Deiner Gläubigen durch die Gnade Deines eingebornen Sohnes, und Du erfüllst mit der reinsten Seligkeit Deine Heiligen, in der Herrlichkeit Deines eingebornen Sohnes. Das sind die wundervollen Stufen, auf welchen Du Deine Geschöpfe aufsteigen läßt. Du hast mich über die erste hinausgeführt laß mich die zweite glücklich überstehen, um zur dritten zu gelangen. Herr, ich flehe Dich nur um diese Gnade.

XII Laß mich nicht also von Dir ferne stehen, daß ich Deine bis zum Tode betrübte Seele und Deinen um meiner Sünde willen im Tod gebrochnen Leib betrachten könne, ohne mich meiner körperlichen und geistigen Schmerzen zu freuen. Denn was kann es Unwürdigeres geben und was ist gleichwohl gewöhnlicher bei den Christen und bei mir, als daß wir in der Weltlust leben, während Dein

Schweiß wie Blutstropfen zur Erde fiel zur Sühnung unserer Sünden, und daß Christen, die sich als Deine Jünger bekennen, und die durch ihre Taufe der Welt entsagten, um Dir zu folgen, daß die, welche feierlich vor der ganzen Kirche schworen, mit Dir zu leben und mit Dir zu sterben, daß die, welche bekennen, daß die Welt Dich verfolgte und kreuzigte, daß die, welche glauben, daß Du den Zorn Gottes und die Grausamkeit der Menschen ertrugst, um sie von ihren Sünden loszukaufen, daß diese, sage ich, welche an alle diese Wahrheiten glauben, welche Deinen Leib als das Opfer betrachten, das zu ihrer Erlösung gebracht wurde, welche die Lüste und Sünden der Welt als den einzigen Grund Deiner Marter, und die Welt selbst als Deinen Mörder betrachten, aufs Neue ihrem Körper zu schmeicheln suchen durch dieselben Lüste, durch dieselbe Welt, und daß die, welche nicht, ohne vor Schrecken zurückzubeben, einen Menschen sehen konnten, der den Mörder seines Vaters, der starb, um ihm Leben zu geben, umarmte, leben können, wie ich that, mit voller Freude, mitten in einer Welt, von der ich weiß, daß sie in der That der Mörder dessen war, den ich für meinen Gott und Vater anerkenne, der sich für meine Errettung in den Tod gab, und der an seinem Leibe die Strafe meiner Vergehungen trug? Es ist billig, Herr, daß Du mir so strafbare Freude unterbrachst, wie die war, mit der ich mich im Schatten des Todes lagerte.

XIII. So entferne, o Herr, alle Traurigkeit von mir, welche meine Eigenliebe mir einflößen konnte über meine eignen Leiden und über die Dinge der Welt, welche nicht nach dem Wunsche meines Herzens gehen, und Deinen Ruhm nicht beabsichtigen, aber erzeuge in mir eine Traurigkeit, welche der Deinigen gleich sei. Mögen meine Schmerzen Deinen Zorn besänftigen. Mache daraus ein

Mittel meiner Errettung und meiner Bekehrung. Möge ich von nun an Gesundheit und Leben nur deßwegen wünschen, um sie anzuwenden und zu vollenden für Dich, mit Dir und in Dir. Ich flehe von Dir weder Gesundheit noch Krankheit, weder Leben noch Tod, aber wende Gesundheit und Krankheit, Leben und Tod zu Deinem Ruhme, zu meiner Errettung und zum Nutzen Deiner Kirche und Deiner Heiligen, zu denen ich durch Deine Gnade zu gehören hoffe. Du allein weißest, was mir nützlich ist; Du bist der unumschränkte Herr, thue, was Du gefällt. Gieb mir, nimm mir, aber mache meinen Willen dem Deinigen gleich, und möge ich in einer demüthigen und vollkommenen Unterwerfung und in einer heiligen Zuversicht mich vorbereiten, um die Gebote Deiner ewigen Vorsehung aufzunehmen, und willig Alles anzubeten, was mir von Deinen Händen kommt.

XIV. Erzeige mir die Gnade, mein Gott, daß ich in immer gleichem Frieden der Seele alle Ereignisse aufnehme, weil wir nicht wissen, was wir bitten sollen, und weil ich das Eine nicht vor dem Andern wünschen kann, ohne anmaßend zu sein, und mich der Folgen schuldig zu machen, welche Deine Allweisheit mir billig verbergen wollte. Herr, ich weiß, daß ich nur Eines weiß, das, daß es gut ist, Dir zu folgen, und daß es böse ist, Dich zu beleidigen. Nach diesem weiß ich nicht, was in Allem böser oder besser ist, ich weiß nicht, was von Beidem mir nützlicher ist, Gesundheit oder Krankheit, Reichthum oder Armuth, oder irgend welches andere Gut der Welt. Dieses Urtheil übersteigt die Kraft der Menschen und der Engel, und ist verborgen in den Geheimnissen Deiner Vorsehung, welche ich anbete und die ich nicht ergründen will.

XV. Möge ich, Herr, in allen Lagen meines Lebens

meinen Willen dem Deinigen gleich machen, möge ich in meiner jetzigen Krankheit Dich preisen in meiner Trübsal. Ohne sie kann ich nicht zur Herrlichkeit gelangen, und Du selbst, mein Herr, wolltest nur durch Leiden zur Herrlichkeit eingehen. An Deinen Wundenmahlen wurdest Du von Deinen Jüngern erkannt, und an den Leiden erkennest Du auch die, welche Deine Jünger sind. So erkenne mich denn als Deinen Jünger an den Leiden, welche ich an meinem Körper und in meiner Seele ertrage, für die Sünden, welche ich begangen habe. Und weil Nichts Gott angenehm ist, als was ihm durch Dich dargereicht wird, so unterwirf meinen Willen dem Deinigen und mache meine Schmerzen den Deinigen gleich. Mögen meine Schmerzen die Deinigen werden. Verbinde mich mit Dir, erfülle mich mit Dir und Deinem heiligen Geiste. Mache Wohnung in meinem Herzen und in meiner Seele, um hier meine Schmerzen zu erdulden, und um hier fortzufahren, in mir zu erleiden, was von Deinen Schmerzen übrig ist, und was Du in Deinen Gliedern bis zur vollendeten Verherrlichung Deines Körpers erleidest, damit ich beseelt von Dir nicht mehr lebe und leide, sondern daß Du lebest und leidest in mir, o mein Erlöser! und daß ich so, einen kleinen Theil Deiner Schmerzen tragend, ganz erfüllt werde von der Herrlichkeit, welche sie Dir trugen und in welcher Du lebest mit dem Vater und mit dem heiligen Geist in alle Ewigkeit. Amen!

Ueber die Bekehrung des Sünders.

1647 oder 1648

(Die Schrift über die Bekehrung des Sünders wurde zum ersten Mal in der Gesammt-Ausgabe von Pascal's Schriften im Jahre 1779 veröffentlicht von dem Abbé Bossut, welcher gar keinen Zweifel über die Authenticität dieses Fragments ausdrückte. Gleichwohl kannte Bossut die Note von P. Guerrier, welcher angiebt, daß der Verfasser dieser Arbeit unbekannt sei. Das Manuscript [Nr. 1485] bemerkt Folgendes

„Diese Schrift wurde nach einer Abschrift geschrieben, „welche sich unter dem schriftlichen Nachlasse von Mademoi-„selle Perier findet. Der Verfasser ist nicht angegeben. „Ich glaube, daß sie aus der Feder von Fräulein Pascal „stammt, bevor sie in den Orden eintrat."

Diese Vermuthung scheint uns ganz unbegründet, und wir zaudern nicht, dieses Fragment Pascal selbst zuzuschreiben

1) weil es in dem kleinen Manuscript in —18 als Schrift Pascal's angegeben ist,

2) weil es den Gedankengang und Styl Pascal's deutlich verräth, zwar nicht aus seiner reiferen Periode, aber aus der Zeit vor den Provinciales, denn dieses Fragment,

wie das vorangehende, muß sich aus den Jahren 1647 oder 1648 datiren, damals als Pascal im Alter von 23 oder 24 Jahren in diese Phase seines Lebens eintrat, welche man seine erste Bekehrung nennen kann, diese Zeilen geben ein treues Gepräge seiner damaligen Seelenstimmung

P. F.

Ueber die Bekehrung des Sünders *).

Das Erste, was Gott einer Seele, welche er wahrhaft zu rühren würdigt, einflößt, ist eine ganz außerordentliche Erkenntniß und Anschauung, in Folge welcher ihr alle Dinge und sie selbst sich ganz anders erscheint. Dieses neue Licht macht die Seele ängstlich und verursacht ihr eine unruhige Verwirrung, gegen welche die Ruhe nicht Stand halten kann, welche sie bisher in den Dingen fand, mit denen sie sich ergötzte. Sie kann die Gegenstände ihrer Freude nicht mehr mit Ruhe genießen Ein beständiger Vorwurf des Gewissens ficht ihren Genuß an und dieses innere Anschauen läßt sie nicht mehr die gewohnte Süßigkeit in den Dingen finden, welchen sie sich mit voller Herzensergießung hingegeben hatte.

Noch mehr Bitterkeit aber findet sie in den Uebungen der Frömmigkeit, als in den Eitelkeiten der Welt. Auf der einen Seite ergreift sie die Eitelkeit sichtbarer Dinge stärker, als die Hoffnung der unsichtbaren, auf der andern macht die Nachhaltigkeit der unsichtbaren einen stärkeren Eindruck, als die Eitelkeit der sichtbaren. So streitet sich die Gegenwärtigkeit der einen und die Nachhaltigkeit der

*) 3e Recueil M. S. du P. Guerrier. p. 300.

andern um ihre Zuneigung, die Eitelkeit der einen und die Abwesenheit der andern ruft ihre Abneigung hervor. Auf diese Weise entsteht in ihr Unordnung und Verwirrung . . . . *) . . . . . Sie betrachtet die vergänglichen Dinge als vergehend und selbst vergangen, und in der gewissen Voraussicht auf Vernichtung alles dessen, was sie liebt, erschrickt sie an diesem Gedanken; sie sieht, daß jeder Augenblick ihr den Genuß ihres Gutes entreißt, daß, was ihr am theuersten ist, in jeder Minute zerrinnt und daß endlich ein Tag kommen wird, wo sie ganz nackt und entblößt sein wird von allen Dingen, auf welche sie ihre Hoffnung gesetzt hatte. Sie erkennt, wie ihr Sein nur an Vergängliches und Eitles sich gehängt hatte und darum die Seele bei ihrem Ausgange aus diesem Leben allem und verlassen sein muß, da sie nicht Sorge getragen hat, sich an ein wahres, selbstständiges Gut anzuschließen, welches sie während und nach diesem Leben hätte aufrecht halten können Deßhalb fängt sie an, Alles das als Nichts zu betrachten, was zum Nichts zurückkehren soll, den Himmel, die Erde, den Geist, den Leib, ihre Eltern, Freunde, Feinde, Reichthum, Armuth, Ungnade, Glück, Ehre, Schimpf, Achtung, Verachtung, Ansehen, Dürftigkeit, Gesundheit, Krankheit und das Leben selbst. Alles, was weniger Dauer hat, als die Seele selbst, ist nicht im Stande, das Verlangen dieser Seele zu befriedigen, welche alles Ernstes sucht sich in einem Glücke festzusetzen, dessen Dauer, der ihrigen gleiche.

Sie fängt an, über die Verblendung zu erstaunen, in welcher sie gelebt hat, und wenn sie auf der einen Seite

*) Bossut hat aus seinem Eigenen die Lücken der Handschrift ausgefüllt, wie in seiner Ausgabe zu sehen ist. Diese Einschiebsel sind hier weggeblieben

erwägt, wie lange Zeit sie gelebt hat, ohne sich diese Gedanken zu machen und wie viele Menschen auf diese Weise leben, auf der andern, wie gewiß es ist, daß die Seele, unsterblich wie sie ist, niemals ihr Glück in Vergänglichem, das ihr spätestens durch den Tod genommen wird, finden kann, so wird sie von einer heiligen Beschämung und einem Staunen erfaßt, das ihr eine heilsame Unruhe bringt. Denn sie erwägt, daß, wie groß auch die Zahl derer sein mag, welche in den Grundsätzen der Welt ergrauen, wie großes Gewicht auch die Menge der Beispiele haben mag, daß man sein Glück in der Welt sucht — es dennoch feststeht, daß, wenn die Güter der Welt dauerndes Vergnügen gewährten — eine Annahme deren Falschheit unaufhörlich durch zahllose, traurige Erfahrungen bewiesen wird — wir dessen doch durch den Verlust dieser Güter oder am Ende durch den Tod beraubt werden. Mag deßhalb die Seele sich Schätze zeitlicher Güter zusammengehäuft haben, welcher Art sie auch seien, sei es Gold, Wissen, Ruhm, es ist eine unausweichliche Nothwendigkeit, daß sie aller dieser Gegenstände ihres Glückes entkleidet wird, und haben sie ihr auch einmal Genüge gegeben, so können sie es doch nicht immer, und verschafft man sich auch damit ein wahres Glück, so ist es mindestens kein dauerndes Glück, da es mit dem Laufe dieses Lebens ein Ende nimmt.

So beginnt sie durch eine heilige Demüthigung, die Gott über den Stolz erhebt, über die Masse der Menschen sich emporzuschwingen sie verwirft ihre Lebensweise, verabscheut ihre Grundsätze, weint über ihre Verblendung, sie sucht das wahre Gut, begreift daß es zwei Eigenschaften haben muß, einmal, daß es so lange daure, als sie selbst und nur mit ihrer Zustimmung ihr genommen werden könne, zweitens, daß es das Liebenswürdigste sei.

Die Seele sieht, daß ihre Liebe zur Welt während ihrer Verblendung sie diese zweite Eigenschaft in der Welt finden ließ, denn sie wußte nichts der Liebe Würdigeres. Aber da sie die erste Eigenschaft nicht in ihr findet, erkennt sie, daß sie nicht das höchste Gut ist. Sie sucht es darum anderswo, sieht beim Scheine des reinsten Lichtes, daß es weder in den Dingen sich findet, die in ihr, noch in denen, die außer ihr, noch in denen, die vor ihr sind (nirgends in noch neben ihr) und fängt an, es über sich zu suchen.

Diese Erhebung sucht so sehr die Höhe, strebt so weit hinaus über die Gränzen der Erfahrung, daß sie nicht beim Himmel stehen bleibt er kann ihr nicht genügen, noch über dem Himmel, noch bei den Engeln, noch bei den vollkommensten Wesen. Sie schreitet fort über alles Geschaffene und ihr Herz steht stille erst vor dem Throne Gottes, in welchem sie anfängt, ihre Ruhe zu finden, und dieses Gut ist das Liebenswürdigste, was es giebt und kann ihr nicht genommen werden ohne ihren Willen.

Fühlt sie gleich noch nicht die Seligkeiten, mit welchen Gott der ausharrenden Frömmigkeit lohnt, so begreift sie doch, daß die Geschöpfe der Liebe nicht würdiger sein können, als der Schöpfer, und ihre Vernunft mit Hülfe des Lichtes der Gnade lehrt sie erkennen, daß Gott der höchsten Liebe werth ist und daß er nur denen entrissen werden kann, die ihn verwerfen, weil man ihn besitzt, wenn man nach ihm verlangt und ihn verliert, wenn man ihn abweist. So freut sie sich ein Gut gefunden zu haben, das ihr nicht geraubt werden kann, so lange sie es festhält, ein Gut, das nichts über sich hat.

Mit diesen neuen Gedanken tritt sie ein in das Schauen der Größe ihres Schöpfers, in Demüthigung und tiefe Anbetung. Sofort verachtet sie sich selbst und da sie von sich selbst sich nie eine Vorstellung machen kann, die niedrig genug, noch eine solche von dem höchsten Gut, welche hoch genug wäre, so sucht sie von Neuem sich zu erniedrigen bis zu den tiefsten Tiefen des Nichts, indem sie Gottes Unermeßlichkeit in's Unendliche vor sich ausdehnt. Diese Betrachtung erschöpft ihre Kraft, sie betet schweigend ihn an, denkt sich als seine niedrige, unnütze Creatur und betet auf's Neue an, und lobt auf's Neue, und möchte ewig loben und anbeten. Darauf erkennt sie die Gnade, die er ihr erzeigt hat, seine unendliche Majestät einem elenden Würmchen zu offenbaren, und mit dem festen Entschlusse, ihm ewig dafür dankbar zu sein, schämt sie sich, so viele Eitelkeiten diesem göttlichen Herrn vorgezogen zu haben, zerknirscht und büßend wendet sie sich an sein Erbarmen, um seinen Zorn aufzuhalten, dessen Wirkung sie mit Schrecken erfüllt. . . . .

. . . .

Sie richtet heiße Gebete an Gott, um sein Erbarmen rege zu machen, daß er gleich wie er in Gnaden sich ihr geoffenbart, so auch in Gnaden sie zu sich leite und die Wege ihr zeige, zu ihm zu gelangen. Wie sie nach Gott allein verlangt, so verlangt sie auch nur durch die Mittel, die er giebt, zu ihm zu kommen, weil sie will, daß er selbst ihr Weg, ihr Ziel und Ende sei. . . . .

. . . .

Sie fängt an, Gott zu erkennen, es verlangt sie, zu ihm zu gelangen, da sie aber die Mittel dazu nicht kennt, so handelt sie, deren Verlangen rein und wahr ist, wie derjenige, der den Weg verlor und sieht, daß er verirrt ist, an die sich wendet, welche den Weg vollkommen kennen.

. . . .

. . . .

Sie entschließt sich, ihr übriges Leben nach seinem Willen zu bilden; aber da ihre natürliche Schwäche, die Gewohnheit der Sünde in welcher sie lebte, ihr die Macht genommen haben, zu diesem Glücke zu gelangen, so ruft sie ihn an um die Mittel, ihn zu finden, sich mit ihm zu verbinden, ihm ewig anzuhangen. . . . .

. . . .

. . . .

Sie erkennt, daß sie als Geschöpf Gott anbeten, als gegen ihn verpflichtet ihm danken, als schuldig ihm Genugthuung geben, als bedürftig ihn bitten muß. —

Anm. des P. Guerrier. „Ich habe dieses nach einer Copie, welche sich unter den von Fräulein Perier dem Oratorium zu Clermont geschenkten Papieren findet, abgeschrieben. Die Lücken habe ich vorgefunden, wie sie bezeichnet sind. Ich weiß nicht, wer es geschrieben hat."

Vorrede zur Abhandlung über das Leere.

1647—1651

Bossut, welcher zuerst dieses Bruchstück veröffentlicht hat (2ter Theil seiner Ausgabe), hat es willkührlich betitelt „über Autorität in philosophischen Dingen". Er hat einen Theil des Textes, welcher nicht mehr zu dem neuen Titel passen wollte, unterdrückt, und hat etliche Lücken verwischt, welche sich in der Handschrift des P. Guerrier finden. — Der wahre Titel der Abhandlung ist der angegebene.

Es scheint, daß die Abhandlung selbst „über das Leere" nicht mehr vorhanden ist, vielleicht hat Pascal nie die letzte Hand daran gelegt. Perier sagt darüber in der Nachricht, welche er den Versuchen auf dem Puy-de-Dôme (wiedergedruckt im Jahre 1663) voranschickt: „die Abhandlung, von welcher an mehreren Stellen dieses Berichtes die Rede ist, ist eine umfassende Arbeit Herrn Pascal's über das Leere, die verloren gegangen ist, und von der man nur einige Bruchstücke gefunden und hier abgedruckt hat."

Die erwähnten Bruchstücke sind gedruckt hinter der „Abhandlung über das Gleichgewicht des Flüssigen und die Schwere der Luft".

Ein neuaufgefundenes Bruchstück steht am Schlusse.

P. F.

Vorrede zur Abhandlung über das Leere*).

Die Achtung, welche man dem Alterthume zollt, ist heut zu Tage auf einen solchen Grad gestiegen, — auch in Dingen, wo es nicht sein sollte — daß man sich aus allen Gedanken der Alten Orakel, aus ihren Dunkelheiten Mysterien macht, so daß man ohne Gefahr nichts Neues behaupten kann und der Text eines alten Schriftstellers hinreicht, die stärksten Beweise umzustoßen. . . . .
. . . . **)

Es ist nicht meine Absicht, einen Fehler durch den andern zu verbessern, und die Alten nicht zu schätzen, weil man sie zu sehr schätzt. Ich will nicht ihr Ansehen vernichten, um die eigene Beweisführung ganz allein aufzustellen, wiewohl man ihre Autorität allein zum Nachtheile dieser geltend machen will. . . . . ***)

Man muß diese wichtige Unterscheidung machen, daß ein Theil der Erkenntnißgegenstände nur vom Gedächtnisse abhängig und rein historisch ist, indem man nur wissen will, was die Autoren gesagt haben, der andre dagegen fällt der freien Betrachtung anheim und ist rein dogmatisch, da man die verborgenen Wahrheiten suchen und entdecken will. Jene sind aber so beschränkt, wie die Bücher, in welchen sie enthalten sind. . . . . †)

Nach dieser Unterscheidung muß man die Ausdehnung jener Achtung bemessen. . . . . ††)

---

*) 1er Recueil du P. Guerrier p 30.
**) Eine Lücke von etwa zehn Linien. (Anm des P. Guerrier.)
***) Zwei Linien. (Derselbe.)
†) Lücke.
††) Zwei Linien. (Anm. des P. Guerrier.)

Bei den Gegenständen, wo man nur wissen will, was die Autoren gesagt haben, wie in Geschichte, Geographie, Rechtswissenschaft, Sprachen und vornehmlich in der Theologie, kurz bei allen denen, welche die einfache Thatsache und göttliche oder menschliche Lehre zum Prinzipe haben, muß man nothwendig an ihre Bücher sich halten, weil Alles, was man wissen kann dort enthalten ist daraus folgt augenscheinlich, daß man hiervon eine vollständige Kenntniß sich erwerben und unmoglich etwas hinzufugen kann.

Wenn es sich darum handelt, zu wissen, wer der erste König der Franzosen war, wohin die Geographen den ersten Meridian setzen, welche Worte in einer todten Sprache gebräuchlich sind, und alles Aehnliche — wie konnen wir es anders kennen lernen, als aus den Buchern? Und wer könnte hierzu etwas Neues hinzufugen, da man nur ihren Inhalt wissen will?

Die Autorität allein kann uns darüber aufklaren.

Die meiste Kraft aber hat sie in der Theologie, weil sie von der Wahrheit unzertrennbar ist, und wir diese nur durch jene kennen, so daß das einfache Vorkommen der unbegreiflichsten Dinge in den heiligen Büchern hinreicht, uns völlige Gewißheit zu schaffen; gleichwie es hinreicht, die Ungewißheit der wahrscheinlichsten Dinge darzuthun, wenn man zeigt, daß sie dort nicht enthalten sind. Denn ihre Prinzipien sind uber der Natur und Vernunft und der menschliche Geist — zu schwach, um durch eigene Kraft sie zu erreichen — kann zu diesen hohen Einsichten nur gelangen, wenn er durch eine allmachtige und ubernaturliche Kraft getragen ist.

Anders verhält es sich mit den Gegenständen, welche unter die Sinne fallen oder dem Bereiche der Urtheilskraft angehören. Hier ist die Autorität unnutz, der Verstand allein hat hierüber zu entscheiden. Beide haben ihre getrennten Gerechtsame! Dort war jene unbeschränkt hier dagegen herrscht dieser. Da diese Gegenstände dem Bereiche des Geistes angemessen sind, so findet er hier volle Freiheit, sich auszubreiten, seine unerschöpfte Fruchtbarkeit bringt beständig Neues hervor und seine Erfindungen können sowohl endlos als ununterbrochen sein. . . . .

Auf diese Weise muß die Geometrie, Arithmetik, Musik, Physik, Medicin, Architectur, kurz alle Wissenschaften, welche der Erfahrung und dem freien Urtheile angehören, vermehrt werden, um vollkommen zu sein. Die Alten haben nur einen flüchtigen Entwurf derselben von ihren Vorgängern erhalten und wir werden sie denen, die nach uns kommen in vollendeterer Gestalt überlassen, als wir sie übernommen haben. Da ihre Vollendung von der Zeit und Arbeit abhängt, so ist deutlich, daß, obwohl unsere Arbeit und unsere Zeit weniger Früchte getragen hätten, als ihre Arbeiten getrennt von den unsrigen, beide zusammen doch mehr Erfolg haben müssen, als jede einzelne für sich.

Wenn wir über diesen Unterschied im Reinen sind, so können wir Diejenigen nur beklagen, welche in ihrer Verblendung die Autorität als Beweis beibringen, wo es sich von physikalischen Dingen handelt, anstatt des Urtheils und der Erfahrung, dagegen erschrecken wir vor der schlimmen Absicht der Andern, welche den Verstand allein anwenden in der Theologie, anstatt der Autorität der Schrift und der Väter. Man muß den Muth der schüchternen Leute anfachen, die es nicht wagen, in der Physik etwas Neues aufzubringen, und muß den Uebermuth der Thoren niederschlagen, welche in der Theologie neue Dinge einführen. Doch das Unglück dieser Zeit will es, daß man wohl viele neue Meinungen in der Theologie, von welchen das ganze

Alterthum nichts wußte, mit Hartnäckigkeit vorgebracht und mit Beifall aufgenommen sieht; während das wenige Neue in der Physik der Falschheit überwiesen werden soll, sobald es nur im Geringster gegen die angenommenen Meinungen verstößt, wie wenn die Achtung für die alten Philosophen eine Pflicht, die für die ältesten Väter nur eine Sache des Anstands wäre! Ich überlasse es den Verständigen, die Wichtigkeit dieses Mißbrauchs, der so unrechter Weise die Ordnung der Wissenschaften umkehrt, zu bemerken, und ich glaube, die Meisten werden wünschen, daß diese Freiheit ein anderes Feld suche, da neue Erfindungen ganz gewiß Irrthümer sind in Theologischem, das man ungestraft profanirt; während sie unumgänglich nothwendig sind für die Vollendung so vieler andern, ohne Vergleich tiefer stehenden wissenschaftlichen Gegenstände, welche man gleichwohl nicht anzurühren wagt.

Wir müssen unser Mißtrauen und unsere Leichtgläubigkeit richtiger eintheilen und die Achtung beschränken, welche wir vor den Alten haben. Wie der Verstand dieselbe hervorruft, so soll er auch maaßgebend für sie sein. Wir müssen erwägen, daß auch sie, wären sie bei der Zurückhaltung geblieben, nichts Neues zu dem Ueberlieferten zu fügen, oder hätte man zu ihrer Zeit dieselben Schwierigkeiten gemacht, wenn es sich um Annahme neuer Forschungen handelte, so würden sie sich selbst und ihre Nachkommen um die Früchte ihrer Erfindungen gebracht haben. Wie sie aber des Ererbten als eines Hülfsmittels zu neuen Erwerbungen sich bedient und diese glückliche Kühnheit ihnen den Weg zu Großem eröffnet hat, so sollen auch wir mit ihrer Hinterlassenschaft auf dieselbe Weise umgehen und sie zum Mittel, nicht aber zum Zweck unserer Studien machen und sie zu übertreffen suchen, indem wir sie nachahmen.

Denn was ist ungerechter, als die Alten mit mehr zurückhaltender Aengstlichkeit zu behandeln, als sie ihren Vorgängern erzeigt haben, vor ihnen die unverletzliche Achtung zu haben, die sie sich nur verdient haben, indem sie keine solche Achtung vor denen hatten, welche in einem ähnlichen Verhältnisse zu ihnen standen *)?

Die Geheimnisse der Natur sind verborgen; wenn sie gleich stets thätig ist, so entdeckt man doch nicht immer ihre Wirkungen, die Zeit enthüllt sie von Jahrhundert zu Jahrhundert, und obwohl an sich stets gleich, ist sie doch nicht immer gleich erkannt. Die Erfahrungen, welche uns zum Verständnisse führen, vermehren sich fortwährend, und da sie die einzigen Prinzipien der Physik sind, so vermehren sich die Folgerungen in gleichem Maaße.

Auf diese Weise kann man heut zu Tage anders denken und neue Ansichten haben, ohne die Alten zu verachten und ohne Undankbarkeit, da die Grundbegriffe, welche sie uns geben, die Stufen zu unseren Fortschritten geworden sind und wir hierbei ihnen für den Vortheil verbindlich sind, welchen wir über sie haben, weil einmal zu der Ruhe gelangt, auf welche sie uns gebracht haben, der kleinste Anstoß uns weiter führen muß, und wir über ihnen stehen mit geringerer Mühe und kleinerem Ruhme. Von hier aus können wir Dinge entdecken, welche für sie unbemerkbar waren. Unsere Aussicht ist ausgedehnter und obwohl sie Alles, was sie in der Natur bemerken konnten, eben so gut kannten als wir, so kannten sie doch nicht so Vieles, wir sehen mehr als sie.

Indessen ist es sonderbar wie man ihre Meinungen heilig hält. Es ist ein Verbrechen ihnen zu widersprechen,

---

*) Lücke von fünf bis sechs Linien. (Anm. des P. Guerrier.)

ein Frevel Etwas hinzuzufügen, als hätten sie keine Wahrheiten zum Entdecken mehr übrig gelassen.

Heißt es nicht die menschliche Vernunft unwürdig behandeln, sie mit dem thierischen Instincte in Eine Reihe stellen, wenn man den Hauptunterschied beider aufhebt, nach welchem jene stets Neues schafft, dieser sich gleich bleibt? Die Bienenstöcke waren eben so schon abgemessen vor tausend Jahren, wie heute, und jede Zelle bildet ein Sechseck ebenso genau das erste, wie das letzte Mal. Mit Allem, was die Thiere in Folge dieser verborgenen Bewegung hervorbringen, verhält es sich eben so. Die Natur lehrt sie, wie die Noth sie drängt, aber diese hinfällige Wissenschaft verliert sich mit dem Bedürfnisse wie sie dieselbe ohne Mühe empfangen, so haben sie auch nicht das Glück, sie zu bewahren. So oft sie ihnen gegeben wird ist sie ihnen neu, denn die Natur will die Geschöpfe in dem Stande beschränkter Vollkommenheit erhalten und giebt ihnen diese nothwendige Wissenschaft ein, stets gleich, damit sie nicht untergehen, sie erlaubt aber auch nicht, daß sie Neues hinzufügen, damit sie die verschiedenen Gränzen nicht überschreiten.

Anders verhält es sich mit dem Menschen, der für die Unendlichkeit geschaffen ist. Er lebt in Unwissenheit in seinen ersten Jahren, aber er unterrichtet sich stets in seinem Fortschritte, denn er benutzt nicht allein die eigene Erfahrung, sondern auch die seiner Vorgänger, weil er die einmal erworbenen Kenntnisse im Gedächtnisse behält und die der Alten ihm in ihren Büchern immer gegenwärtig sind. Und wie er diese Kenntnisse erhält, so kann er sie auch leicht vermehren, so daß in gewisser Weise der Mensch heut zu Tage in demselben Stande sich befindet, wie die alten Philosophen, wenn sie bis heute hätten leben und zu ihren Kenntnissen im Laufe der Jahrhunderte neue Studien hinzufügen konnen. So schreitet durch ein eigenthümliches Vorrecht nicht allein der Einzelne täglich in den Wissenschaften weiter, sondern auch die Gesammtheit der Menschen macht beständige Fortschritte in demselben Maaße, als die Welt älter wird, weil hier in der Aufeinanderfolge der Geschlechter sich wiederholt, was bei dem Einzelnen in seinen verschiedenen Altersstufen geschieht. Darum kann man die sich folgenden Geschlechter — im Laufe der Jahrhunderte — wie Einen Menschen betrachten, welcher stets besteht und beständig lernt. Man sieht, wie Unrecht wir haben, das Alterthum in seinen Philosophen zu sehr zu achten, denn wie das Alter am entferntesten ist von der Kindheit — wer sieht nicht, daß das Alter dieses Universal-Menschen nicht in den Zeiten nahe bei seiner Geburt, sondern in den entferntesten gesucht werden muß? Diejenigen, die wir die Alten nennen, waren in der That neu in allen Dingen und bildeten eigentlich das Kindesalter der Menschheit; und da wir zu ihren Kenntnissen die Erfahrungen der folgenden Jahrhunderte gefügt haben, so sind wir es, in welchen das Alterthum zu suchen ist, welches wir in jenen hochhalten.

Sie sind aller Bewunderung würdig in den Folgerungen, welche sie aus den wenigen ihnen zu Gebote stehenden Prinzipien zogen, und verdienen Nachsicht in denjenigen, für welche ihnen mehr das Glück der Erfahrung, als die Stärke des Urtheils gefehlt hat — Waren sie nicht entschuldbar hinsichtlich der Vorstellung, welche sie von der Milchstraße hatten, wo die Kunst der Schwäche ihres Auges noch nicht zu Hülfe gekommen war, wenn sie diese Farbe einer größeren Dichtigkeit dieses Theiles des Himmelsgewölbes zuschrieben, welche stärkeres Licht wirft? Aber wären wir nicht unentschuldbar, wenn wir an dieser Vorstellung festhalten wollten, während wir mit Hülfe des Vergrößerungsglases, eine unzählbare Menge kleiner Sterne entdeckt haben, deren reichliches Licht sich uns als den wahren Grund dieser weißen Farbe zu erkennen giebt?

Hatten sie nicht Grund, zu sagen, alle vergänglichen Körper seien innerhalb der Sphäre des Mondes eingeschlossen, weil sie im Laufe der Jahrhunderte weder Vergehen noch Entstehen außerhalb dieses Raumes beobachtet hatten? Aber müssen wir nicht das Gegentheil behaupten, da die Erde deutlich Kometen sich entzünden und weit jenseits dieser Sphäre verschwinden sah?

In derselben Weise durften sie hinsichtlich des Leeren sagen, daß die Natur es nicht dulde, da alle ihre Erfahrungen ihnen gezeigt hatten, daß sie es scheut und nicht duldete. Wären ihnen aber die neuen Versuche bekannt gewesen, vielleicht hätten sie auf dieses hin behauptet, was sie leugnen mußten, da das Leere sich noch nicht dargestellt hatte. Mit jener Behauptung wollten sie überdieß nur von der Natur sprechen, so weit sie ihnen bekannt war, denn um es im Allgemeinen zu behaupten, wäre es nicht hinreichend, dieselbe Erscheinung in hundert oder tausend oder noch so vielen Fällen sich wiederholen zu sehen, denn wenn nur ein einziger Fall nicht untersucht wäre, so würde dieser Eine genügen, die ganze Definition unmöglich zu machen. . . . .
Denn in Allem, was durch Erfahrung und nicht durch Beweise dargethan werden kann, läßt sich keine allgemeine Behauptung machen, als durch die Aufzählung aller möglichen Theile und Fälle. So, wenn wir sagen der Diamant ist der härteste Körper, verstehen wir darunter, daß er es sei unter denjenigen Körpern, welche wir kennen, und

wir können und dürfen nicht diejenigen darunter rechnen, welche wir nicht kennen, ebenso wenn wir sagen das Gold sei der schwerste Körper, wäre es Thorheit in diesen Satz auch die Körper einschließen zu wollen, welche wir noch nicht kennen, wenn es gleich nicht unmöglich ist, daß sie existiren.

Deßgleichen wenn die Alten sagten, die Natur dulde kein Leeres, so meinten sie damit, daß sie es nicht geduldet habe in allen den Versuchen, die sie gesehen hatten, und es wäre Unbesonnenheit gewesen, auch diejenigen darunter zu begreifen, welche nicht zu ihrer Kenntniß gekommen waren. Hätten sie dieselben gekannt, so hätten sie ohne Zweifel dieselben Folgerungen daraus gezogen, wie wir, und ihnen durch ihr Wort die Würde des Alterthums gegeben, aus welcher man heut zu Tage das einzige Prinzip der Wissenschaften machen will.

Ohne darum ihnen zu widersprechen, können wir das Gegentheil behaupten von dem was sie sagten, und wie gewaltig auch das Alterthum sein mag, die Wahrheit soll ihm noch vorgehen, ist sie auch neu entdeckt, denn sie ist stets älter, als alle Meinungen, welche man gehabt hat und es hieße ihre Natur mißkennen, wenn man sich einbilden wollte, sie habe angefangen zu sein, als sie bekannt zu werden anfing.

Anm. d. e. s. P. Guerrier „Ich habe dieses nach einer sehr unvollkommenen und lückenhaften Copie geschrieben.“

Neues Fragment der Abhandlung uber das Leere.

Part. I. L. C 1 S 4.

Was ist thörichter als die Behauptung, daß die unbeseelten Körper Leidenschaften, Furcht, Grauen haben, daß gefühllose Körper, ohne Leben, selbst Lebens unfähig Leidenschaften haben, welche eine wenigstens empfindende Seele voraussetzen, um gefühlt zu werden? Und weiter, daß der Gegenstand dieses Grauens das Leere sei, was ist im Leeren, das ihnen Furcht machen konnte? was ist elender und lacherlicher?

Doch das ist noch nicht Alles*) mogen sie auch ein Prinzip der Bewegung in sich haben, um das Leere zu vermeiden, haben sie Arme, Beine, Muskeln, Nerven?

---

*) Fürs Erste ... „Ihr Grauen wäre ohne Erfolg, wenn sie nicht die Krafte hätten, es auszufuhren. Man giebt ihnen darum solche und zwar sehr machtige. Man sagt nicht allein, daß sie Furcht vor dem Leeren, sondern auch daß sie das Vermögen haben, es zu vermeiden, sich zu bewegen, um es zu vermeiden!“ —

Ueber die Leidenschaft der Liebe.

1652 oder 1653.

Diese Abhandlung, welche in einer periodischen Zeitschrift bereits veröffentlicht wurde, findet sich unter den Handschriften des Fonds von St Germain=Gevres (Nr. 74.) der königl Bibliothek. Das Register der Handschriften giebt sie unter Pascal's Namen und das Fragment selber trägt die Aufschrift. „Discours sur les passions de l'Amour. — On l'attribue a Mr Pascal.“ (Man schreibt es Herrn Pascal zu.)

Mit diesen äußern Kennzeichen der Authenticität verbinden sich die innern der Schrift selbst, welche sich in großer Zahl finden lassen Ueberdieß ist sie durch merkwürdige Umstände an die Biographie Pascal's geknüpft. Siehe die Einleitung.

P. F.

Der Mensch ist zum Denken geboren, und es giebt keinen Augenblick, in welchem er nicht dächte; aber die reinen Gedanken, welche ihn glücklich machen würden, wenn er sie festhalten könnte, ermüden und entkräften ihn. Er kann sich nicht an dieses einförmige Leben gewöhnen, Aufregung und Thätigkeit ist ihm nöthig, das heißt er muß von Zeit zu Zeit durch Leidenschaften erschüttert werden, deren lebendige und tiefe Quelle er in seinem Herzen fühlt.

Die Leidenschaften, welche seinem Wesen am meisten entsprechen und viele Andre in sich schließen, sind die Liebe und der Ehrgeiz. Sie haben keine Verbindung mit einander, doch stellt man sie häufig zusammen, aber sie schwächen, man könnte sagen, sie zerstören sich gegenseitig. Wie umfassend der Geist auch sei, er ist nur einer großen Leidenschaft fähig, wenn sich darum Liebe und Ehrgeiz begegnen, so sind sie nur halb so groß, als wenn bloß Eine von beiden sich vorfände. Das Alter bestimmt nicht Anfang noch Ende beider, sie entstehen in den frühesten Jahren und bestehen oft bis zum Grabe. Jedoch da sie viel Feuer verlangen, so ist die Jugend ihrer mehr fähig und sie erlahmen mit den Jahren, doch ist dieses sehr selten.

Das Leben der Menschen ist elendiglich kurz. Man rechnet es vom Eintritte in die Welt, ich möchte lieber von der Geburt der Vernunft an zählen, wenn man anfängt durch sie erschüttert zu werden, was gewöhnlich erst mit dem zwanzigsten Jahre anfängt. Vor dieser Zeit ist man Kind und das Kind ist nicht Mann.

Wie glücklich ist ein Leben, das mit der Liebe beginnt und mit dem Ehrgeize endigt! Hätte ich zu wählen, ich wählte dieses. So lange man Feuer hat, ist man liebenswürdig, erlöscht es, verschwindet es, wie groß und schön ist dann der Raum für den Ehrgeiz!

Ein aufgeregtes Leben ist die Freude großer Geister, die mittelmäßigen haben daran kein Vergnügen, sie sind überall Maschinen. Darum hat der das glücklichste Loos, welches die menschliche Natur tragen kann, dessen Leben mit Liebe und Ehrgeiz anfängt und endigt.

Je größer die Kraft des Geistes, desto größer sind die

Leidenschaften. Denn die Leidenschaften — selbst Gefühle und Gedanken, welche einzig dem Geiste angehören, obwohl sie durch den Körper veranlaßt sind — sind offenbar nichts Anderes, als der Geist selbst und erfüllen seine ganze Fähigkeit. Ich rede nur von den feurigen Leidenschaften, denn die übrigen vermischen sich häufig untereinander und verursachen eine sehr lästige Verwirrung, dieß geschieht aber niemals bei denen, welche Geist haben. In einer großen Seele ist Alles groß.

Man fragt, ob man lieben soll? Darnach sollte man nicht fragen, man muß es fühlen. Man überlegt dieses nicht, man fühlt sich dahin gezogen und hat das Vergnügen, sich zu täuschen, wenn man berathschlagt. Die Reinlichkeit des Geistes hat auch die Reinlichkeit der Leidenschaft zur Folge, darum liebt ein großer und reinlicher Geist mit Wärme und sieht deutlich, was er liebt. Es giebt zwei Arten des Geistes, den geometrischen und denjenigen, welchen man den freien Geist nennen könnte*).

Jener hat langsame, harte, unbeugsame Ansichten, dieser hat eine Geschwindigkeit des Gedankens, welche sich an Liebenswürdigkeiten des geliebten Gegenstandes zugleich anschmiegt. Von den Augen geht er zum Herzen und an der äußeren Bewegung erkennt er, was im Innern vorgeht. Besitzt man diesen zweifachen Geist — wie viel Freude gewährt dann die Liebe! Denn man besitzt zu gleicher Zeit die Kraft und die Biegsamkeit des Geistes, beide so nothwendig für den beredten Verkehr der Liebenden.

Wir werden mit einer Anlage zur Liebe in unserem Herzen geboren, welche sich entwickelt, wie der Geist sich vervollkommnet und welche uns Alles zu lieben treibt, was

*) Siehe unten die Abhandlung über diese Unterscheidung.

uns schön daucht, obwohl man uns nie gesagt hat, was schön ist. Wer mag da noch zweifeln, daß wir für etwas Anderes in der Welt sind, als um zu lieben? Und in der That, man hat gut sich verbergen, man liebt immer. Selbst in den Dingen, von welchen man die Liebe abgelöst zu haben glaubt, findet sie sich heimlich und versteckt und es ist unmöglich, daß der Mensch einen Augenblick ohne sie lebe.

Der Mensch mag nicht allein bleiben mit sich, er liebt, er muß anderswo suchen, was er lieben kann. Er kann es nur in der Schönheit finden; aber da er selbst das schönste Geschöpf ist, das die Hand Gottes bildete, so muß er in sich selbst das Bild dieser Schönheit finden, die er auswärts sucht. Jeder kann hiervon die ersten Strahlen in sich wahrnehmen, und je nachdem man bemerkt, daß die Gegenstände außer uns damit übereinstimmen oder sich davon entfernen, bildet man sich die Idee des Schönen oder Häßlichen. Jedoch kann der Mensch, der aus sich herausgegangen ist und die hierdurch entstandene Leere auszufüllen sucht, sich nicht mit dem nächsten Besten Genüge thun. Sein Herz ist zu weit, es muß wenigstens etwas sein, was ihm ähnlich ist und ihm am nächsten kommt. Darum besteht die Schönheit, welche ihn befriedigen kann, nicht allein in der Schicklichkeit, sondern auch in der Aehnlichkeit, sie begränzt sich und beschränkt sich auf den Geschlechtsunterschied.

Die Natur hat diese Wahrheit so sehr in unsere Seele eingedrückt, daß wir dieß Alles vorbereitet finden, es bedarf dazu weder Kunst noch Studium, es ist, als ob wir einen Platz in unserem Herzen auszufüllen hätten, der sich in der That ausfüllt. Aber man fühlt dieses besser, als man es sagen kann. Nur die, welche ihre Ideen durcheinander werfen und verachten können, sehen es nicht.

Obgleich dieser allgemeine Begriff der Schönheit im

Grunde unserer Seele eingegraben ist mit unauslöschlichen Zügen, erleidet er sehr große Veränderungen in der besonderen Anwendung, jedoch nur in Beziehung auf die Art der Anschauung dessen, was uns gefällt. Denn man wünscht nicht nur geradezu eine Schönheit, man verlangt tausend Umstände, welche von der Stimmung abhangen, in der man sich befindet, jeder hat gleichsam das Original seiner Schönheit, dessen Copie er in der Welt sucht. Jedoch die Frauen sind es, die häufig dieses Original bestimmen. Wie sie eine unbeschränkte Herrschaft über den Geist des Mannes haben, so malen sie in ihm die Theile der Schönheit ab, welche sie haben, oder welche sie schätzen, und fügen auf diese Weise nach Gutdünken dieses und jenes der Grund-Schönheit bei. Darum giebt es ein Jahrhundert für die Blonden, ein anderes für die Braunen, und die Getheiltheit der Meinung über diese Beiden bei den Frauen entscheidet auch bei den Männern derselben Zeit für die Einen oder die Andern.

Die Mode selbst und das Land bestimmen häufig, was man Schönheit nennt. Es ist eine sonderbare Erscheinung, daß die Gewohnheit sich so stark in unsere Leidenschaften mengt. Darum kann aber doch jeder seine eigene Vorstellung von Schönheit haben, nach welcher er die andern beurtheilt und auf welche er sie bezieht, darauf gründet es sich, daß ein Liebhaber seine Geliebte schöner findet und als Muster vorstellt.

Die Schönheit ist in tausend verschiedene Arten getheilt. Die Frau weiß dieselbe am besten zu handhaben. Hat sie Geist, so belebt und erhebt sie sie wunderbar. Wenn eine Frau gefallen will und sie besitzt den Vortheil der Schönheit oder wenigstens zum Theile, so wird es ihr gelingen, selbst wenn die Männer kaum darauf achteten und sie sich keine Mühe gäbe, sie würde sie in sich verliebt machen.

In ihren Herzen ist ein freier Platz, dort wird sie sich ansiedeln.

Der Mensch ist für das Vergnügen geboren, er fühlt es, es bedarf hierzu keines andern Beweises. Er folgt also seiner Vernunft, indem er seinem Vergnügen nachgeht. Aber häufig fühlt er die Leidenschaft in seinem Herzen, ohne zu wissen, wo sie angefangen hat.

Ein wahres oder ein falsches Vergnügen kann gleicher Weise den Geist ausfüllen. Denn was liegt daran, ob es wahr oder falsch ist, wenn man nur von seiner Wahrheit überzeugt ist?

Durch Sprechen von der Liebe wird man verliebt. Nichts ist so leicht. Diese Leidenschaft ist für den Menschen die natürlichste. — Die Liebe hat kein Alter, sie wird beständig geboren. Die Dichter haben uns dieses gesagt, darum stellen sie Amor als Kind dar. Wir haben aber nicht nöthig hierüber zu fragen, wir fühlen es.

Die Liebe giebt Geist, sie erhält sich durch den Geist. Es bedarf einer gewissen Geschicklichkeit um zu lieben. Man erschöpft alle Tage die Arten zu gefallen, doch man muß gefallen und gefällt.

Eine Quelle der Eigenliebe stellt uns für uns selbst so dar, als könnten wir mehrere Stellen nach Außen ausfüllen, darum sind wir sehr damit zufrieden, geliebt zu werden. Wie man es mit Wärme wünscht, so bemerkt man es gar schnell und erkennt es an den Augen der Person, welche man liebt, denn die Augen sind der Dollmetscher des Herzens, aber nur der Betheiligte versteht ihre Sprache.

Der Mensch allein ist etwas Unvollkommenes, er muß einen zweiten finden, um glücklich zu sein. Er sucht ihn sehr häufig in der gleichen Stellung, weil man freier und leichter sich einander zeigen kann, und man fühlt, daß das Feuer wächst, obwohl man es derjenigen, die es anschurt, nicht zu gestehen wagt. Liebt man ein Weib ohne Gleichheit der Stellung, so kann der Ehrgeiz den Anfang der Liebe begleiten; aber bald wird er Meister. Er ist ein Tyrann, der keinen Gleichen duldet, er will allein sein, alle Leidenschaften müssen sich beugen und ihm gehorchen.

Eine hohe Freundschaft erfüllt das Herz des Menschen weit besser, als eine alltägliche und gleiche, die kleinen Dinge fahren umher in seiner Fassungskraft, nur die großen halten still und bleiben.

Man schreibt häufig Dinge, welche man nur beweisen kann, indem man jedermann auffordert, über sich nachzudenken und die Wahrheit dessen zu finden, wovon man redet. Hierin besteht die Kraft meiner Beweise.

Wenn der Mensch nach irgend einer Seite seines geistigen Wesens zartfühlend ist, so ist er es in der Liebe. Denn berührt von einem Gegenstande außer ihm wird er ihn fliehen, sobald er etwas seinen Ideen widersprechendes in ihm findet. Der Maaßstab dieses wählerischen Zartgefühls wird durch einen reinen, edlen und erhabenen Grund bestimmt. So kann man sich für zartfühlend halten, ohne es in der That zu sein und die Andern haben das Recht, uns zu verdammen, während für die Schönheit ein Jeder seinen eignen höchsten Maaßstab hat, unabhängig von dem der Andern. Mit dem wählerisch oder nicht wählerisch sein verhält es sich freilich so, daß man, wenn man jenes sein will, nicht weit davon entfernt ist, es im höchsten Grade zu sein. Die Frauen sehen dieses wählerische Zartgefühl bei den Männern gern und dieß ist, wie mir scheint, die verwundbarste Stelle, sie zu gewinnen man sieht mit Vergnügen, wie tausend andere verwerflich und nur wir schätzenswerth sind.

Die geistigen Eigenschaften gewinnt man nicht durch Angewöhnung, man vervollkommnet sie nur. Daraus ist ersichtlich, daß dieses Zartgefühl eine Naturgabe und keine künstliche Erwerbung ist.

Je mehr man Geist hat, desto mehr findet man originale Schönheit, aber man darf nicht verliebt sein, denn wenn man liebt, sieht man nur Eine.

Ist es nicht, als ob das Weib, wenn es aus sich herausgeht, um in dem Herzen eines Andern sich darzustellen, für die Uebrigen eine Stelle in dem ihrigen leer machte?

Doch weiß ich manche, die dieses leugnen. Darf man es Ungerechtigkeit nennen? Es ist natürlich, so viel zu geben, als man genommen hat.

Das Festhalten an einem und demselben Gedanken ermüdet und zerstört den Geist des Menschen. Darum ist es für die Gründlichkeit und Dauer des Vergnügens der Liebe nothwendig, manchmal nicht zu wissen, daß man liebt, dieß ist keine Untreue, denn man liebt ja darum keine andere; man schöpft nur neue Kraft, um besser zu lieben. Dieß geschieht, ohne daß man daran denkt, der Geist neigt sich von selbst dahin, die Natur will, befiehlt es. Doch muß man gestehen, daß dieses eine elende Folge der menschlichen Natur ist, und daß man glücklicher wäre, wenn man den Gedanken nicht wechseln müßte; aber hier ist nicht zu helfen.

Das Vergnügen, zu lieben, ohne daß man es sagen darf, hat seine Leiden, doch hat es auch seine Süßigkeiten. Wie überglücklich fühlt man sich darin, alle seine Handlungen zu bilden, um einer Person zu gefallen, welche man unendlich schätzt? Man sinnt tagelang auf Mittel, sich zu entdecken und verwendet eben so viele Zeit darauf, als ob man die Geliebte unterhielte. Die Augen flammen auf und erlöschen wieder in demselben Augenblicke, und obwohl man nicht gewiß ist, daß diejenige, welche die Ursache dieser ganzen Verwirrung ist, darauf achte, so hat man doch die Genugthuung, alle diese Regungen für eine Person zu fühlen, die ihrer so würdig ist. Man möchte hundert Zungen haben, um sich zu erkennen zu geben, denn da man sich des Wortes nicht bedienen kann, muß man sich auf die Beredtsamkeit der Handlung zurückziehen

Bis dahin hat man stets Freude und ist sehr beschäftigt. Deßhalb ist man glücklich, denn das Geheimniß, stets eine Leidenschaft zu unterhalten, ist, keine Leere im Geiste entstehen zu lassen, indem man ihn nöthigt, sich stets an das, was so angenehm berührt, anzuschließen. Aber wenn er in dem eben beschriebenen Zustande ist, kann er nicht lange Zeit aushalten, weil er der einzige handelnde in einer Leidenschaft ist, wo nothwendig zwei sein müssen, und seine Bewegungen erschöpfen sich leicht und schnell. — Obwohl es dieselbe Leidenschaft ist, bedarf es doch des Neuen. der Geist gefällt sich darin, und wer sie sich zu verschaffen weiß, weiß sich geliebt zu machen.

Nachdem man diesen Weg gemacht hat, nimmt die Fülle manchmal ab, und weil man keinen neuen Zufluß von der Quelle erhält, neigt man jämmerlich zum Ende, feindliche Leidenschaften erfassen das Herz und zerreißen es in tausend Stücke. Doch ein Hoffnungsstrahl — mag man auch noch so weit gesunken sein — hebt uns wieder zu der ersten Höhe. In diesem Spiele gefallen sich manchmal die Weiber, manchmal auch, wenn sie sich stellen, Zuneigung zu fühlen, haben sie dieselbe wirklich geradezu. Wie glücklich ist man, wenn dieses geschieht!

Eine feste und ernsthafte Liebe beginnt immer mit der Beredtsamkeit der Handlung, die Augen haben den besten

Theil daran, dennoch muß man errathen, aber gut errathen. Sind zwei Personen gleich gesinnt, so rathen sie nicht, oder wenigstens nur Eine von beiden räth, was die andere sagen will, ohne daß sie es hört oder zu hören wagt.

Wenn wir lieben, erscheinen wir uns selbst ganz anders als zuvor. Darum bilden wir uns ein, daß Jedermann es bemerke, dieß ist aber ganz falsch. Weil jedoch der Gesichtskreis unseres geistigen Vermögens durch die Leidenschaft beschränkt ist, kann man sich nicht vom Gegentheile versichern und ist stets mißtrauisch. Wenn man liebt, macht man sich glauben, daß man die Leidenschaft eines Andern entdecken werde, so hat man Furcht.

Je langer der Weg in der Liebe ist, desto mehr Vergnügen findet ein zartfühlender Geist.

Es giebt gewisse Geister, welchen man lange Zeit Hoffnung geben muß, dieß sind die Feinfühlenden. Andere können den Schwierigkeiten nicht lange widerstehen, dieß sind die Groben. Jene lieben länger und mit mehr Genuß, diese schneller, freier und hören bald auf zu lieben.

Die erste Wirkung der Liebe ist die, große Achtung einzuflößen, man hat Verehrung für die, welche man liebt. Mit Recht, man kennt auf der Welt nichts Größeres.

Die Schriftsteller können uns die Regungen der Liebe bei ihren Helden nicht gut beschreiben, sie müßten selbst Helden sein.

Die Verirrung, an verschiedenen Orten zu lieben, ist eben so widernatürlich, als die Ungerechtigkeit des Geistes.

In der Liebe ist Schweigen besser als die Sprache. Es ist gut sprachlos zu sein, es giebt eine Beredtsamkeit des Schweigens, welche tiefer dringt, als die Sprache jemals dringen könnte. Wie gut überredet ein Liebhaber die Geliebte, wenn er sprachlos ist, und wie geistreich ist er eben darin!

Wie lebhaft man auch sein mag, es ist gut, wenn es sich bei gewissen Gelegenheiten nicht zeigt. Alles dieses geht ohne Regel und Nachdenken vor und wenn der Geist es auch thut, so dachte er doch vorher nicht daran. Es geschieht mit Nothwendigkeit.

Man betet häufig eine Frau an, die nicht glaubt angebetet zu sein, und man wird nicht müde, ihr eine unverletzliche Treue zu bewahren, obwohl sie nichts davon weiß. Die Liebe muß eben sehr fein und sehr rein sein.

Wir kennen das Gemüth und in Folge davon die Leidenschaften der Menschen, dadurch daß wir uns mit Anderen vergleichen. —

Ich bin gleicher Meinung mit demjenigen, welcher sagte, in der Liebe vergesse man seinen Besitz, seine Aeltern und Freunde: die großen Freundschaften reichen so weit. Man kommt nur darum so weit in der Liebe, weil man keines andern Dinges zu bedürfen glaubt, als der Geliebten: das Gemüth ist voll, nirgends ist mehr Platz für Sorge oder Unruhe. Die Leidenschaft kann nicht ohne Uebermaaß sein, daher kommt es, daß man sich um das nichts kümmert, was die Welt sagt, welche, wie wir wissen, unsre Aufführung nicht verdammen darf, ob sie von der Vernunft kommt. Hier ist eine Fülle von Leidenschaft, die Reflexion kann nicht einmal anfangen.

Es ist keine Folge der Gewohnheit, sondern eine Forderung der Natur, daß die Männer den ersten Schritt thun, um die Freundschaft der Weiber zu erwerben.

Dieses Verschwinden der Erinnerung, welches eine Folge der Liebe ist, und das feste Anschließen an den geliebten Gegenstand bringt in uns Eigenschaften zu Tage, welche man vorher nicht besaß. Man wird prachtliebend, ohne es je gewesen zu sein. Selbst ein Habsüchtiger, welcher liebt, wird freigebig und erinnert sich nicht, jemals die entgegengesetzte Gewohnheit gehabt zu haben. der Grund davon liegt darin, daß manche Leidenschaften die Seele zusammenschnüren und sie unbeweglich machen, andere sie vergrößern und aufschließen.

Man hat unrecht gethan, der Liebe den Namen Vernunft zu nehmen und sie beide sich entgegenzusetzen, denn Liebe und Vernunft sind dasselbe. Es ist ein Unterstutzen der Gedanken nach einer Seite hin ohne genaue Prufung, aber es ist doch jedenfalls etwas Vernunftiges, und man kann und darf nicht wunschen, daß es anders sei, wir waren sonst höchst unangenehme Maschinen. Schließen wir darum die Vernunft nicht von der Liebe aus, sie läßt sich nicht von ihr trennen. Die Dichter haben also unrecht gehabt, uns Amor blind zu zeichnen, man muß ihm die Binde abnehmen und den Genuß seiner Augen zurückgeben.

Die der Liebe fähigen Seelen verlangen ein thatiges Leben, das in neuen Ereignissen aufgeht. Wie inwendig Bewegung ist, so muß auch außen sein und diese Art zu leben ist eine wunderbare Anbahnung für die Leidenschaft. Darum sind in der Liebe die Hofleute besser aufgenommen, als die Leute der Stadt; weil jene ganz Feuer sind, diese ein Leben führen, dessen Einformigkeit nichts Treffendes hat. das sturmische Leben überrascht, trifft, dringt ein.

Es scheint, man habe eine ganz andre Seele, wenn man liebt, als wenn man nicht liebt, man erhebt sich durch diese Leidenschaft, man wird ganz Größe, darum muß das Uebrige in Verhältniß dazu stehen, sonst paßt das nicht und zuweilen ist es sehr unangenehm.

Das Angenehme und das Schone ist eines und dasselbe; alle Welt hat einen Begriff davon. Ich höre von einer moralischen Schönheit sprechen, welche in Worten und Handlungen nach außen besteht. Man hat wohl einen Maaßstab angenehm zu werden, indessen ist hierzu die Beschaffenheit des Leibes nothwendig und diese läßt sich nicht erwerben.

Die Menschen bilden sich gern eine so erhabene Idee von dem Angenehmen, daß sie durch Niemand erreicht werden kann. Urtheilen wir richtiger und sagen, daß es nur in der natürlichen Anlage besteht mit einer Leichtigkeit und Lebhaftigkeit des Geistes, die überraschen. In der Liebe sind diese beiden Eigenschaften nothwendig, es bedarf keiner Gewalt, ebenso wenig aber ist Langsamkeit am Platze das Uebrige thut die Gewohnheit.

Die Achtung und die Liebe sollen in dem richtigen Verhältnisse stehen, daß sie sich gegenseitig tragen, ohne daß die Achtung die Liebe ersticke.

Große Seelen sind nicht die, welche am häufigsten lieben, ich meine eine heftige Liebe es bedarf einer Ueberströmung von Leidenschaft, um sie zu erschuttern und zu erfüllen. Aber wenn sie anfangen zu lieben, so lieben sie weit besser.

Man sagt, es gebe Nationen, welche geneigter zur Liebe seien, als andere, dieß ist nicht richtig gesagt, wenigstens ist es nicht in jeder Beziehung wahr. Da die Liebe in einer Anhänglichkeit der Gefühle besteht, so muß sie überall dieselbe sein. Sofern sie außerhalb des Gefühls gewisse Bestimmungen erleiden kann, kann freilich das Klima Einfluß haben, dieß ist aber nur körperlich.

Es ist mit der Liebe, wie mit dem gesunden Sinne, gleichwie man meint, eben so viel Geist zu haben, als ein Anderer, so glaubt man auch eben so lieben zu konnen. Jedoch je weiter unsere Einsicht reicht, desto mehr liebt man bis auf die kleinsten Dinge hinaus; was Andere nicht können. Es gehört einige Feinheit dazu, um diesen Unterschied zu bemerken.

Man kann sich kaum verliebt stellen, ohne wirklich nahe daran zu sein oder wenigstens irgendwo zu lieben, denn man muß für diesen Schein den Geist und die Gefühle der Liebe haben und die Mittel gut zu reden ohnedieß. Die Wahrheit der Leidenschaft verbirgt sich nicht so leicht, als ernsthafte Wahrheiten. Für jene bedarf es des Feuers, der Thatkraft und einer natürlichen und lebendigen Wärme des Geistes, diese verbergen sich in leichterer Weise mit Langsamkeit und Geschwindigkeit.

Ist man fern von der Geliebten, so nimmt man sich vor, Vieles zu sagen oder zu thun, ist man nahe, so ist man unentschlossen. Woher kommt dieses? Daher, daß man volle Geistesgegenwart hat, so lange man fern ist, vor dem geliebten Gegenstande aber ist diese erschüttert für den Vorsatz bedarf es der Festigkeit, diese geht zu Grunde durch die Erschütterung.

In der Liebe getraut man sich nicht, zu wagen, aus Furcht Alles zu verlieren; dennoch muß man vorwärts, aber wer sagt uns bis wohin? Man zittert beständig, bis man diese Stelle erreicht hat. Die Klugheit hilft nichts, um sich darauf zu halten, wenn sie erreicht ist.

Nichts macht uns verlegener, wenn wir lieben, als etwas für uns Günstiges zu sehen, ohne daß wir daran zu glauben wagen man ist von Hoffnung und Furcht gleicher Weise angegriffen. Zuletzt siegt diese über jene.

Wenn man heftig liebt, so ist es für uns immer etwas Neues, die Geliebte zu sehen. Nach einem Augenblicke der Trennung finden wir, daß sie in unserem Herzen fehlt. Welche Freude, sie wieder zu finden! man fühlt alsbald das Aufhören aller Unruhe.

Hierfür muß jedoch die Liebe schon weit gediehen sein, denn während sie entsteht und man noch keine Fortschritte gemacht hat, fühlt man wohl ein Aufhören der Unruhe, aber an ihre Stelle treten andere. Obwohl so ein Uebel auf das andere folgt, so hört man doch nicht auf, die Gegenwart seiner Geliebten zu wünschen in der Hoffnung, weniger zu leiden; sieht man sie aber, so glaubt man mehr zu leiden, als vorher. Die vergangenen Leiden thun nicht mehr weh, die gegenwärtigen fassen uns und nach dem, was uns faßt, urtheilen wir. — Muß man nicht einen Liebenden in dieser Lage bemitleiden?

Vom geometrischen Geiste.

1655 (?).

Diese Abhandlung ist unvollständig abgedruckt in der Ausgabe von Condorcet 1728; beinahe vollständig von Bossut unter dem Titel „Betrachtungen über die Geometrie im Allgemeinen“. — Der Titel des Manuscripts ist der vorstehende. Ueber den Zusammenhang dieser Abhandlung und der „über die Kunst zu überreden“ siehe unten.

P. F.

Vom geometrischen Geiste *).

Bei der Beschäftigung mit der Wahrheit kann man hauptsächlich dreierlei Zwecke haben: erstens sie zu entdecken, wenn man sie sucht, zweitens sie zu beweisen, wenn man sie hat, und endlich sie von dem Falschen zu unterscheiden, wenn man sie prüft.

Ich spreche nicht von dem ersten, sondern vornehmlich von dem zweiten, welcher den dritten in sich schließt. Denn wenn man die Methode besitzt, die Wahrheit zu beweisen, so hat man zugleich auch die, sie zu unterscheiden, unter=

---

*) Vergleiche Beigabe V.

sucht man nämlich, ob der gegebene Beweis mit den bekannten Regeln übereinstimmt, so wird man auch wissen, ob sie genau bewiesen ist.

Die Geometrie, welche sich in diesen drei Arten auszeichnet, hat die Kunst, unbekannte Wahrheiten zu finden, erklart. Sie nennt dieses Analyse und es ist überflussig, nach so vielen trefflichen Werken hierüber, davon zu reden.

Die Art und Weise, bereits gefundene Wahrheiten zu beweisen und sie so zu beleuchten, daß der Beweis unumstößlich ist, will ich hier allein besprechen. Ich darf hierfür nur die von der Geometrie befolgte Methode erklären, denn sie lehrt dieselbe vollstandig durch die Beispiele, welche sie giebt, obwohl sie es nicht in Redeform bringt. Und weil diese Kunst einmal in dem Beweise jedes einzelnen Satzes fur sich und zweitens in der Anordnung der Sätze nach der besten Ordnung besteht, so werde ich daraus zwei Abschnitte machen, von welchen der eine die Regeln für die Führung der geometrischen, d. h. methodischen und vollständigen Beweise, der andere die Regeln fur die geometrische Ordnung, d. h. fur die methodische und vollkommene Anordnung enthält. So werden beide Abschnitte, welche ich vollstandig geben will, zusammen Alles enthalten, was nothwendig ist, um das Urtheil zum Beweise und zur Unterscheidung der Wahrheiten zu führen.

Erster Abschnitt.

Von der Methode der geometrischen, das heißt methodischen und vollständigen Beweise.

Das Verfahren, schlagende Beweise zu führen, kann ich nicht besser verständlich machen, als indem ich die Weise der Geometrie erkläre. Vorher muß ich aber den Begriff einer noch weit höheren und vollendeteren Methode geben, bei welcher freilich die Menschen nie erkennen werden, denn was uber die Geometrie hinausgeht, das geht auch uber unsere Kräfte, und dennoch ist es nothwendig, hiervon einige Worte zu sagen, wenn die Sache gleich nicht praktisch ausführbar ist.

Diese wahre Methode, welche Beweise in höchster Vollkommenheit führen würde, wenn sie erreichbar wäre, würde hauptsächlich in zwei Bestimmungen bestehen, einmal keinen Ausdruck anzuwenden, dessen Sinn nicht vorher bündig erklärt wäre, sodann, niemals einen Satz aufzustellen, ohne ihn durch bereits bekannte Wahrheiten zu beweisen, d. h. in einem Worte, alle Ausdrücke zu definiren und alle Sätze zu beweisen. Aber um die Ordnung einzuhalten, die ich erkläre, muß ich erklären, was ich unter Definition verstehe.

Die Geometrie erkennt nur diejenigen Definitionen an, welche man in der Logik Namensdefinitionen nennt, d. h. die Gebung von Namen an Dinge, welche man in vollkommen bekannten Ausdrücken deutlich bezeichnet hat Ich rede allein von diesen Definitionen.

Ihr Nutzen und ihre Anwendung ist die, die Rede lichter und kürzer zu machen, indem man durch den einzigen Namen ausspricht, was man nur durch mehrere Bestimmungen ausdrücken konnte, und zwar so, daß dieser Name von jedem andern Sinne, wenn er einen hat, losgetrennt ist, um nur denjenigen zu haben, zu welchem er bestimmt ist. Zum Beispiel wenn man die Zahlen, welche sich vollständig durch zwei theilen lassen, von denen, welche dieses nicht zulassen, unterscheiden muß, so giebt man, um nicht diese Bedingung oft wiederholen zu mussen, einen solchen

Namen ich nenne jede durch zwei vollständig theilbare Zahl eine gerade. Dieß ist eine geometrische Definition, weil man hier, nachdem man eine Sache deutlich bestimmt hat — jede Zahl, welche durch zwei vollständig theilbar ist — ihr einen Namen giebt, welchem man jeden andern Sinn nimmt, wenn er einen solchen hat, um ihm den der bezeichneten Sache zu geben.

Daraus erhellt, daß die Definitionen sehr frei sind und niemals Widerspruch erfahren können; denn nichts ist erlaubter als einer deutlich bezeichneten Sache einen beliebigen Namen zu geben. Nur muß man sich in Acht nehmen, daß man die Freiheit des Namengebens nicht mißbrauche und zwei verschiedenen Dingen denselben Namen gebe. Dieß ist zwar erlaubt, aber man muß die Consequenzen nicht verwirren und von Einer auf die andere übertragen.

Verfällt man in diesen Fehler, so kann man auf eine sichere und untrügliche Weise helfen, indem man in Gedanken die Definition an die Stelle des Definirten setzt und sie immer so gegenwärtig hat, daß man, so oft man z. B. von einer geraden Zahl spricht, genau diejenige versteht, welche in zwei gleiche Theile theilbar ist, und daß diese beiden Bestimmungen in unseren Gedanken so vereinigt und untrennbar sind, daß, sobald die Rede die Eine ausspricht, die Vorstellung sogleich die andre daran anschließt. Denn die Kenner der Geometrie und alle die, welche methodisch verfahren, geben den Dingen nur Namen, um die Rede abzukürzen und nicht um die Idee der Dinge, von welchen sie reden, zu verringern oder zu ändern, und sie verlangen, daß die Vorstellung stets die ganze Definition den kurzen Ausdrücken unterstelle, welche sie nur anwenden, um die Verwirrung vieler Worte zu vermeiden.

Nichts befreit uns schneller und kräftiger von den trü=

gerischen Ueberraschungen der Sophisten als diese Methode, welche man stets gegenwärtig haben muß, und welche allein schon hinreicht, um alle Arten von Schwierigkeiten und Zweideutigkeiten zu vertreiben.

Nachdem wir hierüber einig sind, komme ich auf die Erklärung der wahren Ordnung zurück, welche wie ich sagte, darin besteht, Alles zu definiren und Alles zu beweisen.

Diese Methode wäre freilich schön, aber sie ist schlechthin unmöglich, denn es ist sichtbar, daß die ersten Ausdrücke, welche man definiren wollte, schon frühere, zu ihrer Erklärung dienliche voraussetzen würden und daß ebenso die ersten Sätze, welche bewiesen werden sollten, andere vorangehende voraussetzten, und so ist klar, daß man nie zu den ersten gelangen würde. Auch kommt man nothwendig, je weiter man die Untersuchung treibt, auf gewisse ursprüngliche Wörter, welche man nicht mehr definiren kann und auf so klare Prinzipien, daß man keine andre findet, die noch klarer wären, um jene zu beweisen.

Hiernach scheint es, daß die Menschen in natürlicher und unabänderlicher Unmacht sind, irgend eine Wissenschaft in schlechthin vollendeter Ordnung zu behandeln. Aber daraus folgt nicht, daß man jede Ordnung aufgeben soll. Denn es giebt eine solche, die der Geometrie, welche unter der Wahrheit steht, sofern sie weniger überzeugend ist, aber nicht sofern sie weniger gewiß wäre. Sie definirt nicht Alles und beweist nicht Alles, hierin ist sie jener untergeordnet, aber sie setzt nur Klares und nach natürlichen Einsichten Haltbares voraus, darum ist sie vollkommen wahr, indem die Natur sie stützt, wenn es an der Rede fehlt.

Diese vollkommenste Ordnung, welche der Mensch hat, besteht nicht darin, daß man Alles definire und Alles beweise, oder auch daß man nichts definire und nichts beweise, sondern sie liegt in der Mitte. man giebt keine Definition von dem Klaren und von Jedermann Angenommenen und definirt alles Andere; man beweist nicht Alles den Menschen bekannte, beweist aber alles Andere. Gegen diese Ordnung sündigen gleicherweise die, welche Alles definiren und beweisen wollen und die, welche es bei Dingen vernachlässigen, die nicht an sich klar sind.

Dieses lehrt die Geometrie vollkommen. Sie definirt keinen der Begriffe Zeit, Raum, Bewegung, Zahl, Gleichheit und viele ähnliche, weil diese Ausdrücke so natürlich die Sache bezeichnen, welche sie bedeuten, für jeden der die Sprache versteht, daß jede nähere Erklärung sie eher dunkler machen, als aufhellen würde. Es giebt nichts Aermlicheres, als das Schwatzen derer, welche diese ursprünglichen Worte definiren wollen. Was nöthigt uns zum Beispiel zu erklären, was man unter dem Worte Mensch versteht? Ist die damit bezeichnete Sache nicht hinreichend bekannt? Und was wollte uns Plato nutzen, wenn er sagte, es sei ein zweifüßiges Thier ohne Federn? Als ob die Vorstellung, die ich unmittelbar davon habe und nicht ausdrücken kann, nicht bestimmter und sicherer wäre, als diejenige, welche er mir durch seine unnütze und sogar lächerliche Erklärung giebt! Ein Mensch verliert doch nicht seine Menschheit, wenn er seine Beine, und ein Kapaun erwirbt sie nicht, wenn er seine Federn verliert *)?

Manche gehen in der Geschmacklosigkeit so weit, ein Wort durch sich selbst zu erklären. Man hat das Licht so definirt „Das Licht ist eine Lichtbewegung der leuchtenden Körper," wie wenn ich „Lichtbewe-

*) Dieß ist aus Montaigne, Essais II. chap. 12

gung" und „leuchtend" verstehen könnte, ohne den Begriff des Lichtes zu haben *).

Man kann keine Definition des Sein's unternehmen, ohne in dieselbe Thorheit zu verfallen, denn man kann kein Wort definiren, ohne anzufangen „es ist" (ausdrücklich oder hinzugedacht). Um also das Sein zu definiren, müßte man sagen. „es ist," und so das Definirte in der Definition anwenden.

Es ist hieraus klar, daß es Worte giebt, welche unmöglich definirt werden können, und wenn die Natur diesem Mangel nicht durch die Gleichheit der Vorstellung, welche sie allen Menschen gab, abgeholfen hätte, so wären alle unsere Ausdrücke verwirrt, während man so sie mit derselben Zuversicht und Gewißheit anwendet, als ob sie ganz unzweideutig erklärt wären, weil die Natur selbst, ohne Worte, uns eine bestimmtere Einsicht davon gegeben hat, als diejenige, welche die Kunst durch unsere Erklärungen uns verschafft.

Ich erkläre die Definition der erwähnten Dinge für unmöglich und unnütz nicht weil alle Menschen von ihrem Wesen dieselbe Vorstellung hätten. Die Zeit zum Beispiel ist von dieser Art Wer kann sie definiren? Und warum es thun, da alle Menschen begreifen, was man sagen will, wenn man von Zeit spricht, ohne daß man es näher bezeichnet? Doch giebt es über das Wesen der Zeit hinreichend verschiedene Meinungen. Die Einen sagen, sie sei die Bewegung des Erschaffenen, die Andern, das Maaß der Bewegung u. s. w. Auch sage ich keineswegs, daß die Natur dieser Dinge Allen bekannt sei, sondern einfach

---

*) Dieses spielt auf eine Verhandlung an, welche Pascal mit dem Jesuiten Noel gehabt hatte

die Beziehung zwischen dem Namen und der Sache, so daß bei dem Ausdrucke „Zeit“ Alle sich dieselbe Sache vorstellen, und dieses reicht hin eine Definition des Ausdrucks überflüssig zu machen, obwohl man später, wenn man fragt, was die Zeit sei, die verschiedensten Meinungen darüber haben kann, denn die Definitionen sind nur dazu da, um die Dinge, welche man nennt, zu bezeichnen, nicht um ihre Natur zu erklären. — Darum ist es aber doch erlaubt, die Bewegung des Geschaffenen Zeit zu nennen, denn wie ich eben sagte, nichts ist willkührlicher, als die Definitionen. Aber in Folge dieser Definition wird es zwei Dinge geben, welche man Zeit nennen wird, einmal das, was Jedermann darunter versteht und Alle, die unsere Sprache reden, so nennen, sodann aber auch dieser neuen Definition gemäß die Bewegung des Geschaffenen.

Man muß darum Zweideutigkeiten vermeiden und die Consequenzen nicht verwirren. Denn es folgt hieraus nicht, daß das, was man gemeinhin unter Zeit versteht, wirklich die Bewegung des Geschaffenen ist. Es stand frei, beiden Dingen denselben Namen zu geben, nicht aber, sie ebenso der Natur wie dem Namen nach in Einklang zu bringen.

Wenn man die Behauptung aufstellt Die Zeit ist die Bewegung des Erschaffenen, muß man fragen, was man unter Zeit verstehe, d. h. ob man den gewöhnlichen allgemein angenommenen Sinn stehen lasse oder ihn wegnehme, um an seine Stelle „die Bewegung eines Erschaffenen“ zu setzen. Beseitigt man jeden andern Sinn, so ist kein Widerspruch möglich und es wird dieß eine willkührliche Definition sein, in Folge welcher, wie ich sagte, zwei Dinge denselben Namen haben. Läßt man aber den gewöhnlichen Sinn und behauptet gleichwohl, das unter dem Worte Verstandene sei die Bewegung des Geschaffenen, so kann man Widerspruch erheben, es handelt sich nicht mehr um eine willkührliche Definition, sondern um einen Satz, der, wenn er nicht an sich selbst klar ist, bewiesen werden muß. So wird dieses ein Prinzip oder Axiom sein, aber niemals eine Definition, weil man in diesem Urtheile nicht versteht, daß das Wort „Zeit" gleichbedeutend sei mit „Bewegung des Geschaffenen", oder man versteht, daß die Vorstellung, welche man mit dem Ausdruck „Zeit" verbindet, die vorausgesetzte Bewegung sei

Wußte ich nicht, wie nothig es ist, dieses vollkommen zu verstehen und wie stündlich im Umgange und wissenschaftlicher Rede ähnliche Dinge vorkommen, wie der angegebene Fall, so wurde ich mich nicht dabei aufgehalten haben, aber zu Folge der Erfahrung, welche ich von der Verwirrung der Disputationen habe, scheint es mir, daß man sich nicht genug mit dieser Punktlichkeit des Gedankens abgeben kann, fur welche ich diese ganze Abhandlung mache, mehr als fur den Gegenstand, welchen ich darin behandle.

Wie viele giebt es nicht, welche die Zeit definirt zu haben glauben, wenn sie sagen, sie sei das Maaß der Bewegung, indem sie dem Worte jedoch seinen gewohnlichen Sinn lassen' In der That aber haben sie einen Satz, keine Definition aufgestellt. Wie viele giebt es hinwiederum, welche die Bewegung definirt zu haben meinen, wenn sie sagen **Motus nec simpliciter motus, non mera potentia est, sed actus entis in potentia!** Indessen wenn sie dem Worte Bewegung seinen gewöhnlichen Sinn lassen, wie es wirklich der Fall ist, so ist dieses keine Definition, sondern ein Satz, und indem sie so die sogenannten Namensdefinitionen, welche die wahren willkührlichen, erlaubten und geometrischen

Definitionen sind, mit den sogenannten sachlichen Definitionen vermengen, welche eigentlich Sätze sind keineswegs willkührlich, sondern dem Widerspruche unterworfen, so nehmen sie sich heraus, beiderlei Arten zu bilden und jeder dieselben Dinge nach seiner Weise definirend (kraft einer Willkühr, die bei diesen Definitionen eben so verboten wie bei jenen erlaubt ist) vermengen sie Alles, verlieren alle Ordnung und alle Klarheit und verlieren und verstricken sich selbst in unaufhörliche Verlegenheiten.

Dieß wird nie geschehen, wenn man die Ordnung der Geometrie befolgt. Diese vorsichtige Wissenschaft ist weit entfernt, ursprüngliche Worte, wie Raum, Zeit, Bewegung, Gleichheit, Größe, Verkleinerung, Alles und andere, welche man von selbst versteht, beweisen zu wollen. Aber die übrigen Ausdrucke, welche sie anwendet, sind so deutlich und bestimmt, daß man des Wörterbuchs nicht bedarf, um sie zu verstehen, so daß mit Einem Worte alle diese Ausdrucke vollkommen klar sind, sei es durch die naturliche Einsicht oder durch die Definitionen, welche sie giebt.

Auf diese Weise vermeidet sie alle Fehler, welche hinsichtlich des ersten Punktes sich darbieten konnten, namlich hinsichtlich der Definition nur der Dinge, welche einer solchen bedürfen. Sie macht es eben so mit dem zweiten Punkte, dem Beweise der Sätze, welche nicht evident sind. Denn wenn sie bei den ersten bekannten Wahrheiten angekommen ist, so steht sie hier still und verlangt, daß man dieselben zugestehe, da es nichts Klareres gebe, um sie zu beweisen, und so ist Alles, was die Geometrie ausspricht, vollkommen bewiesen, sei es durch die natürliche Einsicht oder durch Beweise. Aus diesem einzigen Grunde ist es unmöglich, in der Geometrie Alles zu definiren oder zu beweisen.

Man findet es vielleicht sonderbar, daß die Geometrie gerade ihre hauptsächlichsten Gegenstände nicht definiren kann, weder Bewegung, noch Zahl, noch Raum und doch sind dieses die drei Dinge, welche sie vornehmlich betrachtet und nach welchen sie die drei verschiedenen Namen der Mechanik, Arithmetik und Geometrie (welcher letztere Name der Gattung sowohl als der Art angehört) annimmt — Man wird aber hierüber nicht erstaunen, wenn man wahrnimmt, daß diese wunderbare Wissenschaft sich nur an die einfachsten Dinge hält und eben diese Eigenschaft, durch welche diese Dinge der Behandlung werth werden, eine Definition unmöglich macht. So ist der Mangel einer Definition eher eine Vollkommenheit, als ein Mangel, weil er nicht von ihrer Dunkelheit kommt, sondern im Gegentheile von der äußersten Klarheit, die von der Art ist, daß sie alle Gewißheit des Beweises, wenn auch nicht das nothwendig Ueberzeugende desselben hat. Sie setzt also voraus, daß man die unter den Worten Bewegung, Zahl, Raum verstandene Sache kenne und ohne sich unnützer Weise bei der Definition aufzuhalten, dringt sie in ihr Wesen ein und entdeckt ihre wunderbaren Eigenschaften.

Diese drei Dinge, welche das Universum umfassen gemäß den Worten **Deus fecit omnia in pondere, in numero et mensura** *), haben eine gegenseitige und nothwendige Beziehung. Denn man kann keine Bewegung denken ohne ein sich Bewegendes; und da dieses Eines ist, so ist die Einheit der Ursprung der Zahl, und da ferner Bewegung nicht ohne Raum sein kann, so sieht man, daß alle drei im Ersten enthalten sind. — Selbst die Zeit ist hierin begriffen, denn Bewegung und Zeit beziehen sich

*) Weish. 11, 21

auf einander, da Schnelligkeit und Langsamkeit, welche Differenzen in der Bewegung sind, in nothwendigem Verhältnisse zur Zeit stehen.

So giebt es Eigenschaften, welche diesen Begriffen gemeinsam sind, deren Kenntniß den Geist für die größten Wunder der Natur öffnet.

Die hauptsächlichste derselben begreift die zwei Unendlichen, welche sich in allen finden die Größe und die Kleinheit. Denn wie groß auch eine Bewegung sei, man kann eine andere noch größere denken und auch diese wieder steigern, und so fort in's Unendliche, ohne je auf eine zu stoßen, der man nichts mehr hinzufügen könnte. Hinwiederum wie langsam auch eine Bewegung sei, man kann sie noch langsamer und immer langsamer machen, so bis in's Unendliche ohne auf einen Grad der Langsamkeit zu kommen, von welchem man nicht dennoch zu einer Unzahl anderer hinabsteigen könnte, ohne in die Ruhe zu verfallen.

Deßgleichen wie groß auch eine Zahl sei, man kann eine noch größere denken und eine, welche diese übersteigt, so fort in's Unendliche, ohne auf eine zu stoßen, die nicht vermehrt werden könnte. Und dagegen, wie klein eine Zahl sei, wie $^1/_{100}$, $^1/_{10000}$, man kann eine noch kleinere sich vorstellen und so fort ohne auf Null oder das Nichts zu kommen.

Wie groß ein Raum sei, man kann sich einen größeren und noch größeren denken, so in's Unendliche, und kommt nie auf einen, der sich nicht vergrößern ließe. Und hinwiederum wie klein auch ein Raum sei, kann man doch einen kleineren vorstellen und in's Unendliche weiter, ohne auf ein Untheilbares zu kommen, das keine Ausdehnung mehr hätte.

Ebenso ist es mit der Zeit. Man kann eine immer

größere ohne Letztes sich vorstellen, und eine immer kleinere, ohne auf den Augenblick oder das reine Nichts der Dauer zu kommen. Das heißt mit Einem Worte, welche Bewegung, welche Zahl, welchen Raum, welche Zeit man annehme, es giebt stets ein Größeres und ein Kleineres, so daß sie sich also alle zwischen dem Nichts und dem Unendlichen halten und stets von diesen Extremen unendlich weit entfernt sind.

Alle diese Wahrheiten lassen sich nicht beweisen und sind doch die Grundlagen und Prinzipien der Geometrie. Aber da die Unmöglichkeit, sie zu beweisen nicht auf ihrer Dunkelheit, sondern ihrer außerordentlichen Klarheit beruht, so ist dieser Mangel einer Probe nicht ein Fehler, sondern eine Vollkommenheit. Daraus sieht man, daß die Geometrie die Gegenstände nicht definiren und die Grundsätze nicht beweisen kann; aber aus dem einzigen und vortheilhaften Grunde, daß beide eine natürliche Deutlichkeit haben, welche kräftiger überzeugt, als Worte. Denn was giebt es klareres, als die Wahrheit, daß jede Zahl vergrößert werden kann kann man sie nicht verdoppeln? daß die Schnelligkeit einer Bewegung, daß ebenso ein Raum verdoppelt werden kann? Und wer kann zweifeln, daß jede Zahl halbirt und die Hälfte wieder halbirt werden kann? Diese Hälfte — wäre sie ein Nichts? Wie könnten doch zwei Hälften, welche zwei Nullen wären, eine Zahl geben? Ebenso kann man doch wohl eine Bewegung, wie langsam sie auch sei, noch um die Hälfte verzögern, so daß sie in der doppelten Zeit denselben Raum durchläuft, und ebenso mit dieser letzteren Bewegung. Oder sollte dieses eine reine Ruhe sein? Oder wie wäre es möglich, daß zwei Hälften einer Schnelligkeit, welche gleich zwei Ruhen wären, jene Schnelligkeit gaben?

Endlich ein Raum, wenn er auch noch so klein ist, kann man ihn nicht halbiren, und die Hälfte wieder? Und wie wäre es möglich, daß zwei Halbe, welche zusammen eine Ausdehnung geben, für sich selbst untheilbar, ohne Ausdehnung wären?

Keine der natürlichen Kenntnisse des Menschen geht diesen vor und übertrifft sie an Klarheit. Inzwischen, damit kein Beispiel fehle, giebt es Geister, welche in allem Andern ausgezeichnet, an diesen Unendlichkeiten Anstoß finden und nicht beistimmen können. — Ich habe noch Niemanden gekannt, der geglaubt hätte, ein Raum lasse sich nicht verdoppeln, aber ich weiß Leute, sonst sehr geschickt, welche versichern, daß ein Raum in zwei untheilbare Theile getheilt werden könne, so widersinnig die Sache auch ist. Ich habe bei ihnen eine Ursache dieses Mangels an Einsicht zu entdecken gesucht, und darin gefunden, daß sie kein in's Unendliche theilbares Continuum denken können, woher sie schließen, daß es nicht theilbar ist.

Es ist ein natürliches Uebel des Menschen, daß er die Wahrheit unmittelbar zu besitzen glaubt, daher kommt, daß er stets bereit ist, Alles zu leugnen, was ihm unbegreiflich ist, während er vielmehr natürlicher Weise nur die Lüge kennt und nur diejenigen Dinge für wahr nehmen sollte, deren Gegentheil ihm falsch scheint. Darum muß man, so oft ein Satz unbegreiflich scheint, das Urtheil darüber aufschieben und nicht auf diesen Beweis hin leugnen, sondern sein Gegentheil untersuchen; findet man dieses offenbar falsch, so kann man den ersten Satz, so unbegreiflich er auch sein mag, kecklich bejahen. Wenden wir diese Regel auf unsern Gegenstand an.

Jeder Mathematiker hält den Raum für unendlich theilbar. Man kann eben so wenig ohne dieses Prinzip sein, als der Mensch ohne Seele sein kann. Dennoch kann keiner eine unendliche Theilung sich vorstellen und man versichert sich jener Wahrheit nur auf diesen einzigen Grund hin — welcher jedoch vollkommen zureichend ist — daß es offenbar falsch ist, wenn man behauptet durch Theilung eines Raumes auf einen untheilbaren Theil, d. h. einen solchen, der keine Ausdehnung hätte, kommen zu können.

Denn kann es etwas Widersinnigeres geben, als die Behauptung, daß man bei der Theilung eines Raumes endlich auf Hälften stoße, welche selbst untheilbar und ohne Ausdehnung also Nullen doch eine Ausdehnung geben? Ich möchte diejenigen, welche diese Vorstellung haben, fragen, ob sie sich vorstellen, daß zwei Untheilbare sich berühren berühren sie sich überall, so ist es nur Eine Sache und folglich sind die zwei zusammen untheilbar, wo nicht, so geschieht es also nur theilweise, folglich haben sie Theile, folglich sind sie nicht untheilbar. Mögen sie nur wenigstens gestehen, wie sie gedrängt auch wirklich eingestehen, daß ihr Satz eben so unbegreiflich ist, als der andere, mögen sie erkennen, daß wir nicht nach unserer Fähigkeit, die Dinge vorzustellen, über ihre Wahrheit urtheilen dürfen, weil, wenn gleich diese beiden Entgegengesetzten gleich unbegreiflich sind, doch nothwendig Eines davon wahr sein muß.

Mögen sie aber diesen eingebildeten Schwierigkeiten, die mit unserer Schwäche im Verhältnisse stehen, diese natürlichen und soliden Wahrheiten gegenüber halten wenn es wahr wäre, daß der Raum aus einer bestimmten endlichen Zahl von Untheilbaren zusammengesetzt ist, so würde hieraus folgen, daß von zwei Räumen, welche beide viereckig (d. h. gleich und ähnlich von allen Seiten) der Eine aber doppelt so groß ist als der andere, dieser die doppelte Zahl der Untheilbaren des Anderen enthielte. Mögen sie diese Fol=

gerung wohl festhalten und sich in der Folge versuchen, Punkte in Vierecke zu reihen, bis sie deren zwei gefunden haben, von welchen das Eine die doppelte Zahl der Punkte des andern enthält, dann stehe ich ihnen dafür, daß alle Mathematiker der Welt nachgeben werden. Aber wenn die Sache natürlich unmöglich ist, d. h. wenn es unmöglich ist Vierecke von Punkten zu bilden, von welchen das Eine das Doppelte des andern ist — wie ich hier sogleich beweisen konnte, wenn die Sache verdiente, daß man sich dabei aufhielte — so mögen sie daraus die Consequenz ziehen.

Um ihre Mühe, welche sie in gewissen Fällen haben, zu lindern, zum Beyspiel wenn sie begreifen sollen, daß ein Raum eine Unendlichkeit von Theilbaren habe, die man ja in so weniger Zeit durchlauft, während welcher man diese Unendlichkeit Untheilbarer durchlaufen hätte, muß man ihnen sagen, daß sie nicht so Unproportionirtes vergleichen sollen, als die Unendlichkeit der Theilbaren mit der kurzen Zeit, in welcher sie durchlaufen werden sie mögen lieber den ganzen Raum mit der ganzen Zeit und die unendlichen Theilbaren des Raumes mit den unendlichen Augenblicken dieser Zeit vergleichen und so werden sie finden, daß man in unendlich vielen Augenblicken unendlich viele Theilbare durchläuft und einen kleinen Raum in kurzer Zeit, darin ist nicht mehr das Mißverhältniß, das sie in Staunen setzte.

Endlich, wenn sie es sonderbar finden, daß ein kleiner Raum eben so viele Theile habe, als ein großer, so mögen sie auch bedenken, daß sie in demselben Verhältnisse kleiner sind; sie mögen den Himmel durch ein kleines Glas betrachten, um sich mit diesem Gedanken zu befreunden, indem sie jeden Theil des Himmels in jedem Theile des Glases sehen. Können sie aber nicht begreifen, daß für uns nicht wahrnehmbare Theile ebenso theilbar sind, als der Himmel, so giebt es kein besseres Mittel, als sie durch Vergroßerungsgläser sehen zu lassen, welche diese feine Spitze zu einer wunderbaren Masse machen. Daraus konnen sie leicht ersehen, daß man durch ein anderes noch künstlicher geschnittenes Glas sie bis zu der Große des Himmels, die sie anstaunen, vergroßern konnte. Scheinen ihnen alsdann diese Gegenstände sehr leicht theilbar, so mogen sie sich erinnern, daß die Natur unendlich mehr vermag, als die Kunst.

Denn wer versichert sie, daß diese Gläser die naturliche Große der Gegenstande verandert, daß sie nicht vielmehr ihre wahre Große, welche die Gestalt unseres Auges nach Art der Verkleinerungsgläser kann verandert und zusammengezogen haben, herstellten?

Es ist ärgerlich, sich bei diesen unbedeutenden Dingen aufzuhalten, aber man muß hie und da auch kleinlich sein.

Es ist hinreichend, jenen klaren Kopfen zu sagen, daß zwei Nichts der Ausdehnung niemals eine Ausdehnung geben konnen. Weil aber Mancher dieser Einsicht durch die wunderbare Antwort answeichen will, zwei Nichts der Ausdehnung konnen ebenso gut eine Ausdehnung geben, als zwei Einheiten durch ihre Vereinigung eine Zahl geben, obwohl jede einzelne keine Zahl ist, man muß ihnen erwiedern, daß sie auf dieselbe Weise entgegnen konnten, zwanzigtausend Menschen machen ein Heer, obwohl keiner derselben für sich ein Heer ist, tausend Hauser machen eine Stadt, obwohl keines eine Stadt ist, die Theile machen das Ganze, obwohl keiner das Ganze ist oder um in der Zahlenvergleichung zu bleiben — zwei Zweier machen den Vierer und zehn Zehner einen Hunderter, obwohl keiner an sich es ist.

Aber das heißt nicht genau sein, durch so verhältnißlose Vergleichungen die unveränderliche Natur der Dinge mit ihren freien und willtuhrlichen Namen zu vermengen, welche von dem Gutdunken der Menschen abhängen, die sie gemacht haben. Denn es ist deutlich, daß man, um der Rede es leichter zu machen, den Namen Heer zwanzigtausend Menschen, den Namen Stadt einer Anzahl von Hausern, den des Zehners zehn Einheiten gegeben hat, und daß aus dieser Willtuhr die Namen Einheit, Zweier, Vierer, Zehner, Hunderter entstehen, verschieden durch unsere Vorstellung, obwohl alle diese Dinge in der That gleichartig sind vermöge ihrer unveranderlichen Natur, unter sich proportionirt und nur verschieden durch das Mehr oder Weniger und obwohl in Folge dieser Bezeichnungen der Zweier nicht ein Vierer, das Haus nicht eine Stadt und die Stadt nicht ein Haus ist. Aber obschon ein Haus nicht eine Stadt ist, so ist es doch keineswegs das Nichts einer Stadt, denn es ist ein großer Unterschied zwischen eine Sache nicht sein und ein Nichts sein

Denn um der Sache auf den Grund zu gehen, muß man wissen, daß die einzige Ursache, warum die Einheit nicht unter die Zahlen gehört, diese ist, daß Euklid und die ersten Arithmetiker dieselbe von dem Begriffe der Zahl ausschlossen — vermoge der Willtuhrlichkeit der Definitionen — weil sie Eigenschaften zu bestimmen hatten, welche allen Zahlen mit Ausnahme der Einheit zukommen und vermeiden wollten, stets zu wiederholen in einer Zahl, mit Ausnahme der Einheit findet sich folgende Bestimmung. Hätten sie gewollt, sie hätten ebenso gut den Zweier, Dreier und Alles, was ihnen gefiel, ausschließen konnen, denn man kann damit frei schalten, vorausgesetzt, daß man es anzeige wie hinwiederum die Einheit, so wie auch die

Bruche nach Belieben sich unter die Zahlen stellen lassen. Man muß dieses auch wirklich thun und nicht wiederholen zu müssen in jeder Zahl, Einheit und Bruchen, findet sich diese oder jene Eigenschaft, in diesem unbeschrankten Sinne habe ich auch das Wort Zahl genommen in Allem, was ich daruber schrieb.

Aber Euklid selbst, welcher die Einheit nicht Zahl nennt (wie er gern thun konnte) bestimmt dennoch, um zu zeigen, daß die Einheit dennoch keineswegs ein Nichts ist, sondern in das Geschlecht der Zahl gehort, die gleichartigen Großen so: Größen sind von derselben Art, wenn die Eine mehrmals genommen die andere übersteigen kann. Folglich, da die Einheit, mehrmals genommen jede Zahl ubersteigen kann, so ist sie von derselben Art, wie die Zahlen gerade durch ihr Wesen und ihre unveranderliche Natur, nach dem Sinne desselben Euklid, welcher nicht wollte, daß sie Zahl hieße.

Anders verhält es sich mit einem Untheilbaren gegenuber einer Ausdehnung. Es unterscheidet sich nicht allein — was willtuhrlich ist — dem Namen, sondern der Art nach, zufolge derselben Definition, denn ein Untheilbares so oft genommen, als man will, ist so weit entfernt großer werden zu konnen, als eine Ausdehnung, daß es vielmehr stets nur ein einziges Untheilbares bilden kann, was, wie schon gezeigt, naturlich und nothwendig ist. Und da der letztere Beweis auf die Definition des Untheilbaren und der Ausdehnung gegrundet ist, wollen wir die Beweisführung zu Ende bringen.

Ein Untheilbares ist, was keinen Theil hat, die Ausdehnung hat verschiedene getrennte Theile. Hierauf sage ich, daß zwei Untheilbare vereinigt keine Ausdehnung geben. Denn wenn sie vereinigt sind, beruhren sie sich an jedem Theile, so sind also die Theile, an welchen sie sich beruhren, nicht getrennt, denn sonst würden sie sich nicht berühren. Haben sie nun ihrer Definition gemäß keine andern Theile, so haben sie auch keine getrennten Theile, folglich sind sie keine Ausdehnung, gemäß der Definition der Ausdehnung, welche die Trennung der Theile in sich schließt.

Dasselbe kann man mit demselben Grunde für alle andern Untheilbaren beweisen, welche man hinzufügen will. Darum wird ein Untheilbares, so oft genommen, als man will, niemals eine Ausdehnung geben. Also ist es zufolge der Definition des Gleichartigen nicht von derselben Art, wie die Ausdehnung.

Dieß ist der Beweis für die Ungleichartigkeit der Untheilbaren und der Zahlen Daher kommt es auch, daß zwei Einheiten wohl eine Zahl geben, weil sie gleichartig sind, und daß zwei Untheilbare keine Ausdehnung geben, weil sie nicht gleichartig sind. Daraus sieht man, mit wie wenigem Grunde man das Verhältniß der Einheit zu den Zahlen mit dem Verhältnisse der Untheilbaren zur Ausdehnung vergleicht.

Will man im Gebiete der Zahlen eine Vergleichung wählen, welche genau das ausdrückt, was wir in dem der Ausdehnung betrachten, so muß man das Verhältniß der Null zu den Zahlen wählen. denn die Null ist nicht gleichartig mit den Zahlen, weil vervielfacht sie dieselben nicht übersteigen kann so daß sie in der That das Untheilbare der Zahl ist, wie das Untheilbare die Null der Ausdehnung. Man wird ein Gleiches zwischen Ruhe und Bewegung, Augenblick und Zeit finden, denn sie alle sind ungleichartig mit ihren Größen, weil ins Unendliche vervielfacht, sie stets nur Untheilbare geben können, wie die Untheilbaren der Ausdehnung und aus demselben Grunde. Und alsdann wird man eine vollständige Verwandtschaft zwischen diesen Dingen finden, denn alle diese Größen sind unendlich theilbar, ohne ins Untheilbare zu verfallen, so daß sie stets zwischen dem Unendlichen und dem Nichts in der Mitte liegen.

Dieß ist die wunderbare von der Natur bestimmte Beziehung dieser Dinge, dieß sind die zwei staunenswerthen Unendlichkeiten, welche sie den Menschen vorgelegt hat, nicht um sie zu begreifen, sondern um sie zu bewundern. — Um ihre Betrachtung durch eine letzte Bemerkung zu beschließen, füge ich hinzu, daß diese beiden Unendlichen, obwohl unendlich verschieden, sich dennoch auf einander beziehen, so daß die Kenntniß des Einen nothwendig zu der des Andern führt. Denn für die Zahlen folgt daraus, daß sie stets vermehrt werden können, nothwendig auch, daß sie stets vermindert werden können. Die Sache ist deutlich. Kann man eine Zahl bis zu 100,000 vervielfachen, so kann man ihr auch den hunderttausendsten Theil nehmen, indem man sie durch dieselbe Zahl theilt, mit welcher man sie vervielfacht hat, und der Ausdruck der Vergrößerung zu dem der Theilung wird, indem man das Ganze in einen Bruch umwandelt. Auf diese Weise schließt die unendliche Vergrößerung auch die unendliche Theilung in sich.

Im Raume zeigt sich dasselbe Verhältniß zwischen den beiden entgegengesetzten Unendlichen. Das heißt, es folgt daraus, daß ein Raum unendlich verlängert werden kann, daß er ebenso unendlicher Verkürzung fähig ist, wie aus folgendem Beyspiele erhellt: wenn man durch ein Glas ein sich stets in gerader Linie entfernendes Schiff betrachtet, so muß nothwendig der Ort des durchsichtigen Körpers, durch welchen man einen beliebigen Punkt des Fahrzeuges wahrnimmt, in ununterbrochener Bewegung weiter hinaufrücken, je weiter das Schiff sich entfernt. Verlängert sich der Lauf des Schiffes beständig und ins Unendliche, so wird dieser

Punkt beständig hinaufrücken und doch wird er niemals zu demjenigen kommen, in welchen die vom Auge aus zum Glase geführte horizontale Linie fällt, so daß er sich demselben beständig nähern wird, ohne je mit ihm zusammenzufallen, stets den Raum theilend, der unter diesem horizontalen Punkte übrig bleibt, ohne jemals dahin zu kommen. Man sieht die Nothwendigkeit der Folgerung, welche von der Unendlichkeit der Ausdehnung des Laufes des Fahrzeugs auf die unendliche und unendlich kleine Theilung des kleinen Raumes gemacht wird, welcher unter diesem horizontalen Punkte bleibt.

Diejenigen, welchen diese Gründe nicht genügen und welche bei ihrer Meinung beharren, daß der Raum nicht unendlich theilbar sei, können keinen Anspruch auf geometrische Beweise machen, und mögen sie auch in andern Dingen sehr verständig sein, in diesen sind sie es sehr wenig; denn man kann leicht ein sehr geschickter Mann und schlechter Mathematiker sein. Aber die, welche diese Wahrheiten deutlich einsehen, können die Größe und Macht der Natur bewundern in dieser doppelten Unendlichkeit, die uns überall umgiebt und aus diesem wunderbaren Gedanken sich selbst kennen lernen als gestellt zwischen eine Unendlichkeit und ein Nichts der Ausdehnung, zwischen eine Unendlichkeit und ein Nichts der Bewegung, zwischen eine Unendlichkeit und ein Nichts der Zeit. Daraus kann man seinen wahren Werth kennen lernen und Gedanken bilden, die mehr werth sind, als alle übrige Mathematik.

Ich habe diese lange Betrachtung zu Gunsten derjenigen machen zu müssen geglaubt, welche, wenn sie anfangs diese doppelte Unendlichkeit auch nicht faßten, wenigstens fähig sind, davon überzeugt zu werden. Und obwohl Manche verständig genug sind, um sie entbehren zu können, so konnte doch diese Abhandlung, welche für die Einen nothwendig ist, den Andern nicht ganz unnütz sein.

Unterschied des geometrischen (mathematischen) und des feinen Geistes.

Einestheils sind die Prinzipien greifbar, aber fern von dem alltäglichen Gebrauche, so daß es uns schwer fällt, den Kopf nach dieser Seite zu drehen aus Mangel an Uebung. Dreht man sich aber nur ein wenig, so sieht man die Prinzipien offen daliegen, und man müßte geradezu einen falschen Verstand haben, um nach so handgreiflichen Prinzipien, daß sie unmöglich uns entgehen können, falsch zu schließen.

Aber bei dem feinen Geiste sind die Prinzipien im gewöhnlichen Gebrauch und vor den Augen aller Welt. Man darf den Kopf nicht drehen, auch nicht sich Gewalt anthun, aber man muß gute Augen haben, gute Augen, denn die Prinzipien sind so aufgelöst und so zahlreich, daß es beinahe unmöglich ist, daß uns nicht Etwas davon entgehe. Nun führt aber das Auslassen eines Prinzips zum Irrthume; also muß man ein sehr genaues Auge für alle Prinzipien und alsdann einen richtigen Verstand haben, um nicht nach bekannten Prinzipien falsch zu schließen.

Alle Mathematiker wären also fein, wenn sie ein gutes Auge hätten, denn sie schließen nach den Prinzipien, welche sie kennen, nicht falsch; und die feinen Geister wären Mathematiker, wenn sie ihr Auge nach den ungewohnten Prinzipien der Mathematik hinwenden könnten. Daraus ergiebt sich, daß manche feine Köpfe nicht Mathematiker sind, weil es ihnen schlechterdings unmöglich ist, sich nach den Prinzipien der Mathematik zu wenden; daß aber die Mathematiker nicht fein sind, kommt daher, daß sie nicht sehen, was vor ihnen ist und gewohnt an die genauen und handgreiflichen Prinzipien der Mathematik, gewohnt erst zu schließen nachdem sie ihre Prinzipien gut gesehen und gehandhabt haben, sich in dem Gebiete der Feinheit verlieren, wo die Prinzipien sich nicht ebenso handhaben lassen Man sieht diese kaum, man ahnt sie mehr, als man sie sieht, man hat unsägliche Mühe sie für diejenigen fühlbar zu machen, die sie nicht von selbst fühlen. dieß sind so zarte und zahlreiche Dinge, daß man einen sehr zarten und klaren Sinn haben muß, um sie zu fühlen und gerade und richtig nach diesem Gefühle zu urtheilen, ohne daß man es gewöhnlich in der Ordnung der Geometrie beweisen könnte, weil man seine Prinzipien nicht ebenso in der Hand hat und diese Unternehmung eine endlose Sache wäre Man muß die Sache auf einmal, mit Einem Blicke sehen, nicht durch einen Fortschritt der Urtheile, wenigstens bis auf einen gewissen Grad. Darum ist es ein seltenes Ding, daß ein Mathematiker fein und ein feiner Kopf Mathematiker ist, weil die Mathematiker die feinen Dinge mathematisch behandeln wollen und sich lächerlich machen, indem sie mit der Definition anfangen wollen, darauf die Grundsätze, so darf man hierbei nicht zu Werke gehen. Nicht als ob der Geist es nicht machte, aber er thut es im Stillen, von selbst und ohne Kunst, denn der Ausdruck desselben übersteigt alle Menschen und das Gefühl desselben gehört nur wenigen

Und hinwiederum die feinen Geister, gewohnt so nach einem einz'gen Blicke zu urtheilen, sind so erstaunt, wenn man ihnen Sätze bringt, von welchen sie nichts verstehen und für deren Verständniß man sich durch so trockene De=

finitionen und Grundsätze hindurcharbeiten muß, welche sie nicht so im Einzelnen zu sehen gewohnt sind, daß sie Scheu und Ekel davor bekommen. Aber die falschen Geister sind nie fein oder mathematisch.

Die Mathematiker, welche nichts Anderes sind, haben also richtigen Sinn, vorausgesetzt, daß man ihnen alle Dinge gut durch Definitionen und Prinzipien erkläre; sonst sind sie falsch und unerträglich, denn sie sind nur richtig über sehr klare Prinzipien. Und die Feinen, welche nur fein sind, können nicht die Geduld haben, bis zu den ersten Prinzipien der speculativen und imaginären Dinge sich herabzulassen, welche sie niemals in der Welt gesehen haben und die ganz außer Gebrauch sind —

Mathematik. — Feinheit.

Die wahre Beredtsamkeit spottet der Beredtsamkeit, die wahre Moral spottet der Moral, das heißt die Moral des Urtheils spottet der Moral des Geistes, jene ist ohne Regeln. Denn das Urtheil ist es, welchem der Sinn angehört, wie die Wissenschaften dem Verstande gehören. Die Feinheit ist Sache des Urtheils, die Mathematik Sache des Verstandes.

Der Philosophie spotten, das ist der wahre Philosoph.

Verschiedene Arten richtigen Sinnes: die Einen in einer bestimmten Ordnung von Dingen, und nicht in anderen, wo sie ausschweifen.

Die Einen ziehen richtig Consequenzen aus wenigen Prinzipien und das ist eine Richtigkeit des Sinnes.

Die andern ziehen richtig Consequenzen in Dingen, wo viele Prinzipien sind. Zum Beispiel die Einen verstehen wohl die Wirkungen des Wassers, wo es wenige Prinzipien giebt, aber die Consequenzen sind so fein, daß nur eine außerordentliche Richtigkeit des Geistes nachkommen kann, und diese wären deßhalb vielleicht keine großen Mathematiker, weil die Mathematik eine große Zahl von Prinzipien in sich faßt, und die Beschaffenheit eines Geistes so sein kann, daß er leicht wenigen Prinzipien auf den Grund gehen kann, nicht aber vielen.

Es giebt also zwei Arten des Geistes: die eine, lebendig und tief die Consequenzen der Prinzipien zu erfassen, dieß ist der treffende Geist, die andere, eine große Anzahl von Prinzipien zu erfassen, ohne sie zu verwirren, dieß ist der mathematische Geist. Das Eine ist Kraft und Richtigkeit, das Andere Weite des Geistes. Das Eine kann aber ohne das Andere sein, da der Geist stark und eng, und hinwiederum weit aber dabei schwach sein kann. —

Ueber die Kunst zu überreden.

1657 oder 1658

Die Kunst zu überreden, wurde zum ersten Mal von P. Desmolets in seiner Fortsetzung der **Mémoires de Littérature et d'Histoire**, Band 5, Abth. 2. als Auszug aus einem dem Neffen von Pascal, dem Abbé Perier, gehörenden Manuscripte veröffentlicht.

Diese Schrift, welche wie die vorangehende unvollendet ist, findet sich auf jene folgend in dem kleinen **MS** in — 8, dessen Text wir hier wieder geben, da er uns der vollständigste und correcteste zu sein schien.

Die Kunst zu überreden hat wie die Abhandlung über den geometrischen Geist die Aufgabe, die mathematische Methode im Allgemeinen auf die Gesetze des Denkens anzuwenden. Es ist sogar sehr wahrscheinlich, daß unsere Schrift nur eine neue Auflage der vorangehenden unter abgekürzter und mehr didaktischer Form ist. Die Herausgeber der Logik von Port-Royal bedienten sich ihrer, obgleich sie sie nicht besonders anführen, offenbar in dem Capitel **De la méthode de composition.**

Was die Zeit der Abfassung dieses Fragments betrifft, so glauben wir nicht, daß es sich aus den Jugendjahren Pascal's, aus seiner ersten Periode schreibe, denn 1) dasselbe trägt entschieden den Charakter größerer Reife, 2) Pascal sagt darin, daß, wenn es Leute gebe, die im Stande seien, seinen Regeln nachzukommen, es diejenigen seien, welche er kenne, und welche die klarsten und besten Ansichten darüber hegen, womit er offenbar Arnauld und Nicole bezeichnet. diese arbeiteten an der Logik von Port-Royal, und es steht nicht zu bezweifeln, daß Pascal sich mit ihnen über dergleichen Gegenstand unterhielt. Pascal verband sich aber mit den Herren von Port-Royal erst gegen das Ende des Jahres 1654. 3) Am Ende dieser Abhandlung spricht Pascal von seiner langjährigen Erfahrung aller Arten von Büchern und Personen.

Diese verschiedenen Umstände berechtigen uns zu dem Schlusse, daß die Kunst zu überreden in den Jahren 1657 oder 1658, in der Mitte zwischen den Provinzialen und den Schriften über das Formular abgefaßt wurde.

P. F.

Ueber die Kunst zu überreden

Die Kunst zu überreden steht in nothwendigem Zusammenhang mit der Art und Weise, auf welche die Menschen zu dem, was man ihnen vorlegt, ihre Zustimmung geben, und mit der Natur der Dinge, welche man glauben machen will.

Jedermann weiß, daß es zwei Wege giebt, auf denen Ueberzeugungen sich der Seele aufdringen, es sind dieses die beiden Hauptvermögen, der Verstand und der Wille. Der natürlichste Weg ist der des Verstandes, denn man sollte nie einer Wahrheit beipflichten, bevor sie nicht mit Verstandesbeweisen dargelegt sei, aber der gewöhnlichste Weg ist, wenn es auch gegen die Natur scheint, der des Willens. denn alle Menschen sind beinahe immer geneigt, nicht wegen der Beweiskraft, sondern aus Neigung sich für eine Ansicht zu bestimmen. Dieser Weg ist niedrig, unwürdig und ungehörig, auch verwirft ihn alle Welt. Jedermann behauptet, nur das zu glauben, und selbst nur das zu lieben, von dem er weiß, daß es Glauben oder Liebe verdiene.

Ich rede hier nicht von göttlichen Wahrheiten, und ich werde mich wohl hüten, sie der Kunst zu überreden zu unterwerfen, denn sie sind unendlich über die Natur erhaben. Gott allein kann sie in der Seele erzeugen, und auf die ihm gefällige Weise. Ich weiß, daß es ihm gefiel, sie vom Herzen zum Verstande, und nicht vom Verstande zum Herzen kommen zu lassen, um diese stolze Gewalt des Verstandes zu demüthigen, der sich zum Richter über das aufwirft, was der Wille wählt, und um diesen schwachen Willen zu heilen, der sich durch seine unreinen Begierden entweiht hat. Während man daher von menschlichen Dingen sagt, daß man sie erst kennen müsse, bevor man sie lieben könne, was sogar sprichwörtliche Redensart wurde *), sagen umgekehrt die Heiligen, daß man göttliche Dinge erst lieben müsse, um sie kennen zu lernen, und daß man zur Wahrheit nur durch Liebe gelange, und dieses ist einer ihrer heilsamsten Lehrsätze.

Daraus geht hervor, daß Gott dieses übernatürliche Gesetz gegeben hat, das ganz dem Gesetze zuwiderlauft, welches in den natürlichen Dingen den Menschen natürlich seyn sollte. Gleichwohl haben sie diese Ordnung verkehrt, indem sie das Gesetz für Gegenstände der Religion auf Gegenstände der Welt übertrugen, denn in der That wir glauben fast

*) Ignoti nulla cupido.

nur, was uns zusagt. Und daher kommt unser Widerwille gegen die Wahrheiten der christlichen Religion, die unserm Eigenwillen entgegengesetzt sind. Sage uns süße Worte, und wir wollen Dich hören, sagten die Juden zu Moses, als ob der Genuß den Glauben bestimmen sollte! Und um diese Verkehrung der Ordnung durch eine ihr entsprechende Ordnung zu bestrafen, theilt Gott seine Wahrheit den Seelen nicht mit, wenn er den Aufruhr des Willens durch eine himmlische Süßigkeit, die ihn besänftigt und bewältigt, gelegt hat.

Ich spreche also nur von Wahrheiten, die im Bereich unsers Verstandes liegen, und von ihnen behaupte ich, daß Verstand und Herz gleichsam die Thore sind, durch welche sie zum Herzen dringen, daß aber wenige durch den Verstand eindringen, während sie in großer Anzahl durch die gefällige Laune des Willens, ohne Zurathziehung des Verstandes, den Eingang sich gewinnen.

Diese Mächte haben beide ihre Prinzipien und einen Urgrund ihrer Handlungen.

Die des Verstandes sind natürliche und allgemein anerkannte Wahrheiten, so daß das Ganze größer ist als seine Theile, außer mehrern Axiomen, welche die Einen, aber nicht die Andern anerkennen, aber die, sobald sie einmal zugegeben werden, wenn sie auch falsch sind, eben so gewaltig sind, um den Glauben zu erwecken, als die wahrhaften Sätze.

Die des Willens sind gewisse natürliche, allen Menschen gemeinsame Wünsche, wie der Wunsch glücklich zu sein, den Niemand nicht besitzen kann, außer andern besondern Neigungen, denen Jeder ins Besondere nachhängt, und die, da sie uns gefallen, trotz ihrer wahren Verderblichkeit stark genug sind, um den Willen zum Handeln zu treiben, ja eben so stark, als wenn sie sein wirkliches Glück abzielten.

Dieses also sind die Mächte, welche über unsere Bestimmung verfügen.

Was aber die Natur der Dinge betrifft, für welche wir gewinnen sollen, so sind sie gar mannigfaltig.

Die Einen ergeben sich mit Nothwendigkeit aus gemeinsamen Prinzipien und anerkannten Wahrheiten. Zu ihrer Annahme kann man Einen zwingen, denn indem man den Zusammenhang nachweist, in welchem sie zu den anerkannten Prinzipien stehen, hat man ein unabweisbares Mittel der Ueberzeugung in der Hand, und es ist unmöglich, ihnen den Zugang im Herzen zu verwehren, sobald man sie an Wahrheiten anzuknüpfen wähnte, die hier bereits Platz gegriffen haben.

Einige von ihnen stehen in enger Verbindung mit Gegenständen, die wir lieben, und auch sie werden noch mit Gewißheit angenommen, denn sobald eine Seele bemerkt, daß eine Sache ihr zu dem, was ihr vor Anderem gefällt, behülflich sein kann, so kann sie nicht anders, als mit Freude sich zu ihr wenden.

Doch diejenigen Gegenstände, welche in Verbindung mit beiden, sowohl mit anerkannten Wahrheiten als mit Wünschen des Herzens stehen, sind ihres Erfolges so gewiß, daß es in der ganzen Natur nichts mehr sein kann.

Was aber im Gegentheil weder zu unsern Ueberzeugungen, noch zu unsern Vergnügungen in irgend welchem Verhältnisse steht, ist uns widerlich, scheint uns falsch und ganz fremd.

Sobald sich diese Dinge vereinigen, so bleibt kein Raum für den Zweifel. Aber es giebt Fälle, in denen die Dinge, welche man glauben machen will, auf anerkannte Wahr=

beiten wohl gegründet sind, aber dann zugleich unsern liebsten Neigungen zuwider laufen. Und bei ihnen ist große Gefahr, daß sie die oben am Anfang erwähnte, nur allzu häufig wiederkehrende Erfahrung bestätigen. Diese gebieterische Seele, die sich rühmte, nur nach Vernunftgründen zu handeln, folgt in schimpflicher, blinder Wahl dem Verlangen eines verdorbenen Willens, so stark sich auch immer der aufgeklärteste Verstand dagegen sträuben mag.

Alsdann entsteht ein unentschiedenes Schwanken zwischen der Wahrheit und dem Vergnügen, und die Erkenntniß der einen und das Gefühl des andern lassen sich in einen Kampf ein, dessen Erfolg sehr ungewiß ist, weil man, um darüber urtheilen zu können, Alles kennen müßte, was im Innersten eines Menschen vor sich geht, und was dieser selbst fast nie erkennt.

Hieraus ergiebt sich, daß, welcher Art immer der Gegenstand sei, den man zur Ueberzeugung bringen will, der Person ins Auge geführt werden muß, an welche man sich dann wendet, deren Verstand und Herz man kennen, von der man wissen muß, welche Grundsätze sie hat, welche Gegenstände sie liebt; sodann muß man bei dem Gegenstand selbst, um den es sich handelt, die Berührungspunkte ins Auge fassen, in welchen er mit anerkannten Prinzipien oder mit Neigungen durch den Reiz, welchen man ihm giebt, zu stehen kommt.

So lange daher die Menschen mehr nach Neigung, als nach Verstand sich zu ihrem Handeln bestimmen, so lange besteht auch die Kunst zu überreden ebenso in der Kunst zu gefallen, als in der zu überzeugen.

Von diesen beiden Methoden der Ueberzeugung und des Gefallens werde ich mich hier nur mit den Regeln der ersteren beschäftigen, und auch dieses nur unter der Vor=

aussetzung, daß man die Prinzipien anerkannt habe, und ihnen treu bleibe; im andern Fall wüßte ich keine Kunst, um die Vernunftgründe mit der Unbeständigkeit unserer Neigungen zu reimen.

Aber die Methode zu gefallen ist ohne Vergleich schwieriger, feiner, nützlicher und bewunderungswürdiger, und wenn ich sie nicht behandle, so geschieht dieses nur, weil ich mich nicht dazu stark fühle, ja ich fühle mich hierfür so ganz ungeeignet, daß mir die Sache für mich unmöglich dünkt.

Nicht als ob ich glauben würde, es gebe für die Kunst zu gefallen nicht ebenso sichere Regeln als für die zu beweisen, und als ob der, welcher sie vollkommen kennt und in seiner Gewalt hat, nicht ebenso gewiß darauf rechnen könnte, bei Königen und allen Classen von Menschen sich beliebt zu machen, als die Elemente der Geometrie denen zu beweisen, welche genug Einbildungskraft haben, um die Hypothesen zu fassen. Aber ich meine, und vielleicht macht mich dieses nur meine Schwäche glauben, daß es unmöglich sei, hierzu zu gelangen. Wenigstens weiß ich, daß, wenn Jemand dazu im Stande ist, dieses Personen sind, die ich kenne, und daß kein Anderer darüber so klare und ausgedehnte Kenntnisse besitzt.

Der Grund dieser äußersten Schwierigkeit liegt darin, daß die Prinzipien des Vergnügens nicht fest und sicher stehen. Sie sind verschieden bei jedem Menschen, und veränderlich bei jedem Einzelnen mit so großer Mannigfaltigkeit, daß kein Mensch je vom andern so verschieden ist, als der Mensch von sich selbst in verschiedenen Zeiten. Ein Mann hat andere Vergnügen als eine Frau; ein Reicher und ein Armer haben wieder verschiedene; ein Fürst und ein Kriegsmann, ein Kaufmann, ein Bürger, ein Bauer,

Alte, Junge, Gesunde, Kranke, alle unterscheiden sich, die geringsten Zugaben verändern sie.

Aber es giebt eine Kunst, und diese gebe ich hier, die Verbindung nachzuweisen, in welcher die Wahrheiten mit den Prinzipien sei es des Wahren oder des Vergnügens stehen, vorausgesetzt, daß die Prinzipien, die man einmal gebilligt hat, fest stehen bleiben, und nie widerlegt werden.

Aber da es wenige Prinzipien dieser Art giebt, und da es außerhalb der Geometrie, die nur sehr einfache Figuren betrachtet, fast keine Wahrheiten giebt, mit denen wir immer einverstanden bleiben, und noch weniger Gegenstände des Gefallens, mit denen wir nicht in jeder Stunde wechselten, so weiß ich nicht, ob es feste Regeln giebt, um die Reden mit der Unbeständigkeit unserer Meinungen in Einklang zu bringen.

Diese Kunst, welche ich Kunst zu überreden nenne, und die eigentlich nichts Anderes ist, als das Zeichen vollkommener methodischer Beweise, besteht aus drei wesentlichen Theilen: 1) Die Ausdrücke, deren man sich bedienen muß, in klaren Definitionen zu bestimmen, 2) klare Prinzipien oder Axiomen aufzustellen, um die Sache, um die es sich handelt, daraus zu beweisen, und 3) stillschweigend immer in dem Beweise die Definition statt des Definirten zu Grunde zu legen.

Der Grund dieser Methode ist einleuchtend, denn es wäre unnöthig, das, was man beweisen will, vorzulegen, und sich mit seiner Begründung abzugeben, wenn man nicht zuvor deutlich alle Ausdrücke bestimmt hätte, die nicht verständlich sind; ebenso muß dem Beweise nothwendig die Stellung evidenter Prinzipien, die dazu erforderlich sind, vorangehen, denn wenn das Fundament nicht sicher ist, so kann man das Gebäude nicht sichern; und endlich muß man stillschweigend die Definitionen an die Stelle des Definirten setzen, weil man sonst leicht versucht sein könnte, das Wort in einem andern als dem aufgestellten Sinne zu gebrauchen. Es ist leicht zu sehen, daß man, wenn man diese Methode befolgt, sicher ist zu überzeugen, denn wenn man sich über die Ausdrücke verstanden hat, und alle falsche Auffassung durch die Definitionen abgeschnitten hat, wenn die Prinzipien zugestanden sind, wenn endlich in der Beweisführung immer stillschweigend die Definition an die Stelle des Definirten gesetzt wird, so kann die unbesiegbare Macht der Consequenzen nicht verfehlen, ihre ganze Wirkung auszuüben

Und wie kann ein Beweis, bei welchem alle diese Fälle eingehalten werden, dem mindesten Zweifel Raum lassen, wenn umgekehrt Beweise, welchen diese Eigenschaften abgehen, nie eine Kraft besitzen können.

Es ist darum von großer Wichtigkeit, sie zu verstehen und handzuhaben; und darum, um die Sache leichter und augenscheinlicher zu geben, gebe ich für sie folgende Regeln, die Alles enthalten, was nöthig ist zur Vollkommenheit der Definitionen, Axiome und Beweise, und in Folge davon der ganzen Methode geometrischer Beweise für die Kunst zu überreden.

Regeln für die Definitionen.

I. Versuche nicht Dinge zu definiren, die an sich selbst so klar sind, daß es keine klareren Ausdrücke giebt, um sie zu bezeichnen

II Lasse keinen ein wenig unklaren oder zweideutigen Ausdruck ohne eine Definition.

III. Wende in der Definiton keine andern als vollständig bekannte, oder schon erklärte Ausdrücke an.

Regeln für die Axiome.

I. Uebergehe keines der nöthigen Prinzipien, ohne gefragt zu haben, ob man es anerkenne, so klar und augenscheinlich es Dir vorkommen mag.

II. Setze als Axiome nur Dinge, die vollständig klar an sich selbst sind.

Regeln für die Beweise.

I. Versuche es nicht, den Beweis von einer Sache zu liefern, die an sich selbst so klar ist, daß es nichts Klareres giebt, durch das es bewiesen werden konnte.

II. Beweise alle auch nur wenig dunkeln Voraussetzungen, und bediene Dich zu ihrer Erhärtung nur sehr augenscheinlicher Axiome, oder schon zugestandener oder bewiesener Wahrheiten.

III. Setze immer in Gedanken die Definition an die Stelle des Definirten, um dich nicht durch die Zweideutigkeit der Worte zu täuschen, welche die Definition aufhob.

Dieses sind die acht Regeln, welche alle Vorschriften für feste und unumstößliche Beweise in sich fassen; drei von ihnen sind nicht schlechthin nothwendig, und können ohne Irrthum nicht befolgt werden, ja es ist selbst schwer und beinahe unmöglich, sie immer genau einzuhalten, wenn es gleich zur Vollständigkeit des Beweises gehört, daß dieses geschehe. Es sind dieses die ersten dieser Theile.

Denn ohne Zweifel ist der Fehler eben nicht groß, wenn ich an sich schon klare Dinge definire und deutlich erklare, oder es unterlasse von Anfang an Axiome zu fordern, die an der Stelle, wo sie erforderlich sind, nicht verweigert werden können, oder endlich, wenn ich Wahrheiten beweise, die man ohne Beweis aufnähme.

Aber die fünf andern Regeln sind von schlechthiniger

Nothwendigkeit, und sie lassen sich ohne wirkliche Fehlgriffe und oft ohne Irrthum nicht umgehen, und darum will ich sie hier im Einzelnen verfolgen.

Nöthige Regeln für die Definitionen. Lasse keinen ein wenig unklaren oder zweideutigen Ausdruck ohne Definition.

Wende in der Definition keine andern als vollständig bekannte oder schon erklärte Ausdrucke an.

Nöthige Regeln für die Axiome. Setze als Axiome nur Dinge, die vollständig klar an sich selbst sind.

Nöthige Regeln für die Beweise. Beweise alle auch nur ein wenig dunkeln Voraussetzungen, und bediene dich zu ihrer Erhärtung nur sehr augenscheinlicher Axiome, oder schon zugestandener oder bewiesener Wahrheiten.

Setze immer in Gedanken die Definition an die Stelle des Definirten, um dich nicht durch die Zweideutigkeit der Worte zu täuschen, welche die Definition aufhob.

Dieses sind die fünf Regeln, welche Alles, was Noth thut, an die Hand geben, um die Beweise überzeugend, unumstößlich, oder um es kurz zu sagen, geometrisch evident zu machen, und die acht Regeln verbunden machen sie noch vollkommener.

Ich gehe jetzt zu der Ordnung über, in welcher man die Sätze aufstellen muß, damit sie sich in einer gelungenen und geometrischen Aufeinanderfolge befinden.

Nachdem festgesetzt wurde *) . . . .
. . . .
. . . .

*) Die Fortsetzung dieser Phrase, und der ganze zweite Theil dieser Abhandlung fehlt in den Manuscripten. Die bisherigen Ausgaben zeigten nicht einmal die Lücke an, welche sich hier im Zusammenhange vorfindet.

Hierin also besteht diese Kunst zu überreden, die sich auf diese beiden Grundsätze zurückführen läßt alle Namen, die man anwendet, zu definiren, Alles zu beweisen, indem man in Gedanken stets die Definition an die Stelle des Definirten setzt.

Hierbei scheint es mir gut, dreien Einwänden zu begegnen, die man vielleicht machen könnte.

Der erste ist der, daß diese Methode nichts Neues enthalte, der zweite, daß es sehr leicht sei, zu verstehen, ohne daß es darum erforderlich wäre, die Elemente der Geometrie zu studiren, weil diese in diesen beiden Worten bestehe, die man beim ersten Lesen kenne; und endlich, daß sie höchst unnütz sei, weil ihre Anwendung sich fast ausschließlich auf das Gebiet der Geometrie beschränke.

Es gilt also zu zeigen, daß sie sehr unbekannt, sehr schwer handzuhaben und sehr nützlich und allgemein ist.

Was den ersten Einwand betrifft, daß diese Regeln allgemein bekannt seien, daß man Alles definiren und beweisen müsse, und daß die Logiker selbst sie unter die Regeln ihrer Kunst aufgenommen haben, so wünschte ich, daß dem also wäre und daß sie also bekannt wären, daß ich mir nicht die Mühe hätte nehmen müssen, mit so vieler Sorgfalt den Ursprung aller falschen Beweise, die wirklich allgemein sind, aufzusuchen. Aber hiermit verhält es sich so wenig also, daß, wenn man nur die Mathematiker ausnimmt, die in so geringer Zahl und so ausschließlich beim Volke und zu allen Zeiten sind, Niemand dieselben zu kennen scheint. Es wäre leicht, dieses denen zu beweisen, welche das Wenige, was ich darüber bemerkte, völlig verstanden haben, aber ich gestehe auch, daß der, welcher das Gesagte nicht vollkommen verstanden hat, nichts daraus lernen kann.

Aber ist man in den Geist dieser Regeln eingedrungen, und haben sich dieselben fest angewurzelt und angesetzt im Herzen, so wird man auch fühlen, welcher große Unterschied zwischen dem Gesagten und dem stattfindet, was einige Logiker vielleicht zufällig Annäherndes darüber gesagt haben an einigen Stellen ihrer Werke.

Die, welche zu unterscheiden wissen, wissen auch, welcher Unterschied zwischen zwei ähnlichen Worten stattfindet, je nach der Stelle und den Umständen, welche sie begleiten. Wollte man glauben, daß in der That zwei Personen, welche dasselbe Buch gelesen und auswendig gelernt haben, es auf dieselbe Weise kennen, wenn der Eine es so versteht, daß er alle Prinzipien, die Nothwendigkeit der Folgen, die Erwiderung auf mögliche Einwände und die ganze Oekonomie des Buches weiß, während es beim Andern erstorbene Worte sind, Saaten, die, wenn gleich denen gleich, welche so fruchttragende Bäume erzeugten, trocken und unfruchtbar in dem unfruchtbaren Geiste dessen bleiben, der sie umsonst in sich aufnahm.

Nicht alle diejenigen, welche dasselbe sagen, besitzen es auf dieselbe Weise, und darum giebt sich der unvergleichliche Urheber der Kunst zu vergleichen*) so viele Mühe, zu beweisen, daß man auf das Talent eines Mannes nicht aus einem guten Worte schließen dürfe, das man ihn sagen hört, daß man untersuchen müsse, ob er es nicht seinem Gedächtniß oder einem glücklichen Zufall zu danken habe, er räth, man solle es mit Kälte oder Verachtung aufnehmen, um zu sehen, ob er es merke, daß man seinen Worten nicht die gebührende Anerkennung schenke und in den meisten Fällen wird man sehen, daß er sogleich sein

*) Montaigne, Essais, liv. III, chap VIII

Wort zurücknimmt, und man wird ihn von diesem guten Gedanken, der besser ist als er nur weiß, leicht zu einem ganz andern niedrigen und lächerlichen führen. Man muß also untersuchen, welchen Platz dieser Gedanke in dem Geist seines Autors einnimmt, wie, woher und wie weit er ihn besitzt andern Falles wird das Urtheil stets ein leichtsinniges und vorschnelles sein.

Ich möchte billig denkende Leute fragen, ob der Satz Der Materie ist es von Hause aus unmöglich zu denken, und der andere Ich denke, also bin ich, in der That die gleichen sind in der Vorstellung Descartes' und in der Vorstellung des heiligen Augustin, welcher dasselbe zwölfhundert Jahre zuvor behauptete*).

In der That, ich bin weit davon entfernt, Descartes nicht als den wahren Erfinder dieses Satzes anzuerkennen, selbst wenn ich zu ihm nur durch die Lecture dieses großen Heiligen gelangt wäre, denn ich weiß, welch' ein Unterschied es ist, ein Wort vom Zufall geleitet niederschreiben, ohne ein längeres und ausführlicheres Nachdenken daran zu knüpfen, und in diesem Worte eine bewunderungswürdige Reihe von Folgerungen zu finden, welche den Unterschied des Geistes und der Materie begründet, und dieses Wort zum festen, sicheren Prinzip einer ganzen Metaphysik zu machen, wie Descartes darauf Anspruch machte. Denn

*) Die Beweisführung des h. Augustin, deren hier Pascal gedenkt, findet sich im 26ten Capitel des 11ten Buchs der Stadt Gottes. Augustin, von einer Art religiöser Anschauung geleitet, erkennt in der Natur des Menschen das Bild der göttlichen Dreieinigkeit, denn wir besitzen 1) das Sein, 2) das Wissen um dieses Sein und 3) die Liebe zu diesem Sein und zu diesem Wissen. Hierauf widerlegt Augustin den Einwurf des Skepticismus mit den Worten „Wenn ich mich täusche, so bin ich doch, denn ich kann mich nicht täuschen, ohne zu sein.“

ohne hier auf die Frage einzugehen, ob dieses ihm gelungen sei, setzte ich das Letztere voraus, und in dieser Voraussetzung sage ich, daß dieses Wort in seinen Schriften von demselben Worte in andern Schriften zufällig angewandt eben so verschieden ist, als ein lebenskräftiger Mann von einem Leichname sich unterscheidet.

Der Eine kann ein Wort fallen lassen, ohne seine Bedeutung zu fassen, ein Anderer erkennt darin eine bewunderungswürdige Reihenfolge von Schlußsätzen, so daß wir dreist behaupten können, es sei nicht mehr dasselbe Wort, und der Letztere verdanke es eben so wenig dem, der es zuerst gesagt hat, als ein schöner Baum nicht dem zugehörte, welcher den Samen zu ihm ausstreute, ohne daran zu denken und ihn zu kennen, der aber in Folge der Fruchtbarkeit des Bodens in fruchtbarem Erdreich also emporschoß.

Dieselben Gedanken treiben oft ganz andere Früchte in einem Andern, als in ihrem ursprünglichen Schöpfer, unfruchtbar in ihrer heimischen Erde, werden sie, sobald sie verpflanzt sind, reich gesegnet. Doch weit öfter pflegt es zu geschehen, daß ein guter Verstand selbst aus seinen eignen Gedanken alle Früchte erzeugt, deren sie fähig sind, während Andere, die davon mit Anerkennung sprechen hörten, sie sich aneignen und sich damit zieren, ohne ihren wahren Werth zu kennen, und dann erst zeigt sich erst recht der ganze Unterschied, den dasselbe Wort in verschiedenem Munde bekommt.

Auf diese Weise hat sich vielleicht die Logik die Regeln der Geometrie zu eigen gemacht, ohne ihre Kraft zu verstehen · und indem sie sie also auf gut Glück hin mit den ihr eigenthümlichen zusammenstellt, so folgt daraus nicht, daß die Logiker den Geist der Geometrie erfaßt haben, und so lange sie hiervon keinen andern Beweis geben, als den, daß sie diese Regeln beiläufig angeführt haben, werde ich mich wohl hüten, ihre Wissenschaft mit dieser in Parallele zu stellen, welche die wahre Methode der Verstandesentwickelung lehrt. Im Gegentheil wäre ich ganz geneigt, sie davon, und fast für immer, auszuschließen. Denn Etwas nebenbei gesagt haben, ohne zu wissen, was Alles darin enthalten ist, und statt diesem Wegweiser zu folgen, sich in unnöthige Spitzfindigkeiten verlieren, das heißt wirklich zeigen, daß man eben nicht scharfsinnig ist, und dieses um so mehr, da man ihnen nicht deßwegen nicht folgte, weil man sie nicht wahrnahm.

Die Methode, nicht zu irren, wird von aller Welt aufgesucht. Die Logiker behaupten, zu ihr zu führen, die Mathematiker allein gelangen zu ihr, und außerhalb ihrer Wissenschaft und dessen, was sie nachahmt, giebt es keine wahrhaften Beweisführungen. Alle Kunst ist in diesen einzigen Vorschriften, welche wir aufzählten, zusammengefaßt, sie allein genügen, sie allein haben Beweiskraft, alle übrigen Regeln sind unnütz oder schädlich. Dieses ist für mich ein Erfahrungssatz, den ich aus der Bekanntschaft mit Büchern und Leuten aller Art gewonnen habe.

Und hierauf mich stützend behaupte ich, daß jene Leute, die behaupten, sie erhalten von den Mathematikern durch diese Regeln nichts Neues, weil sie dieselben schon besitzen, nur in Verbindung mit einer Masse anderer unnützer und falscher, von denen sie nicht unterscheiden konnten, denjenigen gleichen, welche, indem sie einen werthvollen Diamanten unter falschen heraussuchen, ihn aber nicht zu unterscheiden vermögen, sich rühmen, den ächten eben so gut zu besitzen, als derjenige, welcher, ohne durch diesen geringen Haufen gestört zu werden, mit sicherer Hand nach dem ausgewählten Steine greift, welchen man sucht, aber um dessen Willen man nicht alles Andere wegwirft.

Der Mangel eines falschen Beweises ist eine Krankheit, welcher diese beiden Mittel steuern. Man hat ein anderes Mittel zubereitet, zusammengesetzt aus einer Masse unnützer Kräuter, unter denen sich die guten zwar auch befinden, diese konnen aber wegen der andern vorherrschenden Mischung nicht wirken.

Um alle Sophismen und alle Zweideutigkeiten falscher Beweise bloßzustellen, erfand man barbarische Namen, welche die, welche sie horen, in Staunen setzen, und während man alle Verzweigungen dieses so verwickelten Knotens nur lösen kann, indem man an dem einen Orte anfangt, den die Mathematiker bezeichnen, führen sie eine unerhorte Masse von Orten auf, unter welchen sich der richtige auch befindet, aber ohne daß sie wußten, welcher der richtige ist

Und da sie uns also eine Unzahl von verschiedenen Wegen aufzeigen, die uns zum gewünschten Ziele führen sollen, während es doch nur zwei Wege wirklich giebt, muß man sie naher anzugeben wissen. Man wird behaupten, daß die Geometrie, welche diese Wege angiebt, in der That nur das biete, was man schon zuvor gehabt hatte, weil man sie in der Wirklichkeit auch hatte, und mehr als sie, ohne zu wissen, daß dieses Geschenk seinen Werth verliere durch seine Ueberfüllung, und daß man durch Zugabe nur wegnehme

Nichts ist allgemeiner, als das Gute· es handelt sich nur darum, es ausfindig zu machen, und es ist gewiß, daß alles Gute naturlich und begreiflich, ja selbst von aller Welt anerkannt ist, aber man weiß es nicht von Anderem zu unterscheiden. Dieses ist das Gewohnliche. Nicht in außerordentlichen, bizarren Dingen besteht die

Vortrefflichkeit irgend e'nes Dinges, man steigert sich, um zu ihr zu gelangen, und entfernt sich von ihr, am häufigsten muß man sich herablassen. Die besten Bücher sind die, bei deren Lecture der Lesende sich sagt, er hätte sie auch schreiben können. Die Natur, welche allein gut ist, ist ganz gewöhnlich und allgemein

Darum zweifle ich auch nicht, daß diese Regeln, wenn sie die wahren sind, ganz einfach, natürlich und naiv sein müssen, wie sie es auch sind. Nicht Barbara und Baralipton bilden den Verstand Man muß den Geist nicht überspannen, solche übertriebene mühsame Manieren erfüllen ihn mit eitler Anmaßung durch unnatürliche Spannung und leeres lächerliches Aufblasen, statt einer gesunden und kräftigen Nahrung. Und einer der Hauptgründe, warum die, welche sich mit diesen Kenntnissen abgeben, vom wahren Wege, den sie befolgen sollten, abirren, ist die vorgefaßte Meinung, das Gute sei unzugänglich, weil man ihm den Namen groß, hoch, erhaben, sublim giebt. Dieses ist der Stein des Anstoßes. Ich möchte es niedrig, allgemein, alltäglich heißen diese Namen kommen ihm besser zu ich hasse diese aufgeblasenen Worte.

Die Beispiele, deren man sich bedient, um Anderes zu beweisen, sind in der Regel von der Art, daß, wenn es gälte, die Beispiele zu beweisen, man sich des Andern als Beispiels bedienen würde denn da man immer glaubt, die Schwierigkeit liege in dem, was man beweisen will, so findet man die Beispiele klarer und dienlicher zum Beweis. So wenn man ein Allgemeines beweisen will, muß man den speciellen Fall eines Einzelnen geben. Aber will man ein Einzelnes beweisen, so muß man mit der allgemeinen Regel beginnen. Denn man findet das, was man beweisen will, immer dunkel, und das, was man zum Beweise anwendet, immer klar; denn wenn man einen Satz zu beweisen hat, so füllt man sich zuerst mit dieser Voraussetzung an, dieser Satz sei dunkel, und der, welcher zum Beweise dient, sei klar, und so kommt man leicht zu Stiche.

Gewöhnlich überzeugt man sich leichter durch die Gründe, welche man selbst gefunden hat, als durch die, welche uns von Andern dargeboten werden*).

---

*) Dieser und der vorhergehende Paragraph gehören nicht zu der Kunst zu überreden, gleichwohl schien es dem Herausgeber passend, sie dieser Abhandlung beizugeben.

Zerstreute Gedanken.

(Unter diesem Titel „Zerstreute Gedanken" stellte der letzte Herausgeber alle diejenigen Fragmente zusammen, welche einestheils zu wenig ausgeführt sind, um für sich selbst eigene Artikel zu bilden, andererseits weder an irgend einen der in diesem Band enthaltenen Artikel, noch an die Apologie des Christenthums angeschlossen werden konnten

Vielleicht standen einzelne dieser Gedanken nach der Anordnung Pascal's in entfernter Berührung zu seinem Hauptgegenstand, aber es ist nicht zu bezweifeln, daß die meisten derselben der Ausfluß des augenblicklichen Gedankens sind.

Wir bemühten uns nicht, sie in eine strenge Ordnung zu fügen, nur wenn einige unter einander in Analogie stehen, stellten wir sie neben einander.

Wenn zwei Fragmente durch einen Strich getrennt sind, so will dieses besagen, daß sie sich in dem Autograph um auf zwei verschiedenen Papieren befinden, während umgekehrt alle nicht also getrennten Fragmente auf Einem und demselben Papiere im Manuscripte sich befinden.

Alle Zeilen, Sätze oder Satztheile, die mit einem Kreuze bezeichnet sind, waren bisher unedirt. Die partiellen Verbesserungen betreffend, verweisen wir den Leser auf eigene Vergleichung mit den früheren Ausgaben.) P. F.

Zerstreute Gedanken.

I. † Herr von Roannez sagte „die Gründe kommen mir erst hernach, aber zuerst gefällt mir oder verstimmt mich eine Sache, ohne daß ich mir des Grundes bewußt bin, und doch verstimmt mich dieses eben um des Grundes willen, welchen ich erst später entdecke." Aber ich glaube nicht, daß dieses verstimmte um der Gründe willen, die man später dafür findet, sondern daß man diese Gründe nur findet, weil die Sache uns verstimmt *).

II. † Wenn die Leidenschaft uns zu einer Handlung treibt, so vergessen wir unsere Pflicht, wie man in einem Buche liest, das man anziehend findet, während man doch einer andern Beschäftigung obliegen sollte. Doch um sich hieran zu erinnern, müßte man sich vornehmen, Etwas zu thun, was uns zuwider ist, und entschuldigt man sich dann mit einer andern Arbeit, die man zu verrichten habe, so erinnert man sich vermittelst dieses Weges seiner Pflicht.

III. † Die unvernünftigsten Dinge der Welt werden ganz vernünftig in Folge der Unordnung der Menschen. Was ist unvernünftiger auf der Welt, als zum Staatsoberhaupt den erstgeborenen Sohn einer Königin zu wählen? Um ein Schiff zu lenken wählt man nicht denjenigen der Reisenden, welcher aus dem besten Hause stammt: dieses Gesetz wäre lächerlich und ungerecht. Aber weil man dieses ist, und immer sein wird, so wird es vernünftig und gerecht. Denn Wen sollte man wählen? den Besten und Geschicktesten? Da sind wir schon zu Ende, denn Jeder will

*) 2 Recueil M. S. du Père Guerrier p. 192.

eben dieser Beste und Geschickteste sein. Binden wir darum diese Stellung an ein unbestreitbares Recht. Dieses ist der älteste Sohn des Königs. Das ist eine ausgemachte Sache, hierüber läßt sich nicht mehr streiten. Die Vernunft selbst kann nichts Besseres anrathen, denn Bürgerkrieg ist das größte Unglück.

IV. Die Gewalt der Könige gründet sich auf die Vernunft und Unvernunft der Völker, und mehr noch auf die letztere. Die größten und wichtigsten Ereignisse der Welt gründen sich also auf die Schwäche, und diese Grundlage ist unvergleichlich sicher, denn nichts ist, auf das man mit größerer Sicherheit rechnen könnte, als darauf, daß das Volk schwach sein wird. Was auf die Vernünftigkeit gebaut ist, hat eine sehr schlechte Grundlage, so z. B. die Achtung der Weisheit.

V. † Vernünftige Volksmeinungen

Der größte Unsegen ruht auf Bürgerkriegen, diese müssen nothwendig ausbrechen, wenn man das Verdienst belohnen will, denn Alle werden behaupten, daß sie Verdienste haben. Das Uebel, welches von einem thörichten Erbfolger zu fürchten steht, ist weder gleich groß, noch gleich gewiß

VI. † Vernünftige Volksmeinungen

Einen stattlichen Anzug haben, ist nicht blos Zeichen der Eitelkeit, denn es zeigt zugleich an, daß viele Leute für Einen arbeiten, so giebt man durch seine Haar-Tracht zu erkennen, daß man seinen Kammerdiener, seinen Friseur hat, durch seinen Spitzen-Kragen, seine Leinwand und seine Borten rc. So ist es nicht nur eine bloße Oberflächlichkeit, nicht nur Schmuck, mehre Arme zu haben.

Je mehr man Arme hat, desto starker ist man. Schön gekleidet sein, heißt seine Macht zeigen.

VII. Das Volk hat sehr vernünftige Meinungen, z. B.

1) Daß es die Erholung und Jagd der Poesie vorzog. Die Halb-Gelehrten machen sich hierüber lustig, und triumphiren, hiermit die Thorheit der Welt zu beweisen, aber vermöge eines Grundes, der ihnen verborgen bleibt, hat das Volk Recht.

2) Daß es die Menschen nach dem Aeußeren, wie nach Gut oder Adel von einander unterscheidet, auch über diese Unvernunftigkeit schlägt die Welt ihr Freudengeschrei auf, aber dieses ist auch sehr vernünftig.

† 3) Daß sie darüber aufgebracht sind, eine Ohrfeige zu erhalten, oder daß sie den Ruhm so wünschenswerth finden.

† Aber dieses ist sehr wünschenswerth wegen der andern wesentlichen Güter, die daran geknüpft sind, und ein Mann, der eine Ohrfeige empfing, ohne darüber böse zu sein, wurde mit Schmähungen und Hohn überhäuft.

† 4) Daß sie auf's Ungewisse hin arbeiten, sich auf's Meer wagen, auf einem Balken sich einschiffen.

VIII. Für die Menschen ist es so schlechthiniges Bedürfniß, thöricht zu sein, daß es nur eine andere Art von Thorheit wäre, nicht thöricht zu sein.

IX. † Die Welt fällt über viele Dinge ihren Urtheilspruch; denn in der natürlichen Unwissenheit befindet sich der wahre Sitz des Menschen.

Die Wissenschaften haben zwei Extreme, welche sich berühren das eine ist die gänzliche natürliche Unwissenheit, in welcher sich jeder Mensch bei seiner Geburt befindet. Das andere Extrem ist das, zu welchem große Geister gelangen, die, nachdem sie das ganze Gebiet des menschlichen Wissens durchmessen haben, zu dem Resultate gelangen, daß sie Nichts wissen, und in der gleichen Unwissenheit sich befinden, welche ihnen ursprünglich zu Theil ward. Aber das ist eine gelehrte Unwissenheit, welche von sich selbst weiß. Diejenigen, welche sich zwischen Beiden in der Mitte befinden, welche aus der natürlichen Unwissenheit herausgingen, ohne zur andern zu gelangen, haben den Anstrich jener übermüthigen Wissenschaft, und sie spielen die Gelehrten. Diese verwirren alle Verhältnisse der Welt, und beurtheilen Alles schlecht. Das Volk und die Geschickten bilden das schwere Geschütz der Welt, jene verachten es, und sind verachtet; sie urtheilen schlimm über Alles, und die Welt urtheilt darüber gut.

IX. bis. Descartes *).

Man muß kurzhin sagen Dieses geschieht durch Figuren und durch Bewegung, denn dieses ist richtig. Aber das Was selbst zu bestimmen, und die Maschine zu bilden, das ist lächerlich, denn das ist unnöthig, ungewiß und mühsam. Und wenn dieses wahr wäre, so glaubten wir, daß die Philosophie keine Stunde Zeit und Anstrengung verdiene.

X. Weil man gewöhnlich die Könige mit einem Gefolge von Soldaten, Trommlern, Officieren und allen den

*) Wenn es gleich scheinen möchte, diese Aeußerung Pascal's sei gegen die ganze Philosophie von Descartes gerichtet, so ist

übrigen Beigaben sieht, welche der Maschine Schrecken und Furcht einjagen, so flößt ihr Gesicht, wann es zuweilen allein und ohne diese Zugaben ist, ihren Untergebenen Ehrfurcht und Scheu ein, weil man in Gedanken ihre Person von ihrem gewöhnlichen Gefolge nicht trennt. Und die Welt, ohne zu ahnen, daß dieser Eindruck in dieser Gewohnheit seinen Grund hat, glaubt, er stamme von einer naturlichen Kraft· und daher solche Aeußerungen, wie diese Der Stempel der Gottlichkeit ist seiner Stirne aufgedruckt, u. s w.

XI. Die Bande, welche die Einen zu den Andern in einem Verhältniß der Achtung umschlingen, sind gemeinhin Bande der Nothwendigkeit, denn es muß verschiedene Classen geben, da alle Menschen herrschen wollen, aber nicht Alle, sondern nur Einzelne dieses können.

† Stellen wir uns einmal vor, zu sehen, wie diese Bande sich bilden. Es ist keinem Zweifel unterworfen, daß sich die Menschen unter einander schlagen, bis daß der stärkere Theil den schwacheren unterdruckt, und so am Ende eine herrschende Partei entstehe. Aber wenn sich dieses einmal entschieden hat, befehlen die Herren, welche nicht wollen, daß der Krieg fortdaure, daß die Gewalt, welche in ihren Handen ist, nach ihrem Willen sich forterbe, die Einen überlassen dieses der Wahl der Völker, die Andern der Geschlechtsfolge u. s. w.

† Und eben hier fängt die Phantasie ihre Rolle zu spielen an, bis dahin zwingt die Macht die Handlung, hier ist es die Gewalt, welche sich vermoge der Phantasie

---

doch klar, daß sie zunachst auf den dritten Theil der Principia philosophiae sich bezieht, welcher zum Titel hat „De mundo adspectabili".

an eine bestimmte Parthie anschließt, in Frankreich an Edelleute, in der Schweiz an Bürgerliche u. s. w.

Diese Bande also, welche die Achtung an diese oder jene bestimmte Person knüpfen, sind Bande der Phantasie.

XII. † Dieser große Aufschwung des Geistes, welchen die Seele zuweilen nimmt, ist kein andauernder Zustand. Man gelangt zu ihm nur durch einen Sprung, nicht um für immer, wie auf einem Throne, sich niederzulassen, sondern nur für einen Augenblick.

XIII. Der Mensch ist weder Engel noch Thier, aber das Unglück will es, daß, wer den Engel spielen will, die Rolle des Thieres spielt *).

XIV. † Will man die Tugenden bis zu ihren Extremen verfolgen, so zeigen sich von beiden Seiten Laster, welche sich unbemerkbar in ihren unbemerkbaren Gang von Seiten der kleinen Unendlichkeit einschleichen, und es zeigen sich Laster in Masse von Seiten der großen Unendlichkeit, so daß man sich in den Lastern verliert, ohne mehr für die Tugenden Auge zu haben.

— Auf dem Rand: Man verirrt sich selbst auf dem Wege zur Vollkommenheit.

XV. Wie wohl hat man doch daran gethan, die Menschen nach dem Aeußeren lieber als nach inneren Merkmalen

*) Pascal sagt an einer andern Stelle vom Menschen: „Er ist weder Engel, noch Thier, sondern Mensch." M. S. p. 110 und Bd. II. dieser Ausgabe. Montaigne sagt ebenfalls (Essais, III. Buch, letztes Capitel): „Sie wollen aus sich herausgehen, und der Menschlichkeit entfliehen. Das ist Thorheit: statt Engel zu werden, werden sie Thiere."

zu classificiren. Wer von uns beiden soll den Vorrang haben? Wer soll dem Andern den Platz räumen? Der weniger Geschickte? Aber ich bin ebenso geschickt als er? Hierüber mußte man sich schlagen. Er hat vier Bedienten, ich habe nur Einen. das fällt in die Augen, man darf nur zählen, folglich muß ich nachgeben, und ich bin ein Thor, wenn ich darum streite. Dieses Mittel läßt uns im Frieden mit einander leben und dieser ist das größte aller Erdengüter *).

XVI. Ein großer Vorzug ist die Stellung, welche einen Menschen von achtzehn oder zwanzig Jahren einen Rang einnehmen läßt, der ihm dieselbe Achtung und denselben Ruf verschafft, welchen ein Anderer im Alter von fünfzig Jahren verdient haben konnte, das heißt dreißig Jahre ohne Mühe erübrigen.

XVII. Einen Andern achten, heißt sich einschränken. Dieses scheint thöricht, ist aber ganz billig, denn es heißt sagen: Ich wollte mich schon einschränken, wenn Sie es nöthig hätten, da ich es schon thue, ohne Ihnen damit zu nutzen. Außerdem besteht die Achtung, um die Großen auszuzeichnen. wenn nun die Achtung darin bestände, auf seinem Stuhle sitzen zu bleiben, so würde man alle Welt achten, aber Niemand auszeichnen. indem man sich aber einschränkt, zeichnet man gar sehr aus.

---

*) Dieses Fragment, welches in der ersten Ausgabe publizirt wurde, fehlt gleicherweise in dem Autographum und in den beiden Copieen, wiewohl dasselbe offenbar aus der Feder Pascal's herrührt — Nur p. 79 des Manuscripts finden sich diese einzeln stehenden Worte: „Er hat vier Bediente.“

XVIII Die Schweizer ärgern sich, wenn man sie Edelleute nennt, und berufen sich auf ihre bürgerliche Abkunft, um ihre Befähigung zu großen Thaten darzulegen.

XIX † Die Gewalt der Fliegen Sie gewinnen Schlachten *), hindern unsere Seele zu handeln, verzehren unsern Korper.

XX Cromwell plunderte die ganze Christenheit aus die konigliche Familie war verloren, und die seinige fur immer allgewaltig ohne ein kleines Sandkornchen, das sich in seinen Harngang verirrte, Rom selbst fing vor ihm zu zittern an. Aber da sich dieses kleine Sandkornchen hier ansetzte, starb er, seine Familie sank, der Friede war wieder hergestellt, und der Konig in seine Rechte wieder eingesetzt

XXI. ¦ Welche Entartung des Verstandes, daß Jeder sich uber die ubrige Welt erhebt, und sein eigenes Wohl und die Fortdauer seines Gluckes und seines Lebens hoher anschlagt, als das aller Uebrigen!

XXII ¦ Zweierlei Menschenclassen machen die Dinge einander gleich, z. B die Festtage und die Werktage, die Christen und die Geistlichen, alle Sunden unter einander u. s. w. Und hieraus schließen die Einen, daß was fur die Geistlichen bose sei, es auch fur die Christen sei, die Andern, daß was fur die Christen nicht bose sei, den Geistlichen auch erlaubt sei.

---

*) Anspielung auf das, was Essais Buch II, Cap 12 erzählt ist. Montaigne erzählt, daß die Portugiesen bei ihrer Belagerung der Stadt Tamby genothigt wurden, die Belagerung aufzuheben vor einer Wolke von Honigfliegen, welche man gegen sie anrucken ließ

XXIII. Je mehr man Verstand hat, desto mehr findet man auch originelle Menschen. Die gewöhnlichen Leute finden keine Unterschiede unter den Menschen.

XXIV *) Dein. Mein.

Dieser Hund gehört mir, sagten diese armen Kinder, dieses ist mein Platz in der Sonne das ist der Anfang und das Bild einer Besitznahme der ganzen Erde

XXV. Es ist komisch zu sehen, wie es Leute in der Welt giebt, welche allen Gesetzen Gottes und der Natur ihren Gehorsam aufsagten, sich aber selbst Gesetze vorschrieben, denen sie mit aller Genauigkeit nachkommen, so z. B. die Soldaten Mahomets, die Räuber, die Häretiker u. s. w., und so auch die Logiker.

*) Es scheint, daß ihre Ausgelassenheit keine Gränze noch Zaun anerkennt, da sie so viele gerechte und heilige Gränzen übersprungen haben).

XXVI. Wenn es sich um ein entscheidendes Urtheil handelt, ob man Krieg führen, so viele Menschen tödten, so viele Spanier zum Tode verurtheilen soll, so entscheidet hierüber eine einzige Person, die dazu noch dabei betheiligt ist, während das Urtheil nur einem unpartheischen Dritten zustehen sollte**).

XXVII. Es ist nothwendig, daß Ungleichheit zwischen

*) Geschrieben von Madame Perier.

**) Man sprach damals im Publikum viel von der Leichtfertigkeit, mit welcher der Conseil den Krieg gegen Spanien beschlossen hatte.

den Menschen stattfinde, das ist wahr. Aber ist dieses einmal zugestanden, so ist damit nicht nur der unumschränktesten Herrschaft, sondern auch der unumschränktesten Tyrannei Thür und Thor geöffnet.

Es ist nothwendig, dem Geist den Zügel etwas fallen zu lassen, aber das ist die Veranlassung zu den größten Zügellosigkeiten.

Stecke man immerhin seine Gränzen, es giebt keine Gränzen in den Dingen. Die Gesetze wollen sie stecken, aber der Geist kann sie nicht ertragen.

XXVIII Große und Niedrige sind demselben Unglück, denselben Widerwärtigkeiten und Zufällen ausgesetzt, aber der Eine ist am Ende des Rades, der Andere in der Nähe der Axe, und so von derselben Bewegung weniger erschüttert

---

XXIX Wer die Freundschaft des Königs von England, des Königs von Polen und der Königin von Schweden besessen hatte, hätte der je voraussetzen können, daß ihm in der Welt ein Asyl und ein Zufluchtsort fehlen könnte*)?

XXX. † Die Tyrannei.

† Sie besteht im Verlangen nach unumschränkter Herrschaft, außerhalb seiner Rechte.

---

*) Pascal spielt hier ohne Zweifel auf Carl I., König von England, an, der sich im Jahre 1647 genöthigt sah, auf die Insel Wight zu flüchten, ferner auf Johann Casimir, König von Polen, der 1655 in Schlesien eine Zufluchtsstätte suchte, endlich auf die Königin Christina, die 1654 abdankte.

Verschiedene Kammern von starken, schönen, guten Geistern, von Frommen, deren Jeder in seinem Hause gebietet, nicht auswärts, aber zuweilen begegnen sie sich, und der Starke und der Schöne schlagen sich thörichter Weise, um sich den Andern zu unterwerfen, denn ihr Meisterrecht ist von verschiedener Art. Sie verstehen sich nicht zusammen, und ihr Fehler ist nur der, daß sie überall herrschen wollen. Aber Nichts vermag dieses, nicht einmal die Gewalt, sie übt keine Herrschaft aus über das Reich der Gelehrten, sie bemeistert nur die äußeren Handlungen.

XXXI. † Tyrannei.

So sind diese Reden falsch und tyrannisch. Ich bin schön, also muß man mich fürchten. Ich bin stark, also muß man mich lieben. Ich bin . . .

Die Tyrannei besteht eben darin, daß man auf einem Wege Etwas erreichen will, was sich nur auf einem andern erreichen läßt. Man weist verschiedene Aufgaben verschiedenen Vermögen zu. Die Pflicht der Liebe der Anmuth, die Pflicht der Furcht der Gewalt, die Pflicht des Geschicks der Wissenschaft.

Diese Pflichten müssen erfüllt werden, man handelte unrecht, wollte man sie abweisen, und ebenso unrecht, andere zu fordern. Und ebenso ist es falsch und tyrannisch, zu sagen: Er ist nicht stark, also schätze ich ihn nicht hoch, er ist nicht gewandt, also fürchte ich ihn nicht.

XXXII. † Verschiedenheit.

† Die Theologie ist eine Wissenschaft, aber wie viele Wissenschaften zu gleicher Zeit? Ein Mensch ist ein Glied,

aber wenn man ihn anatomisirt, ist er der Kopf, das Herz, der Magen, die Adern, jede Ader, jeder Bestandtheil der Ader, das Blut, jeder Tropfen Blut?

Eine Stadt, eine Landschaft ist von ferne eine Stadt, eine Landschaft, aber je mehr man sich nähert, desto mehr zeigen sich Häuser, Bäume, Ziegel, Blätter, Kräuter, Ameisen, Glieder von Ameisen, bis ins Unendliche. Alles dieses verhüllt sich unter dem Namen Landschaft.

XXXIII. Die Verschiedenheit ist so mannigfaltig als alle Töne der Stimme, des Ganges, des Hustens, des Schnauzens, des Niesens — Man unterscheidet von den übrigen Früchten die Trauben, und unter diesen die Muskateller, und dann die von Condrieu*), und dann die von Desargues, und endlich die von Cette**). Ist dieses Alles? Hat je eine Traube zwei gleiche Beeren hervorgebracht, und hat eine Beere je zwei gleiche Körner? u. s. w.

XXXIV. Wie viele Wesen deckten uns die Vergrößerungsgläser auf, welche zuvor für unsere Philosophen nicht bestanden! Böswillig tadelte man die heilige Schrift über ihre große Zahl von Sternen, und sagte: Es giebt nur tausend zweiundzwanzig, — jetzt wissen wir es.

XXXV. Es giebt Kräuter auf der Erde, wir sehen sie. Die im Monde würde man nicht sehen. Und auf diesen Kräutern liegt ein Flaum, und in diesem Flaum kleine Thiere, aber dann nichts mehr. O eitle Vielwisserei! Die vermischten Körper bestehen aus Elementen, und die

---

*) Condrieu, auf dem rechten Ufer der Rhône, produzirt berühmten weißen Wein.

**) Pascal will hier vielleicht von Frontignan reden, das in der That ganz nahe bei Cette liegt.

Elemente nicht. O eitle Vielwisserei! Das ist ein delikater Satz man muß nicht sagen, daß es Dinge gebe, die man nicht sieht, man muß das Nämliche sagen, wie die Andern, aber nicht das Gleiche mit ihnen denken.

XXXVI. Die Zeit heilt die Schmerzen und die Streitigkeiten, weil man sich verändert, und nicht dieselbe Person bleibt Weder der Beleidigende noch der Beleidigte sind sich gleich geblieben Hiermit ist es wie mit einem Volk, das man aufgereizt hat, und das man nach zwei Menschenaltern wiedersehen würde. Es sind noch Franzosen, aber nicht die alten

XXXVII. Wir betrachten die Dinge nicht nur von einer andern Seite, sondern auch mit andern Augen, wir kümmern uns wenig darum, sie sich gleich zu finden.

XXXVIII Er liebt diese Person nicht mehr, welche er vor zehn Jahren liebte. Das begreife ich wohl. Sie ist nicht mehr dieselbe, und er nicht mehr derselbe. Er war jung, sie auch, sie hat sich ganz verändert. Er würde sie vielleicht noch lieben, wenn sie noch die Nämliche, wie damals, wäre

XXXIX. Unbeständigkeit.

Man glaubt gewöhnliche Orgeln zu spielen, wenn man mit Menschen in Berührung kommt. Es sind auch wirklich Orgeln, aber bizarre, veränderliche, wechselnde, die keinen Accord angeben.

XL † Unbeständigkeit

Die Dinge haben verschiedene Eigenschaften, und die Seele verschiedene Neigungen, denn nichts von dem, was sich der Seele darbietet, ist einfach, und die Seele verhält sich nie zu irgend einem Gegenstande einfach Daher kommt es, daß man zuweilen über eine und dieselbe Sache weint und lacht.

XLI Das Gefühl der Nichtigkeit der vorhandenen Genüsse, und die Unbekanntschaft mit der Eitelkeit der fehlenden Genüsse, erzeugen die Unbeständigkeit.

XLII Was die Kraft eines Mannes vermöge, darf nicht nach seinen Großthaten, sondern nach seinem gewöhnlichen Leben gemessen werden.

XLIII. Ich bewundere nicht den größten Grad einer Tugend, wie z B. der Stärke, wenn ich nicht zugleich die entgegengesetzte Tugend auf ihrem höchsten Grad erblicke, wie an Epimonandas, der die größte Stärke und die größte Milde gepaart besaß, denn ohne dieses fällt man, statt zu steigen. Man zeigt vielleicht seine Größe nicht dadurch, daß man sich am äußersten Ende befindet, aber wohl, indem man beide Extreme zugleich berührt, und ihren ganzen Zwischenraum umfaßt.

Aber vielleicht ist sie nur eine plötzliche Bewegung der Seele vom einen Extrem zum andern, und vielleicht befindet sie sich immer nur an einem Punkt, wie ein Feuerbrand, welchen man schwingt. Mag sein! Aber dieses zeigt wenigstens die Beweglichkeit, wenn auch nicht die Elasticität der Seele.

XLIV Diejenigen, welche unordentlich leben, sagen zu denen, welche ein geregeltes Leben führen, daß sie sich von der Natur entfernen, während sie dieser folgen wie die, welche auf einem Schiffe sind, glauben, daß die, welche am Ufer stehen, sich entfernen. Von allen Seiten her hört man dieselbe Sprache. Man muß einen festen Punkt haben, um darnach zu urtheilen. Das Ufer urtheilt über die, welche auf dem Schiffe sind, aber wo sollen wir in der Moral einen festen Punkt finden?

XLV. Wenn Alles sich gleicher Weise bewegt, so bewegt sich Nichts dem Anschein nach wie auf einem Schiffe. Wenn Alle ein ungeregeltes Leben führen, so scheint Keiner ein solches zu führen. Nur Einer, welcher inne hält, läßt, gleich einem festen Punkt, das Laufen der Andern bemerken.

XLVI. Das Böse ist leicht; denn es besteht in großer Anzahl; das Gute ist beinahe nur Eines. Aber ein gewisses Böses ist ebenso schwer zu finden, als das, was man gut nennt, und oft läßt man deßwegen dieses bestimmte Böse als Gutes gelten. Es bedarf selbst, um dieses Böse zu verrichten, eine außerordentliche Seelengröße, so gut, als zur Vollbringung des Guten.

XLVII. † Das Niesen verzehrt, ebenso gut als die Arbeit, alle Seelenthätigkeiten. Aber man zieht daraus nicht dieselben Folgerungen gegen die Größe des Mannes, weil dieses gegen seinen Willen geschieht. Und wenn man gleich sich die Möglichkeit dazu zu verschaffen sucht, so geschieht es doch gegen den Willen; es geschieht Ersteres nicht in Absicht auf diese Handlung selbst, sondern zu einem andern Zweck und also ist es kein Zeichen der Schwache des Menschen und seiner Verknechtung unter diese Handlung.

† Es ist dem Menschen nicht zur Schande gereichend, wenn er dem Schmerze unterliegt, während es ihm Schande bereitet, wenn er dem Vergnugen unterliegt Dieses kommt nicht daher, daß der Schmerz von Außen zu uns stößt, wahrend wir das Vergnugen suchen, denn man kann den Schmerz suchen, und vorsätzlich ihm unterliegen ohne diese moralische Erniedrigung. Woher kommt es also, daß es vor dem Richterstuhl der Vernunft glorreich ist, im Kampf mit dem Schmerz zu unterliegen, während es schmahlich ist, dem Vergnugen zu unterliegen? Darum, weil es nicht der Schmerz ist, der uns lockt und anzieht. Wir selbst wählen ihn freiwillig, und wollen ihn uber uns herrschen lassen, so daß wir Herrn der Sache bleiben, so ist es also der Mensch, welcher sich selbst unterliegt, aber beim Vergnugen unterliegt der Mensch dem Vergnugen. Nun aber gewahrt nur Herrschaft und Bezwingung Ruhm, Sklaverei, Schande.

XLVIII. Wenn man sich wohl befindet, kann man nicht begreifen, wie man sich krank betruge, ist man dieses, so nimmt man gern Arznei, und das Uebel verschwindet dadurch Man hat nicht mehr jene leidenschaftlichen Verlangen nach Zerstreuungen und Spazierfahrten, welche die Gesundheit erzeugte, und die sich mit den Bedurfnissen der Krankheit schlechthin nicht vertragen Die Natur verleiht alsdann Verlangen und Wunsche, welche unserem gegenwartigen Zustande entsprechend sind. Nur die Furcht geben wir uns selbst und nicht die Natur, sie quält uns, weil sie dem Zustand, in welchem wir uns befinden, das Ver=

langen eines Zustandes beigiebt, in dem wir uns nicht befinden.

XLIX. Wir sind so unglücklich, daß wir uns an einer Sache nur unter der Bedingung ergötzen können, daß wir ärgerlich werden, wenn sie keinen guten Erfolg nimmt, wie es mit tausend Dingen geschehen kann, und jeden Tag geschieht. Wer das Geheimniß entdeckt hätte, sich eines Glückes zu freuen, ohne sich über das ihm entgegengesetzte Unglück zu ärgern, der hatte den Hauptpunkt gefunden. † Dieser ist die stetige Bewegung.

L. † Diejenigen, welche im Unglück immer voll guter Hoffnung sind, und die sich des Glückes erfreuen, ohne über das Unglück zu klagen, sind häufig eines mißglückten Unternehmens froh, und sind zufrieden, diesen Vorwand der Hoffnung zu haben, um ihre Theilnahme zu zeigen, und sie verdecken unter der Freude, welche sie heucheln, diejenige, welche ihnen das Mißglücken verursacht.

LI † Unser Wesen ist die Bewegung gänzliche Ruhe ist der Tod.

LII. † Marton sieht wohl, daß die Natur verdorben ist, und daß sich die Menschen dem Sittlichen widerstrauben; aber er weiß nicht, warum sie nicht höher fliegen können.

LIII Der Mensch ist überreich an Bedürfnissen: er liebt nur diejenigen, welche sie alle befriedigen können. Dieses ist ein guter Mathematiker, sagt man vielleicht. aber ich darf nur Mathematik mit ihm treiben er nähme mich für einen mathematischen Satz. Dieser ist ein guter Soldat so würde er mich für eine belagerte Veste nehmen. Ich bedarf also eines ehrlichen Mannes, der im Allgemeinen mit allen meinen Bedürfnissen zu harmoniren wisse.

LIV. Ein wahrer Freund ist ein so nutzreicher Besitz, selbst für die großen Herren, damit er Gutes von ihnen sage, und damit er selbst in ihrer Abwesenheit ihre Partei ergreife, daß sie alle Opfer bringen sollten, um sich solche zu erwerben. Aber mögen sie auch ihre Wahl gut treffen denn wenn alle ihre Bemühungen auf Thoren absehen, so wird dieses ihnen nutzlos sein, so viel Gutes diese auch von ihnen sagen mögen, ja selbst sie werden nicht einmal Gutes sagen, wenn sie sich schwächer fühlen, denn sie haben kein Ansehen, und darum werden sie der Gesellschaft halber mit Böses sagen

LV Wie man sich seinen Verstand verdirbt, verdirbt man sich auch seine Gefühle. Man bildet sich Verstand und Gefühl in dem Umgang. Gute oder böse Gespräche bilden oder verderben also. Darum ist es von großter Wichtigkeit, wohl zu wählen zu verstehen, um sich zu bilden, und nicht sich zu verderben, aber diese Wahl kann man nicht treffen, ohne zuvor sich schon gebildet oder verdorben zu haben. So bildet dieses einen Zirkel, und glücklich die, welche aus ihm herauskommen.

LVI. Wenn gleich der Redende ganz und gar nicht bei dem betheiligt ist, von dem er spricht, so darf man doch daraus keineswegs den Schluß ziehen, daß er nicht lüge denn es giebt Leute, welche lügen, nur um zu lügen*).

LVII**). Ein Mann stellt sich an das Fenster, um die

*) Geschrieben von der Hand von Madame Perier

**) Dieses Fragment fehlt in dem Autographum, findet sich aber in den Copieen vor

Vorübergehenden zu sehen, ich gehe vorbei; kann ich sagen, daß er sich hier aufgestellt habe, um mich zu sehen? Nein, denn er denkt nicht an mich im Einzelnen. Aber derjenige, welcher eine Person um ihrer Schönheit willen liebt, liebt er sie? Nein, denn die Pocken, welche der Schönheit, nicht dem Leben der Person ein Ende machen werden, werden bewirken, daß er sie nicht mehr liebe.

Und wenn man mich liebt wegen meiner Urtheilskraft, wegen meines Gedächtnisses, liebt man mich? Nein, denn ich kann diese Eigenschaften verlieren, ohne mich selbst zu verlieren. Wo ist also dieses Ich*), wenn es weder im Körper, noch in der Seele liegt? Und wie läßt sich Körper oder Seele anders bilden, als um dieser Eigenschaften willen, die nicht das Ich ausmachen, weil sie vergänglich sind? Denn liebte man abstract die Substanz einer bestimmten Seele, und einige Eigenschaften, die sich in ihr finden? Das ist nicht möglich, und wäre ungerecht. Man liebt also niemals eine Person, sondern nur ihre Eigenschaften.

† So mache man sich also nicht mehr lustig über diejenigen, welche sich um Würden und Aemter willen ehren lassen, denn man liebt Niemand, außer um geliehener Eigenschaften willen.

LVIII. Das Ich ist hassenswerth. Sie, Miton**),

---

*) Die Ausgabe von **1670** bemerkt in einer Note: das Hauptwort Ich wurde von Pascal und einigen seiner Freunde angewendet.

**) Dieser Miton ist vielleicht derselbe, von welchem Tallemant des Réaux, namentlich in folgender Stelle spricht: „Er (Desbarreaux) predigt den Atheismus überall, wo er ist, und einmal brachte er in Saint-Cloud die stille Woche mit Miton, dem großen Spielhelden, Potel u. zu, um, wie er sagte, Carneval zu feiern.“ (Band 3, S. 134.)

übertünchen es, aber ertödten es darum nicht so sind sie also immer hassenswerth

Ganz und gar nicht, denn indem man aller Welt zu Gefallen handelt, wie wir thun, hat man keinen Grund mehr, uns zu hassen Dieses ist wahr, wenn man in dem Ich nur das Unangenehme, was uns daraus entspringt, haßt

Aber wenn ich es hasse, weil es ungerecht ist, sich zum Mittelpunkt des Ganzen macht, so muß ich es immer hassen.

Kurz, das Ich hat zwei Eigenschaften es ist an sich ungerecht, weil es sich zum Mittelpunkt des Alls macht, es ist den Andern lästig, weil es sie unterjochen will, denn jedes Ich ist der Feind, und möchte der Tyrann aller Andern sein. Sie heben das Lästige auf, aber die Ungerechtigkeit bleibt so ist es nur den Ungerechten liebenswürdig, die darin nicht mehr ihren Feind erkennen, und so bleiben Sie ungerecht, und können nur den Ungerechten gefallen.

LIX Es ist ungerecht, daß man sich an mich anschließe, wenn man es gleich gern und freiwillig thut Ich würde diejenigen hintergehen, bei welchen ich dieses Verlangen erzeugte, denn ich bin der Endzweck von Niemand, und kann Niemanden befriedigen Bin ich nicht dem Tode ausgesetzt? So wird also der Gegenstand ihrer Anhänglichkeit sterben Wie wäre ich schuldig, wollte ich eine Unwahrheit glauben machen, mag ich sie auch sanft darlegen, mag man sie auch gern glauben, und mir damit Freude machen, ebenso bin ich schuldig, wenn ich mich lieben lasse. Und wenn ich Leute anreize, sich an mich anzuschließen, so muß ich diejenigen, welche bereit wären zur Lüge Ja zu sagen, warnen, es nicht zu glauben, welcher großer Gewinn mir immer daraus entspringen könnte, und sich nicht an mich anzuschließen, da sie Zeit und Kraft darauf verwenden müssen, Gott zu gefallen oder ihn zu suchen.

LX. † Eitelkeit der Wissenschaft.

Die Kenntniß der äußern Dinge wird mich nicht trösten für die sittliche Unwissenheit in den Zeiten der Drangsal, aber die Kenntniß der Sittlichkeit wird mir immer Trost gewähren für die Unwissenheit in äußeren Wissenschaften.

LXI. Ich verbrachte lange Zeit in dem Studium der abstracten Wissenschaften, und die Zurückgezogenheit von aller Welt, zu welcher sie Einen verdammen, verleidete mir dieselben. Als ich das Studium des Menschen begann, fand ich, daß diese abstracten Wissenschaften in gar keiner Berührung zu ihm ständen, und daß ich durch eine Beschäftigung mit ihnen mich weiter von meiner Bestimmung entfernte, als die Andern, welche sie nicht wußten, ich verzieh es den Andern, wenig davon zu wissen. Aber ich glaubte wenigstens viele Genossen bei diesem Studium des Menschen zu finden, und war überzeugt, dieses sei das wahre, dem Menschen eigenthümliche Studium. Ich ward hierin getäuscht. Noch Wenigere studiren den Menschen, als die Geometrie.

† Nur weil man nicht zu studiren versteht, sucht man das Uebrige, aber sollte nicht auch dieses noch eine Beschäftigung sein, deren der Mensch nicht bedarf, und deren Unkenntniß ihm zu seinem Glücke zweckdienlicher ist?

LXII. † Wir kennen uns so wenig, daß Mehre sich dem Tode nahe glauben, wenn sie sich wohl befinden, und Mehre sich wohl zu befinden glauben, während sie dem

Tode nahe sind, ohne das nahe Fieber oder das Geschwür zu fühlen, das sich bei ihnen bildet.

LXIII Die Dinge, auf welche wir den größten Werth legen, wie z. B. sein geringes Vermögen zu verbergen, sind oft fast gar Nichts, sie sind ein Nichts, das unsere Phantasie zum Berge vergrößert. Eine andere Wendung der Einbildungskraft läßt uns dieses leicht aufdecken.

LXIV Die Phantasie vergrößert die kleinen Gegenstände, bis daß sie unsere Seele mit einer fantastischen Bewunderung für sie erfüllt, und in leichtsinniger Frechheit vermindert sie die großen, bis sie für ihr Maaß passen, wie wenn sie von Gott spricht

LXV. ¦ **Lustravit lampade terras** Das Wetter und meine Stimmung haben wenig Berührungspunkte.

Meine Stimmung hängt ganz und gar nicht von der Witterung ab. Ich habe meine Nebel und mein schönes Wetter in meinem Innern, der glückliche oder unglückliche Erfolg meiner Geschäfte selbst übt nur wenig Einfluß aus. Ich stemme mich zuweilen von selbst gegen das Geschick an, der Ruhm, es zu bewältigen, läßt es mich leicht bezwingen, während ich öfters im Glücke übersättigt bin*).

LXVI † Spongia Solis.

Wenn wir eine Wirkung immer von Neuem eintreten sehen, so schließen wir daraus auf eine Natur=Nothwen=

*) Aus dem am Anfang stehenden Citate geht klar hervor, daß dieses Fragment auf folgende Stelle von Montaigne sich bezieht, dessen Widerlegung sie gewisser Maßen in sich schließt „Dieser ehrenwerthe Senat des Areopags richtete bei Nacht damit der

digkeit, so z B. daß es morgen Tag sein wird u. s w., aber oft widerlegt uns die Natur, und unterwirft sich nicht ihren eigenen Gesetzen

LXVII. Das Wesen des Geistes ist zu glauben, das Wesen des Willens zu lieben, daher kommt es, daß beide sich in Ermangelung wahrer Gegenstände dem Falschen zuwenden.

LXVIII Die Gnade wird immer in der Welt sein, und ebenso die Natur, so daß sie so zu sagen natürlich ist. Darum wird es auch immer Pelagianer und immer Katholiken geben, und immer Kampf, da die erste Geburt die Einen erzeugt, und die Gnade der zweiten Geburt die Anderen.

LXIX. † Die Natur fängt immer die alten Dinge wieder an, die Jahre, Tage, Stunden, die Zwischenräume sind sich gleich, und die Zahlen folgen von einem Ende zum andern auf einander nach. So bildet sich eine Art von Unendlichkeit und Ewigkeit. Nicht als ob etwas von allem diesem wirklich unendlich und ewig wäre, aber diese begrenzten Wesen mehren sich ins Unendliche, so daß es mir scheint, nur die Zahl, welche sie vermehrt, sei unendlich.

LXX. † Wenn man sagt, das Warme sei nur die

Anblick der Ankläger der Gerechtigkeit keinen Eintrag thue Die Atmosphäre sogar und die Heiterkeit des Himmels verändert etwas unsere Stimmung, wie dieser griechische Vers bei Cicero besagt

„Tales sunt hominum mentes, qualis pater ipse,
Juppiter auctifera lustravit lampade terras "

(Essais Buch II, Cap 12.)

Diese beiden lateinischen Verse, die sich in den Fragmenta Poematum von Cicero finden, sind eine freilich sehr ungetreue Uebersetzung der Verse 135 und 136 des 18ten Buchs der Odyssee.

Bewegung einiger Kügelchen, und das Licht nur der **conatus recedendi***), welchen wir empfinden, so erscheint uns dieses seltsam. Wie! das Vergnügen soll nichts Anderes seyn als der Bühnentanz der Geister? Wir haben hiervon eine so ganz verschiedene Idee gefaßt, und diese Gefühle scheinen uns so entfernt von diesen andern, von welchen wir sagten, sie seien die nämlichen mit denen, welchen wir sie gegenüber stellen! Das Gefühl des Feuers, diese Wärme, die uns ganz anders als die Betastung berührt, die Aufnahme des Klangs und des Lichtes, Alles dieses scheint uns geheimnißvoll, und doch ist es so grob, wie ein Stück Stein. Es ist wahr, daß die kleinen Strahlen, welche in die Poren eindringen, andere Nerven berühren; aber immer sind es Nerven.

LXXI. † Die Natur ahmt sich nach. Ein in gute Erde gefallenes Korn schafft. Eine in ein gutes Herz gefallene Lehre schafft.

† Die Zahlen ahmen den Raum nach, welche von so verschiedener Natur sind.

† Alles ist von einem und demselben Meister gemacht und geleitet: die Wurzel, der Zweig, die Früchte, die Prinzipien, die Folgen.

LXXII. † Die Natur handelt in einer Reihenfolge itus et reditus. Sie geht und kommt wieder, dann geht sie weiter, dann zwei Mal weniger, dann weiter als je u. s. w.

---

*) Dieses ist die Centrifugalkraft. — Pascal hat diesen Ausdruck der Definition des Lichtes entlehnt, welche Descartes in seinen Principia philosophiae pars III, §. 55. giebt.

† Die Fluth des Meers macht es also. Die Sonne scheint so zu laufen

LXXIII. † Es gehört nicht zur Natur des Menschen immer fortzugehen, sie geht und kommt wieder.

† Das Fieber hat seinen Frost und seine Hitze, und der Frost zeigt eben so gut die Größe der Fieberhitze, als die Hitze selbst.

Die Erfindungen der Menschen gehen von Geschlecht zu Geschlecht ihren gleichen Gang — † Die Güte und die Boswilligkeit der Welt spielt dabei im Allgemeinen dieselbe Rolle.

Plerumque gratae principibus vices

LXXIV. † Wenn man sich einmal daran gewöhnt hat, sich schlechter Beweise zu bedienen, um die Wirkungen der Natur zu erklären, so will man die guten nicht mehr annehmen, wenn sie aufgefunden sind. Das Beispiel, welches man hierfür gab, bezog sich auf die Circulation des Blutes, um zu beweisen, warum die Ader unterhalb des Verbandes anschwelle.

— † Die Geschichte von der Eidechse und dem Frosch von Liancour. Das thun sie immer, und nie anders, noch ein anderes Spiel ihres Witzes.

LXXV. † Wenn ein Thier aus Verstand thun würde, was es aus Instinct thut, und wenn es mit Verstand sagte, was es mit Instinct für die Jagd sagt, und um seine Gefährten zu benachrichtigen, daß die Beute verloren oder gefunden ist, so würde es wohl auch für Dinge sprechen, wobei seine Sinne mehr betheiligt sind, wie um zu sagen. beißt dieses Band ab, das mich verwundet und zu welchem ich nicht zu kann.

LXXVI † Ruhm.

Die Thiere bewundern sich nicht Ein Pferd bewundert sein Nebenpferd nicht. Nicht als ob sie nicht im Laufen mit einander wetteiferten, aber dieses hat keine Folgen, denn sind sie im Stalle, so überläßt der harteste und schlecht gebauteste Klepper sein Heu keinem Andern, wie die Menschen wollen, daß man ihnen thue. Ihre Tugend genugt sich selbst.

LXXVII. † Der Ruhm.

† Die Bewunderung verderbt Alles von früher Kindheit an. O wie schön ist dieses gesagt! wie gut gehandelt! wie klug ist er nicht! u. s. w.

† Die Kinder von Port=Royal, welchen man nicht diesen Stachel des Neides und Ruhmes giebt, verfallen in Schläfrigkeit.

LXXVIII. Habt Ihr nie Leute gesehen, die, um sich über die geringe Aufmerksamkeit, die Ihr ihnen erzeigt, zu beschweren, Euch das Beispiel von Leuten von Stand vorhalten, welche sie in Ehren halten. Ich möchte ihnen hierauf antworten. Zeigt mir das Verdienst, durch welches Ihr diese Personen für Euch eingenommen habt, und ich will Euch ebenfalls achten.

LXXIX. Wollt Ihr, daß man Gutes von Euch halte? Sprecht nicht davon.

LXXX. Mit den Unglücklichen Mitleid haben, verträgt sich ganz wohl mit der Eigenliebe man ist ganz froh, Gelegenheit zu haben, dieses Zeugniß der Freundschaft abzulegen, und sich den Ruf der Zärtlichkeit zu verdienen, ohne etwas zu geben.

LXXXI Die guten Handlungen, welche im Verborgenen geschehen, sind die achtbarsten Wenn ich hiervon einige in der Geschichte lese, wie Seite 184 *), so gefallen sie mir sehr Aber am Ende waren sie eben doch nicht ganz und gar verborgen, weil man sie doch gewußt hat und wenn man gleich Alles that, um sie geheim zu halten, so verderbt doch dieses Wenige, was sie verrieth, Alles, denn das eben ist das Schönste daran, daß man sie verborgen halten wollte.

LXXXII Alle guten Lebensregeln sind in der Welt nur wendet man sie nicht an Zum Beispiel, man zweifelt nicht daran, daß man sein Leben aufs Spiel setzen müsse zum Besten des allgemeinen Wohls, und Mehre thun es, aber für die Religion Niemand.

LXXXIII Nichts gefällt uns als der Kampf, aber nicht der Sieg Man sieht gern Thiergefechte, aber nicht ebenso den blutgierigen Sieger auf dem Nacken des besiegten Was wollte man Anderes sehen als das Ende

*) Dieses Fragment ist nicht von der Hand Pascal's geschrieben. Der, dem er es dictirte, vergaß ohne Zweifel die Angabe des Buchs, dessen Seite 184 hier citirt ist, es muß die Essais sein

des Sieges? Und so bald dieser sich einstellt, ist man davon übersättigt. So auch im Spiel, so bei dem Streben nach Wahrheit Man sieht gern bei dem Streit die Meinungen sich die Spitzen bieten, aber man liebt es ganz und gar nicht, zu sehen, wie man die Wahrheit findet Um sie gern gesehen zu wissen, muß man sie aus dem Streit hervorgehen lassen.

Ebenso verhält es sich mit den Leidenschaften, man sieht es gern, wenn zwei entgegengesetzte sich an einander reiben; aber siegt eine von ihnen, so gilt dieses nur für Rohheit.

Wir suchen nie die Dinge selbst, sondern das Aufsuchen der Dinge So gefallen auf dem Theater Scenen nicht, die ohne Furcht ablaufen, oder grosses Unglück ohne Hoffnung, oder viehische Liebe, oder eiserne Strenge.

LXXXIV Was giebt es Eitleres als die Malerei, welche die Bewunderung auf sich zieht durch die Nachahmung der Dinge, deren Originale man nicht bewundert!

LXXXV. Zwei Gesichter, von welchen keines für sich allein Lachen erregt, erregen neben einander durch ihre Aehnlichkeit Lachen.

LXXXVI Flüsse sind bewegliche Wege, die Einen dahin tragen, wohin man gehen will.

LXXXVII Es giebt viele Leute, welche eine Predigt auf dieselbe Weise wie eine Vesper anhören

---

LXXXVIII. Wer schöne Worte zu machen pflegt, hat einen schlechten Charakter.

LXXXIX. † Die Erfahrung zeigt uns, daß ein sehr großer Unterschied zwischen Frömmigkeit und Güte stattfindet.

XC. Demüthige Reden sind Gegenstand des Stolzes für Eitle, Gegenstand der Demüthigung für Demüthige. So sind die Reden des Pyrrhonismus Gegenstand der Bejahung für die, welche sich zum Positiven neigen. Wenige reden mit Demuth von der Demuth, Wenige mit Keuschheit von der Keuschheit, Wenige mit Zweifeln vom Pyrrhonismus. Wir sind nur Lüge, Doppelsinnigkeit, Gegensätzlichkeit, und wir verbergen und verkleiden uns vor uns selbst.

XCI † Eitelkeit.

; Grund und Wirkungen der Liebe. — Cleopatra.

Wer der Eitelkeit des Menschen ganz auf den Grund kommen will, darf nur den Grund und die Wirkungen der Liebe ins Auge fassen. Der Grund ist ein Ich weiß nicht warum (Corneille), und die Wirkungen sind erschrecklich. Dieses Ich weiß nicht warum, dieses Wenige, dem man nicht auf den Grund kommen kann, setzt die ganze Erde, die Fürsten, die Armeen, die ganze Welt in Bewegung.

Wenn die Nase Cleopatras etwas kürzer gewesen wäre, so hätte die ganze Erde ein anderes Aussehen angenommen.

XCII. † Eitelkeit.

Daß ein Gegenstand, der so sehr in die Augen fällt, wie die Eitelkeit, von der Welt so wenig gekannt wird, daß es für seltsam und sonderbar gilt zu sagen, daß es Thorheit sei, Größe zu suchen, ist dieses nicht auffallend!

XCIII. Die Eitelkeit ist so tief ins Herz des Menschen gepflanzt, daß ein gemeiner Soldat, ein Troßbube, ein Koch, ein Lastträger sich rühmt, und seine Bewunderer haben will, ja selbst die Philosophen wollen dieses. Und die, welche dagegen schreiben, suchen den Ruhm, gut geschrieben zu haben, und die, welche es lesen, wollen den Ruhm haben, es gelesen zu haben, und ich, der ich dieses schreibe, habe ich vielleicht diesen Wunsch, und die, welche es lesen werden, vielleicht. . . .

XCIV. † Stolz.

Neugierde ist nur Eitelkeit. In den meisten Fällen will man Etwas nur wissen, um davon reden zu können. Sonst würde man nicht über das Meer reisen, um nie ein Wort davon zu erzählen, und blos des Vergnügens halber zu sehen, ohne Hoffnung, je davon mitzutheilen.

XCV. In den Städten, durch welche man blos durchreist, liegt Einem Nichts daran, angesehen zu werden, aber wenn man in ihnen einige Zeit verweilen will, liegt Einem viel daran. Wie viele Zeit ist dazu nöthig? Eine Zeit, die zu unserer eiteln, hinfälligen Lebensdauer im Verhältnisse steht.

XCVI. Wir sind so anspruchsvoll, daß wir von aller Welt gekannt sein möchten, und selbst von denen, welche geboren werden, wann wir nicht mehr sein werden. Und wir sind so eitel, daß die Achtung von fünf oder sechs Personen, die uns umgeben, uns Freude und Befriedigung gewährt.

XCVII. — † Vom Verlangen, von denen geschätzt zu werden, mit welchen man lebt.

— † Der Stolz trennt uns von einem mitten unter unserm Elend und Irrthum so natürlichen Besitz los. Wir verlieren selbst das Leben mit Freuden, vorausgesetzt, daß man davon rede.

— † Eitelkeit, Spiel, Jagd, Besuche, falsche Comödien, Ewigkeit des Namens.

Die Süßigkeit des Ruhms ist so groß, daß man ihn liebt, an was er auch immer gebunden sein mag, wäre es auch an den Tod.

XCVIII † Wir erhalten uns in der Tugend nicht durch unsere eigene Kraft, sondern durch das Gegengewicht zweier entgegengesetzter Laster, wie wir zwischen zwei entgegenstoßenden Winden aufrecht bleiben sobald Eines der Laster weggenommen wird, fallen wir in das andere.

XCIX. Es giebt Fehler, die nur durch andere mit uns in Berührung treten, und die, wann der Stamm weggenommen wird, wie Zweige von selbst weichen.

C. Wann die Böswilligkeit die Vernunft auf ihrer Seite hat, so wird sie stolz, und legt die Vernunft mit all ihrem Strahlenglanze aus. — Wann die Härte oder eine strenge Wahl nicht zum wahren Guten geführt hat, und sie zum Gang der Natur zurückkehren muß, so wird sie stolz durch diesen Rückzug.

CI Nie vollbringt man das Böse so vollständig und so frohen Muthes, als wenn man es aus Gewissen thut.

CII. ⸗ Man sagt, Finsternisse sagen Unglück voraus, weil Unglücksfälle gewöhnlich sind, denn das Unglück ereignet sich so oft, daß sie nicht selten errathen, während sie oft als Lügner erfunden würden, wenn sie Glückliches voraussagten. Glück schreiben sie nun seltnen Zeichen des Himmels zu. So mißglückt ihnen ihr Wahrsagen nur selten.

CIII. Ich bin überzeugt, daß wenn alle Menschen wüßten, was die Einen von den Andern sagen, es nicht vier Freunde auf der Welt gäbe. Dieses kommt an den Tag durch die Zwistigkeiten, welche indiskrete Schwatzereien zuweilen verursachen.

CIV. Sie sind beleidigt, entschuldigen Sie mich, wenn es Ihnen gefällig ist Ohne diese Entschuldigung hätte ich nicht bemerkt, daß ich beeinträchtigt worden sei. Mit Erlaubniß zu sagen, es giebt nichts Schlimmeres als ihre Entschuldigung.

CV Ich befand mich übel zu Muthe bei diesen Complimenten, ich verursachte Ihnen viele Mühe, ich fürchte, Sie zu langweilen, ich fürchte, das möchte zu lang sein. Man reißt hin, oder erbittert.

CVI Cäsar, scheint mir, war zu alt, um daran ein Vergnügen zu finden, die Welt zu erobern. Dieses Vergnügen ziemte einem August oder einem Alexander, das waren junge Leute, denen es schwer ist Schranken zu stellen, aber Cäsar mußte reifer sein.

CVII. Das Beispiel von der Keuschheit Alexanders hat nicht so viel Mäßige gebildet, als das seiner Trunkenheit Trunkenbolde zog. Es ist nicht schimpflich, nicht ebenso tugendhaft zu sein wie er, und es scheint entschuldbar zu sein, wenn man nicht lasterhafter ist als er. Man glaubt nicht ganz und gar in den Fehlern der gewöhnlichen Menschen zu liegen, wenn man sich in den Fehlern dieser großen Menschen sieht, und doch bedenkt man hierbei nicht, daß Jene hierin eben zu der gemeinen Menge herabsinken. Man hält sich an sie an dem Theil, der sie mit dem übrigen Volk einigt, denn wie hoch sie auch immer erhaben sein mögen, so haben sie doch immer einen Punkt der Berührung mit den niedersten Menschen. Sie schweben nicht in der Luft, ganz losgetrennt von unserer Gesellschaft. Nein, nein. Wenn sie größer sind als wir, so kommt dieses daher, daß sie ihr Haupt stolzer als wir erheben, aber ihre Füße stehen ebenso niedrig als die unsrigen. Sie sind Alle hier auf dem gleichen Niveau, und stützen sich alle auf dieselbe Erde, und durch dieses Eine Ende sind sie ebenso niedrig als wir, als die Kleinsten, als die Kinder, als die Thiere.

CVIII. † Man sieht den Irrthum und die Leidenschaft von Cleobulia gern, weil sie sich nicht in diesem Zustande weiß, sie würde mißfallen, wäre sie nicht getäuscht.

— † Ein Fürst gefällt einem König, weil er seinen Rang erniedrigt.

CIX. Die Vernunft befiehlt uns viel gebieterischer als ein Herr, denn wenn man dem Einen ungehorsam ist, ist man unglücklich, ist man der andern ungehorsam, so ist man ein Thor.

CX. Wenn man einen Andern zu seinem Nutzen warnen, und ihm zeigen will, daß er sich irrt, so muß man darauf

Rücksicht nehmen, von welcher Seite aus er die Sache betrachte, denn von dieser Seite her ist sie gewöhnlich wahr, man muß ihm daher diese Wahrheit zugeben, aber zugleich ihm die Seite aufdecken, von welcher aus sie falsch ist. Hiermit ist er zufrieden, denn er sieht, daß er sich nicht getäuscht hat, und daß er nur nicht den Gegenstand von allen Seiten betrachtete. Nun ärgert man sich aber nicht, wenn man nicht Alles gesehen hat, aber man will sich nicht getäuscht haben, und vielleicht kommt dieses daher, daß der Mensch natürlicher Weise nicht Alles sehen kann, und daß er natürlicher Weise auf der Seite, welche er ins Auge faßt, sich nicht täuschen kann, da die sinnlichen Wahrnehmungen immer wahr sind.

CXI. † Muß man tödten, um zu verhindern, daß es keine Bösewichter gebe? Das hieße nur aus Einem zwei machen. **Vince in bono malum** *). St. Aug.

CXII. Gewalt, und nicht Ueberzeugung, ist die Königin der Welt; aber die Ueberzeugung bedient sich der Gewalt.

† Die Gewalt bildet die Ueberzeugung. Die Weichheit ist schön nach unserer Ansicht. Warum? Weil der, welcher auf dem Seile tanzen wollte, allein wäre, und ich will eine größere Rotte von Leuten bilden, die behaupten werden, daß dieses nicht schön sei.

CXIII. Das ist die Wirkung der Gewalt, und — nicht der Gewohnheit, denn die, welche Erfindungsgabe besitzen, sind selten, die der Zahl nach Stärksten wollen nur folgen, und versagen den Ruhm diesen Erfindern, welche ihn durch

*) Diese Sentenz, die Pascal aus dem Gedächtniß citirt, und Augustin zuschreibt, findet sich in der Bibel, Röm. 12, 21.

ihre Erfindungen suchen. Und wenn sie darauf beharren, diesen Ruhm erhalten zu wollen, und die verachten, welche nicht erfinden, so werden die Andern ihnen lächerliche Namen geben, oder Steckprugel. So bilde man sich also auf diesen Scharfsinn eben Nichts ein, oder lasse sich an sich selbst genügen *).

CXIV. † Das Gedächtniß, die Freude sind Gefühle, und selbst mathematische Lehrsätze werden Gefühle, denn der Verstand macht die Gefühle natürlich, und die natürlichen Gefühle verwischen sich durch den Verstand.

CXV. Venedig

Welchen andern Nutzen wollt Ihr daraus ziehen, als das Bedürfniß, das die Fürsten haben, und den Schrecken, welchen es den Völkern einjagt? Wenn sie Euch gefragt, und wenn sie, um zum Ziele zu gelangen, den Beistand der christlichen Fürsten angerufen hätten, so konntet Ihr hierauf ein Gewicht legen. Aber daß seit fünfzig Jahren alle Fürsten umsonst hierauf gearbeitet haben, und daß ein so dringendes Bedürfniß erforderlich war, um es zu erreichen . . . . **)

CXVI. Der letzte Act ist blutig, so schön auch immer die Comödie in ihren übrigen Theilen sei. Am Ende wirft man Erde aufs Haupt, und dann ist es aus für immer.

*) Der Anfang dieses Fragments hängt offenbar mit einem vorangehenden Gedanken zusammen, der verloren gegangen ist.

**) Dieses unvollendete Fragment verdankt seine Unverständlichkeit wohl mitunter der schwer lesbaren Handschrift, welcher es Pascal dictirte.

CXVII. † Den Tod fürchten, nicht wann er droht, sondern wann er nicht droht, denn man muß Mensch sein.

CXVIII. † Ein schneller Tod ist allein zu fürchten, und darum bleiben die Beichtväter immer um die Großen*).

CXIX. Welchen Unterschied findet zwischen einem Soldaten und einem Karthäuser in Beziehung auf den Gehorsam Statt? Denn sie sind gleicherweise botmäßig und abhängig, und dieses in gleich schwierigen Uebungen. Aber der Soldat hofft immer Herr zu werden, und wird es nie, denn selbst Capitäne und Fürsten sind immer Sklaven und abhängig, aber er hofft immer darauf, und arbeitet auf dieses Ziel, während der Karthäuser ein Gelübde thut, immer in Abhängigkeit zu leben. So unterscheiden sie sich nicht in der ewigen Knechtschaft, welche beide immer tragen, sondern in der Hoffnung, welche der Eine immer, der Andere nie hat.

CXX. † Die Vernunftgründe, welche, von weitem gesehen, unsere Aussicht zu beschränken scheinen, beschränken sie nicht mehr, sobald man ihnen nahe gekommen ist, man fängt an, weiter hinaus zu sehen**).

CXXI Weniges tröstet uns, weil Weniges uns darniederschlägt.

CXXII Ferox gens nullam esse vitam sine armis rati***). Sie ziehen den Tod dem Frieden vor

*) 2e Recueil MS du P Guerrier p 192.
**) MSS. de la Bibl. roy. Portefeuilles Vallant.
***) Titus Livius 34, 17.

Andere ziehen den Tod dem Kriege vor. Jede Meinung kann dem Leben vorgezogen werden, dessen Liebe so stark und so naturlich in uns zu sein scheint.

CXXIII. † Gerades Gegentheil ist ein schlechtes Zeichen fur die Wahrheit.

† Mehre gewisse Dinge widersprechen sich.

† Mehre falsche widersprechen sich nicht.

† Weder das Widersprechende ist ein Zeichen der Falschheit, noch das nicht Widersprechende ein Zeichen der Wahrheit

---

CXXIV. Es langweilt uns nicht, jeden Tag von Neuem zu essen und zu schlafen, denn der Hunger und Schlaf stellt sich von Neuem ein. Ohne dieses wurde man sich langweilen. Ebenso langweilt man sich ohne den Hunger nach geistiger Nahrung. Hunger nach der Gerechtigkeit achte Seligkeit.

CXXV. Der Zufall giebt die Gedanken ein, der Zufall verdrängt sie, es giebt keine Kunst, sie zu erhalten oder zu erwerben.

— † Ein entflohener Gedanke. Ich wollte ihn aufschreiben. Ich schreibe, während er mir entflieht.

CXXVI. Während ich meinen Gedanken niederschreibe, verflüchtigt er sich mir zuweilen, aber das bringt mir meine Schwäche ins Gedächtniß, die ich alle Augenblicke vergesse, und dieses belehrt mich so gut als mein vergessener Gedanke, denn mein Hauptzweck ist der, mein Nichts einzusehen

---

CXXVII † Grund der Wirkungen.

† Epictet. Diejenigen, welche sagen, Sie haben Kopfweh, das ist nicht so. Man ist seiner Gesundheit, aber nicht seiner Gerechtigkeit gewiß, und in der That die seinige war eine Posse

† Und doch glaubte er, sie lasse sich beweisen, indem er sagte Entweder in unserer Gewalt oder nicht. Aber er bemerkte nicht, daß es nicht in unserer Gewalt sei, das Herz zu regeln, und er hatte Unrecht, es daraus zu schließen, daß es Christen gebe.

CXXVIII. Der h. Augustin sah, daß man auf's Ungewisse, auf dem Meere, in der Schlacht u. s. w. arbeite. er sah nicht das Gesetz der Parteien, welches beweist, daß dem also sein müsse. Montaigne sah, daß ein hinkender Geist uns ärgere, und daß die Gewohnheit Alles vermöge, aber er erkannte nicht den Grund dieser Wirkung

Alle diese Leute sahen die Wirkungen, aber sie sahen nicht die Gründe. Sie verhalten sich zu denen, welche die Gründe aufdeckten, wie die, welche nur Augen haben, zu denen, welche Geist besitzen; denn die Wirkungen sind so zu sagen in die Augen fallend, und die Gründe sind nur dem Auge des Geistes erkennbar. Und obgleich diese Wirkungen sich durch den Geist zu erkennen geben, so verhält sich doch dieser Geist zu dem Geist, der die Gründe sieht, wie die körperlichen Sinne zu dem Geiste.

CXXIX. Woher kommt es, daß ein Hinkender uns nicht ärgert, und ein hinkender Geist uns ärgert? Darum, weil ein Hinkender anerkennt, daß wir gerade gehen, während ein hinkender Geist sagt, daß wir hinken; ohne dieses hätten wir Mitleiden mit ihm, nicht Zorn gegen ihn.

Epictet fragt viel stärker, warum wir uns über Einen nicht ärgern, der sage, daß wir Kopfweh haben, während wir uns über Einen ärgern, der sagt, daß wir schlechte Beweise führen, oder daß wir eine schlechte Wahl getroffen haben.

Der Grund hiervon ist, daß wir fest überzeugt sind, daß wir nicht Kopfweh haben, noch hinken, aber wir sind nicht so gewiß, ob wir das Wahre ausgewählt haben. Da wir daher hierfür keine andere Gewißheit haben, als die, daß wir es mit unserer ganzen Sehkraft zu sehen glauben, während ein Anderer mit seiner ganzen Sehkraft das Gegentheil sieht, so bringt uns das in Unruhe und Staunen, und dieses um so mehr, wenn tausend Andere über unsere Wahl sich lustig machen, denn dann gilt es, unser Urtheil dem so vieler Andern vorzuziehen, und dieses ist gewagt und schwer. Solcher Widerspruch findet in den Sinnenwerkzeugen in Betreff eines Hinkenden nicht statt.

Der Mensch ist so beschaffen, daß, wenn man ihm lange vorredet, er sei dumm, er es am Ende glaubt, und wenn man es lange sich selbst vorsagt, glaubt man es auch. Denn der Mensch unterhält in seinem Innern mit sich selbst ein Gespräch, und es ist wichtig, dieses genau zu überwachen. **Corrumpunt mores bonos prava colloquia!** Man muß sich stille verhalten, so viel als möglich, und sich nur von Gott unterhalten, von dem man weiß, daß er die Wahrheit ist, und auf diese Weise wird man sich selbst davon überzeugen.

CXXX. † Grund der Wirkungen.

Steigerung. Das Volk ehrt die Männer von hoher Geburt. Die Halbgelehrten verachten sie, da sie sagen,

Geburt sei nicht ein Vortheil der Person, sondern des Zufalls. Die Gelehrten achten sie nicht im Sinne des Volks, sondern aus einem tiefer liegenden Grunde. Die Frommen, welche mehr Eifer als Wissenschaft haben, verachten sie trotz dieses Grundes, der die Achtung von Seiten der Gelehrten berechtigt, weil sie ihr Urtheil nach einem neuen Lichte fällen, das die Frömmigkeit ihnen darbietet. Aber die vollendeten Christen ehren sie um eines andern, höheren Beweggrundes willen.

So folgen sich die Meinungen mit ihrem Für und Gegen, je nach den verschiedenen Beweggründen.

CXXXI. Grund der Wirkungen.

Es ist also richtig zu behaupten, daß alle Welt im Irrthume sei, denn selbst wenn die Ansichten des Volks vernünftig sind, so sind sie es nicht in seinem Kopfe, denn es setzt voraus, daß die Wahrheit da sei, wo sie nicht ist. Die Wahrheit ist wohl in ihren Meinungen, aber nicht an dem Punkt, wo sie sich einbilden. Zum Beispiel, es ist wahr, daß man den Edelleuten Achtung zollen muß, aber nicht deßwegen, weil die Geburt ein wirklicher Vortheil ist u. s. w.

CXXXII. Grund der Wirkungen.

Wir haben also gezeigt, daß der Mensch eitel ist wegen der Achtung, welche er nicht wesentlichen Dingen zollt. Und alle diese Meinungen haben sich in ihr Gegentheil aufgelöst. Wir zeigten sodann, daß alle diese Vorstellungen sehr vernünftig sind, und da sich also alle diese Eitelkeiten auf sehr gute Gründe stützen, daß das Volk nicht so eitel ist, als man sagt. Und also haben wir die Ansicht widerlegt, welche die des Volks widerlegte.

† Aber es gilt jetzt, diese letztere Behauptung zu widerlegen, und zu zeigen, daß es immer wahr bleibt, daß das Volk eitel sei, wenn gleich seine Meinungen vernünftig sind, weil es die Wahrheit nicht da erkennt, wo sie wirklich ihren Grund hat, und weil es, indem es die Wahrheit dahin verlegt, wo sie nicht ist, immer falsche und unvernünftige Meinungen hegt.

CXXXIII. † Grund der Wirkungen.

Man muß einen Gedanken im Hintergrunde haben, und Alles hiernach beurtheilen, wenn man gleich in der Sprache des Volks spricht.

CXXXIV † Grund der Wirkungen.

Die Schwache des Menschen ist der Grund so vieler Schönheiten, welche man treibt, wie z. B gut auf der Laute spielen zu können.

† Dieses ist nur ein Uebel in Folge unserer Schwache

CXXXV. † Grund der Wirkungen.

Die Begierde und die Gewalt sind die Quelle aller unserer Handlungen die Begierde bildet die freiwilligen, die Gewalt die unfreiwilligen.

CXXXVI † Größe.

Die Gründe der Wirkungen zeigen die Größe des

Menschen, aus der Begierde eine so schöne Ordnung abgeleitet zu haben.

CXXXVII. [Grund der Wirkungen.

Das ist seltsam man will nicht, daß ich einen Menschen achte, der in Brocatell gekleidet, und von sieben oder acht Bedienten begleitet ist! Ei nun, er konnte mich mit der Peitsche hauen, wenn ich ihn nicht grüße. Dieses Kleid ist eine Gewalt.

Hiermit verhält es sich ebenso, wie ein gut geschirrtes Pferd mit einem anderen Montaigne macht einen Spaß, wenn er diesen Unterschied nicht einsehen will, sich darüber wundert, und nach seinem Grunde fragt.

CXXXVIII. Die Ungläubigen sind die Leichtgläubigsten. Sie glauben an die Wunder von Vespasian, um nicht an die von Moses zu glauben.

CXXXIX. Die Atheisten müssen durchaus klare Dinge aussagen, nun ist es aber ganz und gar nicht so schlechthin klar, daß die Seele materiell sei.

CXXXX. Der Atheismus zeugt von einer Seelenkraft, aber nur bis zu einem gewissen Grade.

CXLI. Um aus einem Menschen einen Heiligen zu machen, bedarf es wohl der Gnade, und wer hieran zweifelt, weiß nicht, was ein Heiliger, und was ein Mensch ist.

CXLII Man lehrt die Menschen nicht, tüchtige Männer zu werden, und man lehrt sie doch alles Uebrige; und sie bilden sich nie auf irgend welches Wissen so viel ein, als auf dieses, tüchtige Männer zu sein. Sie halten nur darauf, das Eine zu wissen, daß sie Nichts lernen.

CXLIII. Es giebt nur zwei Gattungen von Menschen, die Einen sind die Gerechten, die sich für Sünder halten, die Andern die Sünder, die sich für Gerechte halten.

CXLIV. † Schwächlinge sind Leute, welche die Wahrheit erkennen, aber die sie nur so lange vertheidigen, als es ihr Privatinteresse erheischt, fehlt dieses, so verlassen sie sie.

CXLV. † Es ist nicht gut, allzu frei zu sein.

† Es ist nicht gut, Alles zu besitzen, was nothwendig ist.

CXLVI † Die Nahrung des Körpers ist nach und nach Volle Nahrung und wenig Substanz.

CXLVII. † Das Gedächtniß ist nothwendig für alle Operationen des Geistes.

CXLVIII. Eine arithmetische Maschine legt Resultate zu Tage, die sich mehr den Gedanken nähern als alle Bewegungen der Thiere, aber sie bringt Nichts hervor, was sagen könnte, daß es Willen besitze, wie die Thiere.

CXLIX. Ein allgemeiner und wesentlicher Unterschied besteht zwischen den Thätigkeiten des Willens und allen übrigen.

CL. Der Wille ist Eines der Hauptorgane des Glaubens, nicht so, daß er den Glauben schaffte, aber so, daß die Dinge wahr oder falsch sind je nach der Seite, von welcher aus man sie betrachtet. Der Wille, welchem die eine Seite mehr zusagt als die andere, lenkt den Geist ab, die Seiten nicht zu sehen, welche er nicht sehen mag und so verweilt der Geist, der mit dem Willen Hand in Hand geht, bei der Betrachtung der Seite, welche dieser liebt, und urtheilt nach dem, was er hier sieht.

CLI. Alle unsere Vernunftschlüsse kommen darauf hinaus, dem Gefühle nachzugeben.
— Aber die Einbildungskraft ist ähnlich und entgegengesetzt dem Gefühle, so daß man unter diesen Gegensätzen nicht unterscheiden kann. Der Eine sagt, sein Gefühl sei Einbildungskraft, der Andere, seine Einbildungskraft sei Gefühl. Es sollte hierfür eine Regel geben. Die Vernunft bietet sich an, aber sie biegt sich nach allen Richtungen hin, und so fehlt also jeder sichere Maaßstab.

CLII. † Wann ich die kurze Dauer meines Lebens verschlungen in der vorangehenden und folgenden Ewigkeit betrachte, den kurzen Raum, den ich ausfülle, und selbst den, welchen ich sehe, verschlungen in der unendlichen Unermeßlichkeit der Räume, welche ich nicht kenne, und die mich nicht kennen, so erschrecke ich und frage mich staunend, warum ich hier und nicht lieber dort sei, denn ich weiß keinen Grund, warum ich hier und nicht dort, jetzt und nicht damals sein sollte. Wer hat mich hierher gepflanzt? Auf den Befehl und die Leitung Wessen wurde dieser Raum und diese Zeit mir bestimmt?

Wie viele Reiche wissen von uns Nichts!

CLIII. † Warum ist meine Erkenntniß beschränkt? Meine Größe? Meine Lebensdauer auf hundert, statt auf tausend Jahre? Welchen Grund hatte die Natur, mir sie in dieser Weise zu geben, und diese Zahl eher als eine andere in der Unendlichkeit zu wählen, da doch überhaupt kein Grund vorhanden ist, die eine der andern vorzuziehen, weil alle sich gleich sind *)

CLIV. Man hat auf die böse Begierde treffliche Regeln der Polizei, der Moral und der Gerechtigkeit gebaut, und sie aus ihr abgeleitet.

Doch im Grund ist dieser schlechte Grund des Menschen, dieses figmentum malum, nur bedeckt, nicht gehoben.

CLV. Alle Menschen hassen sich von Natur aus gegenseitig. Man bedient sich so gut als möglich der bösen Begierde, um sie in den Dienst des öffentlichen Wohles zu nehmen, doch dieses ist nur List und ein falsches Bild der christlichen Liebe. Denn im Grunde ist es nur Haß.

---

† Größe des Menschen mitten unter der Herrschaft seiner bösen Begierde, denn er wußte daraus eine treffliche Regel zu ziehen, und bildete sich daraus ein Gemälde christlicher Liebe.

CLVI. † Ich beneide diejenigen, welche ich mit so

---

*) Die Handschrift hat hier die dunkeln Worte rien ne tentant plus que l'autre „da keines mehr versucht, als das Andere." Man gewinnt den obigen Sinn mit der leichten Aenderung rien n'étant plus que l'autre. A. d. U.

vieler Gleichgültigkeit im Glauben leben sehe, und die ein Gut so schlecht anwenden, von dem ich, glaube ich, einen ganz andern Gebrauch machen würde *).

CLVII. Wenn es eine übernatürliche Verblendung ist, zu leben, ohne sich zu fragen, was man sei, so ist es eine furchtbare Verblendung, schlecht zu leben, während man an einen Gott glaubt

---

CLVIII Zwei Dinge geben dem Menschen Aufschluß über seine ganze Natur der Instinkt und die Erfahrung.

CLIX † Man muß sich selbst kennen lernen, würde dieses auch nicht dazu dienen, das Wahre zu finden, so dient es wenigstens dazu, sein Leben zu regeln, und es ist nichts pflichtmäßiger als dieses.

CLX Eine Person sagte mir eines Tages, sie habe große Freude und Vertrauen, wenn sie von der Beichte komme. Eine andere sagte mir, sie bleibe in Furcht. Hierüber dachte ich, daß man aus diesen beiden einen guten Menschen machen könnte, und daß Jeder das abginge, daß sie nicht das Gefühl der andern hatte. † Das passirt ebenso oft in andern Dingen.

CLXI. † Erste Stufe getadelt zu werden, wenn man schlecht handelt, und gelobt zu werden, wenn man gut handelt.

† Zweite Stufe Weder gelobt, noch getadelt zu werden.

---

*) Dieses Fragment existirt nur in der Copie

CLXII. Jeder bildet ein Ganzes für sich, denn stirbt er, so ist Alles für ihn gestorben. Daher glaubt Jeder, Alles Allen zu sein. Man muß die Natur nicht nach uns, sondern nach ihr selbst beurtheilen.

CLXIII. Die Beispiele edeln Todes der Lacedamonier und Anderer, machen ganz und gar keinen Eindruck auf uns, denn was nutzt uns das? Aber das Beispiel des Todes der Martyrer macht einen Eindruck auf uns, denn sie sind unsere Glieder. Wir haben ein gemeinsames Band mit ihnen ihr Entschluß kann den unsrigen bilden, nicht allein durch Vorbild, sondern weil er vielleicht den unsrigen verdient hat. Ganz anders verhalt es sich mit den heidnischen Beispielen: wir haben keine Verbindung mit ihnen, wie man nicht reich wird, weil man einen Fremden sieht, der es ist, aber wohl, weil man seinen Vater oder seinen Gatten sieht, die es sind.

CLXIV. Der Eigenwille wird sich nie zufrieden geben, selbst wenn er Alles kann, was er will, aber man giebt sich zufrieden, sobald man darauf versagt. Ohne ihn kann man nicht unzufrieden, mit ihm kann man nicht zufrieden sein *).

CLXV. Das gewohnliche Leben der Menschen und das der Heiligen hat das mit einander gemein, daß beide nach der Gluckseligkeit streben, sie unterscheiden sich blos in Betreff des Gegenstandes, in welchem sie jene finden. Beide heißen diejenigen ihre Feinde, welche sie verhindern, dahin zu gelangen.

*) Dieses Fragment findet sich nicht in dem MS., sondern nur in der Copie.

Ueber das was gut oder böse ist, muß man nach dem Willen Gottes urtheilen, der weder ungerecht, noch blind sein kann, und nicht nach unserem Eigenwillen, der immer voll von Bosheit und Irrthum ist*).

CLXVI Die wahre und einzige Tugend ist also die, sich zu hassen, denn man ist hassenswerth wegen seiner bösen Lust, und ein anderes wahrhaft Liebenswürdiges zu suchen, um es zu lieben Aber da wir das nicht lieben können, was außerhalb uns ist, so müssen wir ein Wesen lieben, das in uns ist, ohne wir selbst zu sein, und dieses gilt in Beziehung auf jeden einzelnen Menschen. Nun ist aber nur das allgemeine Wesen also beschaffen Das Reich Gottes ist inwendig in uns, das allgemein Gute ist in uns selbst, ohne wir selbst zu sein.

CLXVII ‡ Die gewöhnliche Welt hat das Vermögen, nicht an das zu denken, an was sie nicht denken will. Denke nicht an die Stellen vom Messias, sagte der Jude zu seinem Sohne So machen es Leute wie wir oft. So erhalten sich die falschen Religionen und die wahre selbst bei vielen Leuten.

† Aber es giebt auch Leute, welche nicht das Vermögen besitzen, ihren Gedanken also Zwang anzulegen, und die je mehr es ihnen verboten ist, desto mehr daran denken. Diese trennen sich von den falschen Religionen und selbst von der wahren los, wann sie hier nicht stichhaltige Gründe vorfinden

---

*) Dieses Fragment, das zuerst in der vierten Ausgabe der Pensées (1678) veröffentlicht wurde, befindet sich weder im MS. noch in den Copieen.

CLXVIII. Wann wir uns anschicken an Gott zu denken, hält uns da nichts zurück, und sucht uns zu zerstreuen? Alles dieses ist böse, und uns angeboren.

CLXIX. Alle großen Vergnügungen sind gefährlich für das christliche Leben, aber unter allen denen, welche die Welt erfunden hat, ist keine mehr zu fürchten, als die Komödie. Sie ist eine so natürliche und delikate Darstellung der Leidenschaften, daß sie sie erzeugt und schafft in unserem Herzen, zumal die der Liebe besonders wenn man sie sehr keusch und ehrbar vorstellt. Denn je mehr sie unschuldigen Seelen unschuldig erscheint, desto mehr vermag sie sie zu rühren. Ihre Leidenschaftlichkeit sagt unserer Eigenliebe zu, welche sogleich den Wunsch faßt, dieselben Wirkungen hervorzubringen, welche man so gut dargestellt sieht, und zu gleicher Zeit macht man sich ein Gewissen, das sich auf die Ehrbarkeit der hier ausgedrückten Gefühle gründet, und welche die Furcht reiner Seelen erlöscht, die sich einbilden, es heiße nicht die Reinheit verletzen, wenn man sich einer Liebe hingebe, die ihnen so edel scheint. So geht man von der Komödie nach Haus, das Herz ganz angefüllt von allen Schönheiten und allen Reizen der Liebe, Seele und Geist von ihrer Unschuld so überzeugt, daß man ganz bereit ist, ihre ersten Eindrücke in sich aufzunehmen, oder vielmehr die Gelegenheit zu suchen, sie in dem Herzen von Jemand zu erwecken, um dieselben Vergnügungen und Opfer einzuerndten, welche man in der Komödie so trefflich abgebildet sah*).

*) Diese Reflexionen über die Komödie finden sich nicht in dem Autographum, sind aber in der Copie. Bossut veröffentlichte sie zum ersten Mal 1779.

CLXX. *) Die Menschen nehmen oft ihre Einbildungskraft für ihr Herz, und sie glauben bekehrt zu sein, sobald sie daran denken, sich zu bekehren.

CLXXI. † Welch weiter Weg doch führt von der Erkenntniß Gottes zu seiner Liebe!

CLXXII. † Fascinatio nugacitatis. Damit uns die Leidenschaft nicht schade, stellen wir uns vor, wir haben nur acht Tage zu leben.

---

† Muß man acht Tage geben, so muß man das ganze Leben geben.

CLXXIII. † Aberglauben und böses Gelüste.

† Skrupel, schlechte Wünsche.

† Böse Furcht.

† Furcht, nicht die, welche daraus entspringt, daß man an Gott glaubt, sondern daraus, daß man zweifelt, ob er ist oder nicht ist. Die gute Furcht stammt aus dem Glauben, die böse Furcht stammt aus dem Zweifel, die gute Furcht führt zur Hoffnung, weil sie aus dem Glauben stammt, und weil man auf den Gott sein Vertrauen setzt, an den man glaubt, die böse Furcht führt zur Verzweiflung, weil man den Gott fürchtet, an welchen man nicht glaubt. Die Einen fürchten, ihn zu verlieren, die Andern fürchten, ihn zu finden.

CLXXIV. † Die Hoffnung, welche die Christen hegen,

---

*) Dieses Fragment, das sich in dem MS nicht befindet, wurde zum ersten Mal in der Ausgabe von 1678 veröffentlicht.

ein unbeschreibliches Gut zu erlangen, ist zwischen Freude und Furcht getheilt, denn es geht ihnen nicht wie denen, welche auf ein Reich hoffen, in welchem sie nur Unterthanen sein werden, sondern sie hoffen die Heiligkeit, die Befreiung von der Ungerechtigkeit, und sie gewinnen etwas dabei.

CLXXV Das Gesetz hat die Natur nicht unterdruckt, sondern geregelt die Gnade hat das Gesetz nicht unterdruckt, sondern ihm die Erfüllung gegeben.

— Der in der Taufe mitgetheilte Glaube ist die Quelle alles Lebens des Christen und der Wiedergebornen.

CLXXVI Man macht sich aus der Wahrheit selbst ein Götzenbild, denn die Wahrheit ohne die Liebe ist nicht Gott, sie ist nur sein Bild, und ein Götzenbild, das man weder lieben noch anbeten sollte, aber noch weniger sollte man sein Gegentheil, das die Lüge ist, lieben und anbeten.

CLXXVII Ich kann eine vollständige Dunkelheit wohl lieben, aber wenn mich Gott in ein Halbdunkel versetzt, so mißfällt mir diese wenige Dunkelheit, und weil ich dann nicht das Verdienst einer gänzlichen Dunkelheit sehe, so gefällt es mir nicht. Das ist ein Fehler, und ein Zeichen, daß ich mir ein Götzenbild von der Finsterniß, losgetrennt von dem Willen Gottes mache. Nun aber soll man nur seinen Willen anbeten.

CLXXVIII † Die Ströme Babylons fließen, und fallen, und reißen mit fort.

— † O heiliges Zion! wo Alles fest ist, und wo Nichts fällt.

— † Man muß sich auf die Flüsse setzen, nicht unter

oder in, sondern über sie, nicht stehen, sondern sitzen, um demüthig zu sein, indem man sitzt, um sicher zu sein, indem man darüber ist.

Aber stehen werden wir in den Vorhallen Jerusalems.

— Sehe man, ob dieses Vergnügen stehend oder fließend ist, geht es vorüber, so ist es ein Fluß Babylons*).

CLXXIX Alles, was in der Welt ist, ist Fleischeslust, oder Augenlust, oder hoffartiges Leben, libido sentiendi, libido sciendi, libido dominandi (1 Joh 2, 16). Wehe dem verfluchten Lande, welches diese drei Feuerströme eher verzehren als benetzen! Glücklich alle die welche auf diesen Strömen sind, ohne verschlungen oder fortgerissen zu werden, sondern unbeweglich fest, nicht aufrecht, sondern sitzend auf einem niedern, sichern Brette, von welchem sie sich nie vor der Sonne erheben, aber nachdem sie hier im Frieden ausgeruht haben, strecken sie die Hand nach dem, der sie aufrichten muß, um sie aufrecht und fest zu erhalten in den Vorhöfen des heiligen Jerusalems, wo der Stolz sie nicht mehr bekämpfen und besiegen kann, und die gleich-

---

*) Diese Bemerkung Pascal's ist augenscheinlich aus Augustin. Enarratio in psalmum CXXXVI Super flumina Babylonis, genommen, und scheint eine Uebersetzung folgender Stelle zu sein

„Flumina Babylonis sunt omnia quae hic amantur et transeunt — O sancta Sion! ubi totum stat et nihil fluit! — Sedeamus super flumina Babylonis, non intra flumina Babylonis talis sit humilitas nostra, ut nos non mergat Sede super flumina, noli in flumine, noli sub flumine, sed tamen sede humilis, loquere non quomodo in Hierusalem. Ibi enim jam stabis . — attendat quisquam ipsam felicitatem suam qua exultavit anima ejus . attendat si non fluat illa felicitas, si potest certus esse de illa quia manet in aeternum Si autem non est certus et videt fluere unde gaudet, Babylonis est, sedeat supra et fleat.“

wohl weinen, nicht darüber, daß sie sehen, wie alle vergänglichen Dinge der Welt von dem Strome fortgetrieben werden, sondern in der Erinnerung an ihr theures Vaterland, an das himmlische Jerusalem, dessen sie sich fortwährend während der langen Zeit ihrer Verbannung erinnern!

CLXXX. † Aeußerliche Werke.

† Nichts ist so gefährlich, als was G t und den Menschen gefällt, denn die Dinge, welche Gott und den Menschen gefallen, haben eine Seite, die Gott, und eine andere, die den Menschen gefällt, wie z. B. die Größe der Heiligen Therese. Was hieran Gott gefällt, ist ihre tiefe Demuth bei den Offenbarungen, die ihr zu Theil werden, was den Menschen dabei gefällt, ist ihre Erleuchtung. Und also tödtet man sich, um ihre Reden nachzuahmen, und meint, man ahme ihren Seelenzustand nach, und liebe darum das, was Gott liebt, und befinde sich in einer Verfassung, die Gott liebt.

— † Es ist besser, nicht zu fasten, und darüber gedemüthigt zu sein, als fasten, und sich dessen zu rühmen

— † Wozu nützt es mir, mich daran zu erinnern, wenn mir dieses ebensowohl schaden als nutzen kann, und wenn Alles vom Segen Gottes abhängt, welcher nur den Dingen zu Theil wird, die für ihn vollbracht werden, nach seinen Regeln und in seinen Wegen, weil die Art und Weise einer Handlung ebenso wichtig oder vielleicht noch wichtiger ist als die Handlung selbst, denn Gott kann aus dem Bösen Gutes ziehen und ohne Gott kann aus dem Guten Böses erwachsen

— † Vergleiche Dich nicht mit Andern, sondern mit mir. Findest Du mich nicht unter denen, mit welchen Du

Dich vergleichst, so vergleichst Du Dich mit einem Verabscheuungswürdigen. Findest Du mich darunter, so vergleiche Dich mit mir. Aber was willst Du hier vergleichen? Bist Du es, oder ich in Dir? Bist Du es, so ist ein Verabscheuungswürdiger. Bin ich es, so vergleichst Du mich mit mir. Denn ich bin Gott in Allem.

— † Ich rede mit Dir und rathe Dir oft, weil Dein Beichtvater nicht mit Dir reden kann, denn ich will nicht, daß Du ohne Beichtvater seiest. — Und vielleicht thu' ich es auf seine Bitten hin, und so führt er Dich, ohne daß Du ihn siehst.

— † Du würdest mich nicht suchen, wenn Du mich nicht besitzen würdest. Sei also nicht unruhig.

CLXXXI. † Alles kann uns tödtlich werden, selbst die Dinge, welche zu unserem Nutzen bestimmt sind, wie in der Natur Mauern und Treppen uns tödten können, wenn wir nicht gerade gehen.

— Die geringste Bewegung übt ihren Einfluß auf die ganze Natur aus, das ganze Meer verändert sich durch einen Stein, der hineinfällt. Ebenso ist in der Gnade die geringste Handlung einflußreich durch seine Folgen für Alles. Also ist Alles wichtig.

† Bei jeder Handlung müssen wir außer der Handlung selbst unsere gegenwärtige, vergangene oder zukünftige Lage, sowie die Lage derer ins Auge fassen, auf welche die Handlung einen Einfluß ausübt, und müssen sehen, wie alle diese Dinge zusammenhängen. Und dann wird man wohl bedacht sein.

CLXXXII. † König, Tyrann.

— † Das Glück des Großen besteht darin, Andere glücklich machen zu können.

† Das Lächerliche des Reichthums ist, eine freiwillige Gabe zu sein.

† Man muß das Wesentliche jeder Sache suchen. Das Wesentliche der Macht ist zu beschützen.

CLXXXIII. † Bist Du darum weniger Sklave, weil Dein Herr Dich liebt und Dir schmeichelt?

† Du hast viel Gutes, Sklave. Dem Herr schmeichelst Du. Bald wird er Dich schlagen.

CLXXXIV. Perseus, König von Macedonien. Paul Aemilius warf Perseus vor, daß er sich nicht selbst entleibe

---

CLXXXV † Die Natur wechselt ab und ahmt nach, die Kunst ahmt nach und wechselt ab

---

CLXXXVI. † Schreiben gegen diejenigen, welche der Wissenschaft allzusehr auf den Grund gehen. Descartes *).

CLXXXVII Weil man nicht allgemein sein und Alles wissen kann, was sich wissen läßt, so muß man Weniges von Allem wissen. Denn es ist viel schöner, Etwas von Allem zu wissen, als Alles von Etwas zu wissen, diese Allgemeinheit ist die schönste. Könnte man Beides haben, um so besser, aber wenn man wählen muß, muß man diese wählen, und die Welt fühlt und thut dieses, denn die Welt ist oft ein guter Richter.

CLXXXVIII. † Nichts zeigt besser die Eitelkeit der

---

*) Diese Bemerkung, welche nur in der Copie sich vorfindet, muß an Fragment No. IX bis angeschlossen werden.

Menschen, als die Betrachtung der Gründe und der Wirkungen der Liebe, denn die ganze Welt ist durch sie verändert. Die Nase Cleopatra's*).

CLXXXIX. Meine Einbildungskraft bestimmt mich, Einen zu hassen, der beim Essen bläst. Die Einbildungskraft hat großes Gewicht. Welchen Nutzen wollt Ihr daraus ziehen? Wollt Ihr diesem Gewicht Euch fügen, weil es natürlich ist? Nein. Aber wie wollt Ihr Widerstand leisten?

*) Dieses Fragment findet sich nur in der Copie. Sie muß zu dem Fragmente XC gezogen werden.

Verzückung und Glaubensbekenntniß.

Es scheint uns zweckmäßig, diesen zerstreuten Gedanken zwei ganz eigenthümliche Schriften beizugeben, welche die zwei äußersten Enden der letzten Periode Pascal's bezeichnen.

Die erstere dieser Schriften, in welcher Pascal die Erinnerung seiner Entzückung oder Ekstase der vergangenen Nacht aufgezeichnet hat, findet sich am Anfang des Autographums und ist begleitet von folgender Beglaubigung des Abbé Perier — „Ich, Unterzeichneter, Geistlicher, Domherr der Kirche von Clermont, bezeuge, daß das auf der andern Seite dieses Blattes aufgeklebte Papier von der Hand Pascal's, meines Oheims, geschrieben ist, und nach seinem Tode in seiner Weste unter dem Futter eingenäht gefunden wurde, mit einem Pergamentstreifen, auf welchem dieselben Worte, in derselben Weise, wie sie hier abgeschrieben sind, sich befinden.

Paris, den 25. September 1711. Perier."

Das Pergament, von welchem hier die Rede ist, hat sich nicht erhalten, die Abschrift, welche der Abbé Perier davon nahm, befindet sich in dem Manuscript. Nach dieser Abschrift publicirte Condorcet zum ersten Male diese Schrift Pascal's, welche er ein mystisches Amulet nannte.

Eine andere Abschrift davon findet sich in dem kleinen

Manuscript in 8° und eine dritte in dem III. Recueil Ms du P. Guerrier. Diese drei Copieen, welche unter einander vollkommen identisch sind, sind nicht ganz gleichlautend mit dem auf Papier geschriebenen Originale, dessen Text wir zu Grund legen. Die wichtigste der Varianten ist die Zugabe der drei Linien, welche in den Abschriften, nicht aber im Autographum sich findet, doch ist ihre Authenticität nicht gewiß.

Das Original des Glaubensbekenntnisses, ebenfalls von der Hand Pascal's selbst geschrieben, findet sich in dem Autographum, unter den Gedanken über das alte Testament, Madame Perier veröffentlichte dieses Fragment, das sie „ein Gemälde, das er von sich selbst gemacht," nennt, zum ersten Male in dem Leben ihres Bruders. Doch beging sie dabei ziemlich große Ungenauigkeiten, welche von hier in die Ausgabe von Bossut und in die folgenden übergingen, und welche erst jetzt verbessert wurden. P. F.

Schrift,

welche sich nach dem Tode Pascal's in seinem Kleide fand.

✝

Jahr der Gnade 1654

Montag, den 23 November, Tag des heil. Clemens, Papstes und Märtyrers, und Anderer im Martyrerbuch Vorabend des heiligen Chrysogonus, Martyrers und Anderer.

Seit ungefähr zehn und ein halb Uhr Abends bis ungefähr um Mitternacht oder halb Ein Uhr,

Feuer.

Gott Abrahams, Gott Isaaks, Gott Jakobs,
Nicht der Philosophen und der Gelehrten.
Gewißheit. Gewißheit. Gefühl. Freude. Friede.
Gott Jesu Christi
Deum meum et Deum vestrum
Dein Gott wird mein Gott sein —
Vergessen der Welt und aller Dinge außer Gott.
Er findet sich nur auf den Wegen, die im Evangelium gelehrt sind.
Größe der menschlichen Seele.
Gerechter Vater, die Welt hat Dich nicht erkannt, aber ich habe Dich erkannt.
Freude, Freude, Freude, Thränen der Freude.
Ich habe mich davon losgetrennt . . . .
Dereliquerunt me fontem aquae vivae.
Mein Gott willst Du mich verlassen? . . . .

Daß ich von ihm nie getrennt sei ewiglich.

. . . .

Das ist das ewige Leben, daß sie Dich erkennen, der Du allein wahrer Gott bist, und den Du gesandt hast, Jesum Christum.

Jesus Christus . . . .

Jesus Christus . . . .

Von ihm habe ich mich getrennt, ihn geflohen, verläugnet und gekreuzigt

Daß ich nie von ihm getrennt werde

Er erhält sich nur durch die Wege, die im Evangelium gelehrt sind.

Völlige und willige Entsagung*) u. s. w.

Anmerkung des Pater Guerrier zu der Copie des Voranstehenden**)

Wenige Tage nach Pascal's Tode bemerkte ein Bedienter des Hauses durch Zufall, daß in dem Futter der Jacke des berühmten Entschlafenen sich ein Gegenstand befinde, welcher dichter schien, als das Uebrige. Er trennte die Stelle auf, um zu sehen, was es wäre, und fand ein kleines Stück Pergament gefaltet und geschrieben von der Hand Pascal's und in diesem Pergamente eine Schrift auf

*) Die Abschrift des Pergaments fügt folgende Linien bei
„Völlige Unterwerfung unter Jesus Christus und meinen Beichtvater
„In ewiger Freude für einen Tag der Uebung auf der Erde
„Non obliviscar sermones tuos Amen.

**) 3e Recueil. p. 214.

Papier von derselben Hand. Das Eine war eine treue Copie des Andern. Beides wurde sogleich Madame Perier zugestellt, welche es mehrern seiner näheren Freunde zeigte. Sie waren alle der Meinung, daß dieses so sorgfältig und in besonders bemerkenswerthen Charakteren geschriebene Pergament ohne Zweifel eine Art von Gedächtnißtafel gewesen sei, welche er sorgfältig aufbewahrt habe zur Erinnerung an eine Sache, welche er stets vor Augen und Sinn haben wollte, da er seit acht Jahren, so oft er die Kleidung wechselte, Sorge trug, es aufzutrennen und wieder einzunähen.

Einige Zeit nach dem Tode der Madame Perier theilten ihre Kinder dieses Blatt einem Barfüßermönche mit, der einer ihrer vertrautesten Freunde und ein sehr erleuchteter Mann war. Der gute Mönch machte davon eine Abschrift und gab eine Erklärung des Blattes auf 21 Folioseiten, welche sich in der Bibliothek des Oratoriums zu Clermont findet. Ich wollte den Commentar nicht abschreiben, weil er nur Vermuthungen enthält, welche sich jedem, der Pascal's Schrift liest, sogleich darbieten. Ich habe mich begnügt die letztere nach der Handschrift des Carmeliters zu copiren, da mir das Original, welches sich in der Bibliothek von St. Germain des Prés zu Paris befindet, nicht zu Gebote steht*).

Ich bemerke hier, daß ich in der Abschrift des Carmeliters die folgenden Worte nicht gefunden habe „Völlige Unterwerfung unter Jesus Christus und meinen Beichtvater," ebensowenig „In ewiger Freude für einen Tag der Uebung auf Erden." Ich habe

*) Dieses ist jetzt in die Königliche Bibliothek übergegangen und findet sich in dem Autographum

in dem Commentare, wo jedes Wort der Schrift besprochen wird, nachgesehen und gefunden, daß von diesen zwei Linien nicht die Rede ist. Wenn ich sage, ich habe diese Worte in dem Manuscript des Carmeliters nicht gefunden, so soll das heißen nicht geschrieben von der Hand des Mönches, denn sie finden sich durch eine fremde Hand hinzugefügt und Fräulein Perier hat zwei Quartseiten Commentar über diesen Zusatz geschrieben und das Blatt dem Hefte des Carmeliters beigefügt.

Ich war gestern, 31. Januar 1732, bei Fräulein Perier, um ihr die Schrift des Carmeliters zu zeigen und sie um den Grund dieses Zusatzes zur Schrift Pascal's und der Erklärung des Carmeliters zu fragen. Sie sagte mir, daß man diese zwei Linien weggelassen habe, weil sie in dem Originale sehr unreinlich geschrieben und beinahe verwischt seien, so daß der Mönch sie nicht habe lesen können. Auf jeden Fall ist, wie ich von dieser Dame hörte, der Zusatz erst dreißig Jahre nach Pascal's Tode gemacht worden. Diese beiden Linien sind mehr errathen als gelesen worden. Ich bemerkte noch, daß das Pergament nicht die geringste Spur derselben trug und daß man allein in dem Papiere diese beinahe verwischten Züge gefunden hat*).

Glaubensbekenntniß**).

Ich liebe die Armuth, weil Jesus Christus sie geliebt hat. Ich liebe zeitliche Güter, weil sie ein Mittel sind,

*) Dieß ist ein Irrthum P. Guerrier's. Das Papier enthält diesen Zusatz nicht, wie aus dem Abdrucke oben zu sehen ist.

**) Madame Perier hat zum ersten Male dieses Bruchstück bekannt gemacht, jedoch mit einigen Unrichtigkeiten.

den Unglücklichen beizustehen. Ich vergelte nicht mit Bösem denen, die mir Böses thun; sondern ich wünsche ihnen eine Lage wie die meinige, wo man weder Gutes noch Böses von den Menschen erfährt. Ich suche gerecht, wahrhaftig, aufrichtig und treu gegen alle Menschen zu seyn und habe eine herzliche Zärtlichkeit gegen diejenigen, mit welchen Gott mich näher verbunden hat, und mag ich allein oder vor den Augen der Menschen seyn, ich habe in allen meinen Handlungen Gott vor Augen, der sie richten soll und welchem ich sie geweiht habe.

Dieß sind meine Empfindungen und ich segne alle Tage meines Lebens meinen Erlöser, der sie in mich gelegt und aus einem schwachen, elenden, jüindenlüsternen, stolzen, eiteln Menschen einen Menschen gemacht hat frei von allen diesen Uebeln durch die Kraft seiner Gnade, welcher aller Ruhm gebührt, denn ich hatte von Natur nur Elend und Irrthum. —

Gedanken über Beredtsamkeit und Styl.

Diese Gedanken sind mit wenigen Ausnahmen schon veröffentlicht worden, aber sie finden sich in den alten Ausgaben ordnungslos zerstreut. Nur die Ausgabe von Dijon (1835) vereinigt sie wenigstens großentheils in Einem Capitel. **B. F.**

Gedanken über Beredtsamkeit und Styl

I. † Beredtsamkeit.

Es bedarf des Angenehmen und des Gehaltreichen, aber das Angenehme muß selbst aus dem Wahren kommen.

II. † Anhaltende Beredtsamkeit langweilt.

— Die Fürsten und Könige spielen zuweilen, sie sind nicht immer auf ihrem Throne, sie langweilen sich dort. Man muß die Größe verlassen, um sie zu fühlen.

— † Die Gleichförmigkeit wird überall zum Ueberdrusse. Die Kälte ist angenehm, um sich zu wärmen.

III. Die Beredtsamkeit ist ein Gemälde des Gedankens,

so machen also diejenigen, welche, nachdem sie gemalt haben, noch Etwas hinzufügen, ein Bild anstatt eines Portraits.

IV. Die Beredtsamkeit ist die Kunst, die Dinge so zu sagen, daß 1) diejenigen, zu welchen man redet, es ohne Mühe und mit Vergnügen hören können, 2) daß sie sich dabei betheiligt fühlen, so daß die Eigenliebe sie treibt, aufzumerken. Sie besteht also in einer Beziehung, welche man zu Stande zu bringen sucht auf der Einen Seite zwischen dem Verstande und Herzen derer, zu welchen man redet, auf der andern zwischen den Gedanken und den Ausdrücken, deren man sich bedient, daraus geht hervor, daß man das Herz des Menschen gut studirt haben muß, um alle seine Triebfedern zu kennen und sofort das rechte Maaß der Rede zu finden, welche man daran wenden will. Man muß sich an die Stelle derer denken, welche uns hören sollen und an sich selbst die Wendung versuchen, welche man seiner Rede geben will, um zu sehen, ob die Eine für das andere gemacht ist und ob man versichert sein darf, daß der Zuhörer gleichsam gezwungen sein wird, sich zu ergeben. Man muß so viel möglich an der Natur festhalten, nicht groß machen, was klein ist, nicht klein, was groß ist. Es genügt nicht, daß eine Sache schön ist, sie muß auch zur Sache gehören, so daß nichts zu viel ist und nichts fehlt*).

V. In jedem Gespräche und jeder Rede muß man denen, welche sich darüber ärgern, sagen können. Warum beklaget Ihr Euch?

*) Dieses Stück findet sich weder in dem Manuscript, noch in den Copieen. Bossut hat es zuerst bekannt gemacht, ohne seine Quelle zu nennen.

VI. Es giebt Leute, welche gut reden und schlecht schreiben. Der Ort, die Umgebung erhitzt sie und bringt aus ihrem Geiste mehr hervor, als sie darin finden, wenn diese Wärme fehlt. —

VII † Miscellen — Sprache.

Wer Antithesen macht, indem er die Worte zwingt, gleicht denjenigen, welcher der Symmetrie wegen falsche Fenster macht.

Ihre Regel ist nicht, richtig zu reden, sondern richtige Redefiguren zu machen.

VIII † Sprache.

Man muß den Geist nicht anderswohin wenden, außer um ihn abzuspannen, aber zu einer Zeit, wo dieses zweckmäßig ist, ihn abspannen, wenn es nöthig ist und nicht anders, denn wer unzweckmäßig abspannt, ermüdet, und wer unzweckmäßig ermüdet, spannt ab, denn man verläßt da Alles, so sehr gefällt sich der böse Wille der Lust darin, das Gegentheil von dem zu thun, was man von uns verlangt, ohne uns Vergnügen zu machen, welches freilich die Münze ist, um welche wir Alles, was man will, hingeben.

IX Wenn man den natürlichen Styl sieht ist man ganz erstaunt und hingenommen, denn man erwartete einen Schriftsteller zu sehen und findet einen Menschen. Während diejenigen, welche einen guten Geschmack haben und in einem Buche einen Menschen suchen, erstaunt sind, einen Schriftsteller zu finden plus poëtice quam humane locutus est. Diese Leute ehren die Natur, welche sie lehren von Allem zu reden, selbst von Theologie.

X. Wenn der Blitz auf niedere Stellen fiele u. s. w. so würden die Poeten und die, welche über Gegenstände dieser Art zu reden wissen, ihrer Beweise beraubt sein.

XI Die Natur maskiren und verkleiden nicht mehr König, Pabst, sondern hoher Monarch u. s. w. Nicht Paris, sondern Hauptstadt des Königreichs.

Es giebt Orte, wo man Paris Paris nennen muß, und andere, wo man es Hauptstadt des Königreichs nennen muß.

XII. Wenn in einer Rede Worte sich wiederholen und wenn man dem Versuche, sie zu corrigiren, sie so passend findet, daß man die Rede verderben würde, so muß man sie stehen lassen dieß ist das Kennzeichen und dieß ist der Antheil der Lust, welche blind ist und nicht weiß, daß die Wiederholung hier kein Fehler ist, denn es giebt keine allgemeine Regel.

XIII. Derselbe Sinn ändert sich nach den Worten, die ihn ausdrücken. Der Sinn empfängt von den Worten seine Geltung anstatt sie ihnen zu geben.

† Man muß Beispiele dafür suchen . . . . . .

XIV. Das Letzte, was man findet, wenn man ein Werk schreibt, ist, das zu wissen, was man an die Spitze stellen muß.

XV Diejenigen, welche gewohnt sind nach Empfindungen zu urtheilen, begreifen nichts in Sachen des Verstandes, denn sie wollen sogleich mit Einem Blicke eindringen und sind nicht gewohnt die Prinzipien zu suchen, die Andern im Gegentheil, welche gewohnt sind, nach Prinzipien zu schließen, verstehen nichts von Sachen der Empfindung, indem sie Prinzipien suchen und nicht mit Einem Blick sehen können.

XVI Wenn man die herrschende Leidenschaft eines Menschen kennt, so ist man sicher, ihm zu gefallen, doch hat jeder seine Einfälle, welche seinem eignen Besten zuwider sind, in dem Begriff selbst, welchen er von dem Besten hat, dieß ist eine Wunderlichkeit, welche uns aus dem Concepte bringt.

XVII. Wenn eine natürliche Rede eine Leidenschaft oder eine Wirkung schildert, so findet man in sich selbst die Wahrheit dessen, das man hört, von welcher man nicht wußte, daß sie in uns war und fühlt sich darum zu dem hingezogen, der sie ihn zum Bewußtsein bringt. Denn er hat uns nicht sein eigenes Gut schauen lassen, sondern das unsrige, so macht diese Wohlthat ihn uns lieb, neben dem, daß diese Gemeinsamkeit der Einsicht, welche wir mit ihm haben, das Herz nothwendig geneigt macht.

XVIII Nicht in Montagne *), sondern in mir selbst finde ich alles das, was ich dort sehe.

XIX. † Montagne.

Montagne's Fehler sind groß. Unzüchtige Worte, das taugt nicht, ungeachtet Fräuleins von Gournay. Leichtgläubig Leute ohne Augen, unwissend Quadratur des Cirkels, größte Welt. Seine Denkweise über den Selbstmord, über den Tod überall weckt er eine Sorg-

*) Pascal schreibt immer Montagne für Montaigne

losigkeit um das Heil ohne Furcht und ohne Reue. Sein Buch sollte nicht zur Frommigkeit führen, er war dazu nicht verbunden, aber man ist stets verbunden, nicht davon abzuwenden. Man kann seine freie und lüsterne Denkweise in manchen Fällen des Lebens entschuldigen, aber unentschuldbar ist seine ganz heidnische Ansicht vom Tode, denn man muß aller Frommigkeit entsagen, wenn man nicht wenigstens christlich sterben will, er aber denkt durch sein ganzes Buch nur an einen feigen und weichlichen Tod.

XX Das Gute, das Montagne hat, kann man sich nur schwer erwerben. Was er Schlimmes hat (ich meine außer den Sitten) hätte können schnell verbessert werden, wenn man ihn daran erinnert hätte, daß er zu viele Geschichten mache und zu viel von sich selbst rede.

XXI. Wenn man die wahre Beschaffenheit einer Sache nicht kennt, so ist es gut, wenn es einen gemeinsamen Irrthum giebt, welcher den Geist des Menschen festhält, wie man z. B. dem Monde die Veränderung der Jahreszeiten, die Zunahme der Krankheiten u. s. w. zuschreibt Denn das Hauptübel des Menschen ist seine unruhige Neugierde nach Dingen, die er nicht wissen kann, und es nicht so schlimm für ihn, im Irrthum, als in dieser unnützen Neugierde zu sein. —

† Die Schreibweise Epictet's, Montagne's und Salomo de Tultie's*), ist die gewöhnlichste, welche sich am besten ein=

*) Dieser Name, welcher nicht aufgefunden werden konnte, ist vermuthlich die Entstellung eines andern, diese Stelle ist im Manuscripte von Madame Perier's Hand geschrieben

schmeichelt, im Gedächtnisse bleibt und am öftersten citirt werden kann, weil sie ganz zusammengesetzt ist aus Gedanken, welche gewöhnlicher Unterhaltung ihre Entstehung verdanken, wie man, wenn von dem gemeinsamen Irrthum, der in der Welt ist, daß der Mond Alles verursache, die Rede ist, nicht verfehlen wird zu bemerken, daß Salomon de Tultie sage wenn man die wahre Beschaffenheit einer Sache nicht kennt, so ist es gut, daß ein gemeinsamer Irrthum darüber vorhanden sei u. s. w. •

XXII. Epigramme Martials.

Der Mensch liebt die Boshaftigkeit, das geht aber nicht gegen die Unglücklichen, sondern gegen die stolzen Glücklichen sonst täuscht man sich

Denn die böse Lust ist die Quelle aller unserer Bewegungen und die Menschlichkeit . . . .

— Man muß denjenigen gefallen, welche menschliche und zarte Gefühle haben.

· Das Epigramm von den zwei Einäugigen taugt nichts, weil es dieselben nicht tröstet, und nur dem Ruhme des Schriftstellers eine Spitze giebt. Alles was nur für diesen ist, taugt nichts. Ambitiosa recidet ornamenta*).

XXIII. Alle falschen Schönheiten, welche wir an Cicero tadeln, haben ihre Bewunderer und zwar zahlreiche.

XXIV. Verschieden gestellte Worte geben einen verschiedenen Sinn, und der Sinn verschieden gestellt und geordnet giebt verschiedene Wirkungen.

*) Horaz, de arte poetica.

XXV. Man sage nicht, ich habe nichts Neues gesagt die Anordnung des Stoffes ist neu. Wenn man Ball spielt, so ist es derselbe Ball, womit Beide spielen, aber der Eine handhabt ihn besser.

Ich würde es eben so gern hören, wenn man mir sagte, daß ich mich alter Worte bedient habe, wie wenn dieselben Gedanken nicht ein anderes Ganze der Rede bildeten in Folge veränderter Stellung, wie die Worte, verschieden gestellt, einen andern Gedanken.

XXVI. Gewisse Schriftsteller sagen, wenn sie von ihren Werken reden Mein Buch, mein Commentar, meine Geschichte u. s. w. Man merkt ihnen den Bürgersmann an, der auch seinen Giebel in der Straße hat und stets ein „in meinem Hause" im Munde. Sie würden besser sagen unser Buch, unser Commentar, unsre Geschichte u. s. w., da doch gewöhnlich mehr fremdes, als eigenes Gut dabei ist.

XXVII. Die Sprachen sind eine Geheimschrift, wo nicht die Buchstaben in Buchstaben, sondern die Worte in Worte verändert sind; so ist eine unbekannte Sprache entzifferbar.

XXVIII Es giebt ein gewisses Muster des Angenehmen und der Schönheit, welches in einer gewissen Beziehung zwischen unserer schwachen oder starken Natur, wie sie ist, und der Sache besteht, welche uns gefällt. Alles was nach diesem Muster gebildet ist, erfreut uns, sei es ein Haus, Lied, Rede, Vers, Prosa, Frauen, Vögel, Flüsse, Bäume, Zimmer, Kleider u. s. w. Alles was nicht darnach gebildet ist, mißfällt dem, der einen guten Geschmack hat.

† Und wie es eine vollkommne Beziehung zwischen

einem Liede und einem Hause giebt, welche nach dem guten Muster gemacht sind, weil sie diesem Einen Muster gleichen, wiewohl jedes in seiner Weise, so giebt es ebenso eine Beziehung zwischen den Dingen, welche nach dem schlechten Muster gemacht sind. Das schlechte Muster ist freilich nicht einzig, denn es giebt zahllose. Aber jedes schlechte Sonett zum Beispiel, mag es nach irgend welchem schlechten Muster gemacht sein, gleicht vollkommen einer nach diesem Muster gekleideten Frau.

+ Nichts zeigt die Lächerlichkeit eines falschen Sonettes deutlicher, als wenn man seine Eigenthümlichkeit und das Muster denkt und sich darauf eine Frau oder ein Haus nach diesem Muster vorstellt.

XXIX. † Poetische Schönheit.

Wie man von poetischer Schönheit redet, so sollte man auch von geometrischer und medicinischer Schönheit reden. Das thut man aber nicht, deßwegen, weil man den Zweck der Geometrie kennt, der in Beweisen besteht, und den Zweck der Medicin, die Heilung, aber man weiß nicht, worin das Angenehme besteht, welches Zweck der Poesie ist. Man kennt das natürliche Muster nicht, welches man nachahmen muß, in Ermangelung dieser Kenntniß, hat man gewisse wunderliche Ausdrücke erfunden, goldenes Zeitalter, Wunder unserer Tage, fatal u. s. w., und man nennt dieses Kauderwalsch poetisch.

Aber wer sich eine Frau nach diesem Muster vorstellt, welches kleine Dinge mit großen Worten sagt, wird ein artiges Mädchen sehen, voll von Spiegeln und Ketten, und wird darüber lachen, weil man besser weiß, worin das Angenehme einer Frau besteht, als worin das Angenehme eines Verses liegt. Diejenigen aber, welche davon nichts verstehen, würden sie in diesem Aufzuge bewundern; in manchen Dörfern würde man sie für die Königin halten darum nennen wir Sonette nach diesem Muster Dorfköniginnen *).

XXX. † Ich habe niemals über dieselbe Sache vollkommen gleich geurtheilt. Ich kann nicht über mein Werk urtheilen, indem ich es mache ich muß thun, wie die Maler, mich davon entfernen, aber nicht zu weit. Wie weit denn? Man rathe.

XXXI. Diejenigen, welche ohne bestimmte Regel über ein Werk urtheilen, sind mit Rücksicht auf Andere denen gleich, welche keine Uhr haben. Der Eine sagt: es sind schon zwei Stunden, der Andre: es sind erst drei Viertelstunden. Ich sehe auf meine Uhr und sage dem Einen Sie langweilen sich, und zu dem Andern Die Zeit wird Ihnen nicht lang, denn es ist anderthalb Stunden. Und ich mache mich über die lustig, welche sagen, daß mir die Zeit lang werde und daß ich nach Gutdünken schätze sie wissen nicht, daß ich mich nach meiner Uhr richte.

XXXII. Man gilt in der Welt nicht für einen Kenner von Gedichten, wenn man nicht den Schild eines Poeten ausgehängt hat, so in der Mathematik u. s. w. Aber die universellen Leute wollen keinen Schild haben und machen kaum einen Unterschied zwischen dem Gedanken eines Poeten, oder eines Stickers. Sie heißen weder Poeten

*) Diese Betrachtung ist häufig angegriffen worden, besonders von Dacier, in der Vorrede zu ihrer Uebersetzung der Werke des Horaz Man hat nicht beachtet, daß Pascal sich hier nicht über wahre Poesie, sondern über die Versmacher der Reimeschmiede seiner Zeit lustig macht.

noch Geometer, sondern sind alles dieses und urtheilen über alle diese. Man errath sie nicht. Sie werden von dem sprechen, wovon man sprach, als sie eintraten. Man bemerkt bei ihnen keine Eigenschaft mehr, als die andre, außer wenn sie sich derselben bedienen müssen; aber dann erinnert man sich daran, denn es gehort ebenso zu diesem Charakter, daß man nicht von ihnen sagt, sie sprechen gut, wenn es sich nicht um die Sprache handelt und daß man sagt, sie sprechen gut, wenn von der Sprache die Rede ist.

Es ist also ein falsches Lob, das man einem Manne ertheilt, wenn man bei seinem Eintritte sagt, er sei ein sehr geschickter Dichter, und es ist ein schlimmer Beweis, wenn man sich an einen Mann nicht wendet, wo es sich um ein Urtheil über einige Verse handelt.

XXXVIII. † Man soll nicht sagen konnen er ist ein Mathematiker, oder ein Prediger, oder beredt, sondern er ist ein rechtlicher Mann. Diese allgemeine Eigenschaft gefällt mir allein. Wenn man bei dem Anblick eines Mannes sich an sein Buch erinnert — dieß ist ein schlimmes Zeichen; ich wollte, daß man keine Eigenschaft bemerkte, als dadurch daß man auf sie stößt und mit ihr zu thun hat. Ne quid nimis, damit nicht eine Eigenschaft die Oberhand gewinne und uns überschwemme. Man denke nicht daran, daß einer gut redet, außer wenn es sich vom gut reden handelt; man denkt alsdann gewiß daran.

XXXIV. † Errathen. — Meine Theilnahme an Ihrem Mißfallen . .

† Der Herr Cardinal wollte nicht errathen sein.

— † Mein Geist ist voll von Unruhe. Ich bin voll Unruhe, ist besser.

— † Beredtsamkeit, welche durch Milde, nicht Herrschaft überredet. Als Tyrann nicht als König.

XXXV † Haupttalent, das alle übrigen bestimmt.

XXXVI. † „Die Fackel des Aufruhrs auslöschen“ zu üppig

† Die Unruhe seines Genie's beide Worte zu kühn.

† Miscellen.

XXXVII † Art zu reden Ich hatte mich wollen auf dieses legen.

† Oeffnende Kraft, eines Schlüssels, attractive, eines Hakens.

XXXVIII. † Scaramouche*), der nur an Eine Sache denkt. —

— † Der Doctor, welcher noch eine Viertelstunde redet, nachdem er Alles gesagt hat, so voll ist er von Verlangen zu reden.

† Der Schnabel des Papagei, der ihn abwischt, obwohl er rein ist. —

XXXIX. † Comminutum cor. Ap. Paulus. Das ist das Kennzeichen eines Christen.

*) Tiberio Fiorilli, mit dem Beinamen Scaramouche, geboren zu Neapel im Jahre 1608 war ein berühmter Mime, den der Cardinal Mazarin um 1660 nach Paris kommen ließ Er wurde ein Günstling Ludwig's XIV. und für die Vergnügungen des Hofes verwendet. Molière sagt, er habe aus seinem Spiele Vieles gelernt

— † Alba hat euch genannt ich kenne euch nicht mehr. Corneille. — Unmenschlicher Charakter, der menschliche ist das Gegentheil davon.

XL. — † Niemand sagt Höfling als der, welcher es nicht ist; ebenso Pedant, Provincial, und ich will wetten, daß es der Drucker ist, der es auf den Titel der Briefe an den Provincialen gesetzt hat.

---

† Man sehe die zweite, vierte und fünfte Rede des Jansenisten*), das ist groß und ernsthaft.

— † Ich hasse gleichsehr den Possenreißer, wie den Aufgeblasenen. — Man kann weder diesen, noch jenen zum Freunde nehmen. —

— † Man befragt nur sein Ohr, weil man kein Herz hat.

— † Die Regel ist Ehrlichkeit.

— † Nach meinem achten**) glaubte ich hinreichend geantwortet zu haben.

---

*) Zu den Provinzialbriefen

**) Anspielung auf den achten Brief.

Gedanken und Bemerkungen

über

Jesuiten, Jansenisten und zu den Provinzialbriefen

Dieses Capitel kann als Anhang zu den Provinzialbriefen betrachtet werden. Die meisten dieser Bruchstücke sind Auszüge aus dem Autographum.

Diese Noten sind von historischem Interesse, da sie zeigen, daß Pascal in seinen Provinzialbriefen nicht, wie man manchmal glaubte, das Werkzeug der Gedanken Anderer war. Sie beweisen, mit welcher Sorgfalt er die Lehren derer studirte, welche er bekämpfte, wir hören den ersten Schrei seines Gewissens. Die Männer von Port-Royal, besonders Arnauld unterstützten Pascal bei seinen Studien, sie gaben ihm Rathschläge und lieferten ihm Stoff. So findet sich unter den nachstehenden Fragmenten eine Seite von Arnauld's Hand geschrieben mit Anmerkungen Pascal's.

P. F.

Gedanken über die Jesuiten und Jansenisten.

I State super vias et interrogate de semitis antiquis, et ambulate in eis Et dixerunt Non ambulabimus, sed post cogitationem nostram ibimus*). Sie haben zu den Völkern gesagt Kommet mit uns, wir wollen den Meinungen neuer Schriftsteller folgen. Die Vernunft wird unsere Führerin sein, wir werden sein wie die andern Völker, jedes seinem eigenen Lichte folgend Die Philosophen haben . . . . . .

Alle Religionen und alle Secten der Welt haben die natürliche Vernunft zur Führerin gehabt Die Christen allein sind gehalten ihren Maaßstab außer sich zu nehmen und nach demjenigen zu fragen, welchen Christus den Alten gelassen hat, damit er den Gläubigen hinterlassen werde. Dieser Zwang ermüdet die guten Väter sie wollen wie die andern Völker, Freiheit haben, ihren eigenen Einbildungen nachzugehen. Vergebens rufen wir ihnen zu, wie die Propheten einst den Juden *Wandelt in der Mitte der Kirche, fraget nach den Gesetzen, welche die Alten ihr gelassen haben und folget ihren Pfaden.* Sie haben geantwortet wie die Juden *Wir werden da nicht gehen, sondern den Gedanken unseres Herzens folgen* Und sie haben gesagt *wir werden sein wie die andern Völker*

II † Sie können die anhaltende Dauer nicht haben

---

*) Stehet an den Wegen und fraget nach den alten Pfaden und wandelt auf denselben Und sie sprachen wir wandeln nicht, sondern werden nach unserem Sinne gehen

und suchen die Allgemeinheit, darum machen sie die ganze Kirche schlecht, damit sie heilig seien.

III † Kann es etwas Anderes sein, als die Gefälligkeit der Welt, welche euch die Sachen zulässig finden läßt? Wir werden euch glauben machen, daß es die Wahrheit sei, und daß, wenn die Mode des Zweikampfes noch nicht vorhanden wäre, ihr es zulässig fändet, sich zu schlagen, indem ihr die Sache an und für sich betrachtet?

IV. † Wenn sie nicht der Zuläßigkeit entsagen, so sind ihre guten Grundsätze eben so wenig heilig, als die schlechten, denn sie sind auf menschliche Autorität gegründet, und darum werden sie, wenn sie gerechter, vernünftiger aber nicht heiliger sein. Sie sind gleichsam auf einen wilden Stamm gepfropft.

— † Wenn das, was ich sage, nicht dazu dient euch aufzuklären, so wird es doch dem Volke dienen.

— † Wenn diese schweigen, so werden die Steine reden.

— Das Stillschweigen ist die härteste Verfolgung. Niemals haben die Heiligen geschwiegen. Freilich bedarf es dazu einer Berufung; man erfährt aber nicht durch Rathsbeschlüsse, daß man berufen ist, es ist die Nothwendigkeit zu reden.

† Nachdem nun Rom gesprochen hat und, wie man glaubt, die Wahrheit verdammt, und sie geschrieben haben und die Bücher, welche das Gegentheil sagen, verboten sind, muß man um so lauter rufen, je ungerechter man gestraft ist, je gewaltsamer man das Wort unterdrücken will, bis endlich ein Pabst kommt, der beide Theile hört und das Alterthum zu Rathe zieht, um Gerechtigkeit zu üben.

— † Auch die guten Päbste werden die Kirche noch in großem Geschrei finden.

— † Die Inquisition und die Gesellschaft, diese beiden Geißeln der Wahrheit.

— † Warum klagt ihr sie nicht des Arianismus an? denn sie haben gesagt, daß Jesus Christus Gott sei vielleicht verstehen sie nicht von Natur, sondern wie es heißt Dii estis.

V Wenn meine Briefe zu Rom verdammt sind, ist das, was ich darin verdamme, im Himmel verdammt

— † Ad tuum, domine Jesu, tribunal appello*).

— † Ihr selbst seid bestechlich.

— Ich fürchtete, Schlimmes geschrieben zu haben, als ich mich verdammt sah, aber das Beispiel so vieler frommen Schriften läßt mich das Gegentheil glauben. Es ist nicht mehr erlaubt, Gutes zu schreiben

— So verdorben oder unwissend ist die Inquisition!

— Es ist besser, Gott zu gehorchen, als den Menschen.

— Ich fürchte nichts, ich hoffe nichts. Die Bischöffe sind nicht also. Port-Royal fürchtet und es ist eine schlechte Politik, sie zu trennen, denn sie werden nicht mehr fürchten und sich furchtbarer machen**).

— † Ich fürchte nicht einmal eure persönlichen Censuren, wenn sie nicht auf die der Tradition gegründet sind.

— † Censirt ihr Alles? Wie! selbst meine Achtung? — Nein. — Darum saget, was, oder ihr werdet nichts ausrichten, wenn nicht das Schlimme bezeichnen und sagen, warum es schlimm ist, und das werden sie schwerlich thun können.

---

*) Ich appellire an dem Gericht, Herr Jesu

**) Anspielung auf die Drohung der Auflösung Port-Royals

VI. † Ihr mißbrauchet den Glauben des Volkes an die Kirche und bindet ihm Falsches auf.

VII. † Die Welt muß sehr blind sein, wenn sie euch glaubt

VIII † Leute ohne Wort, ohne Treue, ohne Ehre, ohne Wahrheit, doppelherzig, doppelzüngig und ähnlich, wie man euch einst vorwarf, ähnlich der fabelhaften Amphibie halb Fisch, halb Vogel.

IX. † Port=Royal ist so viel werth als Voltigerod. So gerecht euer Verfahren nach diesem Gesichtspunkte ist, so unrecht ist es von der christlichen Frömmigkeit aus.

X † Es liegt den Königen und Fürsten daran, als fromm geachtet zu werden, darum müssen sie bei euch zur Beichte gehen.

XI † So oft die Jesuiten des Pabstes Meister werden, wird man die ganze Christenheit meineidig machen.

— † Es ist dem Pabste ganz lieb, hintergangen zu werden, wegen seiner eigenen Angelegenheiten und des Glaubens, den er an die Jesuiten hat, und die Jesuiten sind ganz geschickt, ihn zu hintergehen durch Verleumdung.

XII. † Universell

† Sittenlehre — und Sprache — sind besondere aber universelle Wissenschaften.

XIII † Wahrscheinlichkeit.

— † Der Eifer der Heiligen, die Wahrheit zu finden, war unnütz, wenn das Wahrscheinliche sicher ist.

† Die Furcht der Heiligen, welche stets dem Sicheren angehangen hatten

† Die heilige Therese, die stets ihrem Beichtvater anhing

XIV. † Wahrscheinlich

† Man sehe nach der Vergleichung der Dinge, die man erstrebt, wenn man aufrichtig Gott sucht.

† Es ist wahrscheinlich, daß dieses Fleisch mich nicht vergiften wird.

† Es ist wahrscheinlich, daß ich meinen Prozeß nicht verliere, wenn ich keine Umtriebe mache.

† Wenn es wahr wäre, daß gewichtige Schriftsteller und daß Gründe zureichen, so sage ich, daß sie weder gewichtig noch gegründet sind. Wie! ein Ehemann kann aus seiner Frau Nutzen ziehen, nach Molina! Ist der Grund haltbar den er dafür angiebt, oder der entgegengesetzte von Lessius?

XV. † Würdet ihr es wagen, ihr, so über die Edicte des Königs zu spotten, es sei das nicht Zweikampf, wenn man sich an einem Orte einfinde, um einen andern zu erwarten?

— † Die Kirche hat wohl den Zweikampf verboten, nicht aber, spazieren zu gehen.

† Und auch den Wucher, aber nicht

† Und die Simonie, aber nicht . .

† Und die Rache, aber nicht . . . .

† Und die Sodomie, aber nicht .

† Und das quam primum, aber nicht . . .

XVI. † Wahrscheinlichkeit.

† Sie haben die Gewißheit lustig erklärt, denn nachdem sie festsetzten, daß alle ihre Wege gewiß seien, haben sie das nicht mehr sicher genannt, was zum Himmel führt, ohne Gefahr, nicht dort anzulangen, aber was ohne Gefahr dahin führt, ist, aus diesen Wegen zu treten.

XVII. † Wahrscheinlichkeit.

† Jeder kann hinzuthun, niemand davon nehmen.

XVIII. Diejenigen, welche die Kirche lieben, klagen über Verderbniß der Sitten, aber die Gesetze bestehen wenigstens. Diese jedoch verderben die Gesetze das Muster ist entstellt.

XIX. † Montalte.

Die laren Meinungen gefallen den Menschen so sehr, daß es auffallend ist, daß die ihrigen ihnen mißfallen. Sie haben aber auch jede Gränze überschritten. Und noch mehr es giebt viele Leute, welche das Wahre sehen und nicht dazu gelangen können, aber Wenige wissen nicht, daß die Reinheit der Religion unsern Entstellungen entgegen ist. Es ist lächerlich, zu sagen, daß eine ewige Belohnung eskobartinischen Sitten bestimmt sei.

Diejenigen Lagen, in welchen es am leichtesten ist, der Welt gemäß zu leben, sind die ungünstigsten, um nach Gott zu leben, und hinwiederum, nichts ist nach der Welt so schwer, als ein religiöses Leben, nichts ist leichter, als dasselbe nach Gott zu führen nichts ist leichter, als in hohem Amte und großen Gütern zu sein nach der Welt, nichts ist schwerer als darin nach Gott zu leben, ohne daran Antheil zu nehmen und Geschmack zu finden.

XX. Man nehme die Wahrscheinlichkeit weg, so kann man der Welt nicht mehr gefallen; man setze sie, so kann man ihr nicht mißfallen.

XXI. Der Eifer der Heiligen, das Gute zu suchen und zu üben, war unnütz, wenn die Wahrscheinlichkeit sicher ist.

XXII. Die Jansenisten sind den Häretikern darin ähnlich, daß sie Reformation der Sitten verlangen, ihr aber seid ihnen in schlimmen Dingen gleich.

XXIII. † Wahrscheinlichkeit. Sie haben einige wahre Prinzipien, aber sie mißbrauchen dieselben. Der Mißbrauch der Wahrheiten soll aber eben so gestraft werden, als das Einführen der Lüge.

† Als ob es zwei Höllen gäbe, die Eine für die Sünden gegen die Liebe, die andere gegen die Gerechtigkeit.

XXIV. † Wahrscheinlich.

† Wenn so schändliche Gründe, wie die folgenden wahrscheinlich sind, so ist es Alles.

1. Dominus actuum conjugalium. Molin.

2. Non potest compensari. Less.

† Nicht heilige, sondern abscheuliche Grundsätze entgegen zu setzen.

† Sie urtheilen wie die, welche beweisen, daß es um Mittag Nacht ist.

† Bauns Scheunen-Verbrenner.

XXV. † Casuisten.

† Ein beträchtliches Almosen, eine annehmbare Buße,

obschon man nicht das ganz Richtige anweisen kann, so sieht man doch, was es nicht ist. Die Casuisten sind spaßhaft, zu glauben, daß sie dieses erklären können, wie sie thun.

— † Leute, die sich gewöhnen, schlecht zu reden und schlecht zu denken.

— † Ihre große Zahl, weit entfernt ihre Vollkommenheit zu beweisen, beweist das Gegentheil

— † Die Demuth eines Einzigen ist der Stolz Vieler

XXVI. † Sie machen die Ausnahme zur Regel. Die Alten haben die Absolution vor der Pönitenz gegeben? Thut es als Ausnahme. Aber ihr macht aus der Ausnahme eine Regel ohne Ausnahme, daß ihr nicht einmal mehr zugeben wollt, daß die Regel eine Ausnahme sei.

XXVII. † Sünder ohne Buße, Gerechte ohne Liebe, ein Gott ohne Macht über den Willen der Menschen, eine Prädestination ohne Geheimniß.

XXVIII. † Sie lassen die sinnliche Lust frei schalten und halten die Gewissensbisse zurück, während sie das Gegentheil thun sollten.

XXIX. † Generale.

† Es genügt ihnen nicht, in unsere Tempel neue Sitten einzuführen, templis inducere mores Sie wollen in der Kirche nicht nur geduldet sein, sondern, als wären sie die Stärkeren, wollen sie alle daraus verjagen, welche . . . .

— † Mohatra *). Man muß kein Theolog sein, um sich darüber zu verwundern.

---

*) Vergl den 8ten Brief

† Wer hatte euren Generalen gesagt, daß die Zeit so nahe sei, wo sie der allgemeinen Kirche diese Sitten vorschreiben und die Verweigerung dieser Unordnung Krieg nennen würden Tot et tanta mala pacem?

XXX † Es ist hier ein Widerspruch, auf der einen Seite sagen sie, man müsse an der Tradition festhalten und wagen nicht, dieses zu verwerfen, auf der andern sagen sie was ihnen gutdünkt Man wird immer das Erste glauben, da der andere Fall ihnen eben so entgegen wäre

XXXI † Der Diener weiß nicht, was der Herr thut, denn der Herr sagt ihm nur die Handlung und nicht das Ende, darum unterwirft er sich knechtisch und sündigt oft gegen das Ende. Aber Christus hat uns auch das Ende vorhergesagt

† Und ihr zerstört dieses Ende.

XXXII. † Aber die Wahrscheinlichkeit ist nothwendig für die andern Grundsätze, wie für die vom „Freunde und Verläumder"

— † A fructibus eorum*), man urtheile über ihren Glauben aus ihrer Moral

— † Die Wahrscheinlichkeit ist wenig ohne die schlechten Mittel, und die Mittel sind nichts ohne die Wahrscheinlichkeit.

— † Es ist ein Vergnügen handeln zu können und zu wissen scire et posse; die Gnade und die Wahrscheinlichkeit geben es, denn man kann Gott Rechenschaft geben im Vertrauen auf ihre Urheber

*) An ihren Früchten

XXXIII † Ist es aber wahrscheinlich, daß die Wahrscheinlichkeit uns sichere?

Unterschied zwischen Ruhm und Zuversicht des Gewissens. Nichts giebt Zuversicht, als die Wahrheit, nichts giebt Ruhe, als das aufrichtige Suchen der Wahrheit.

XXXIV. † Annat. Er macht den Schüler ohne Unwissenheit und den Meister ohne Ansprüche —

† Es ist ein solches Mißverhältniß zwischen dem Verdienste, das er zu haben glaubt, und der Dummheit, daß es für unmöglich halten möchte, daß sich so sehr mißkenne.

† Die Jesuiten.

XXXV. † Die Jesuiten haben Gott und Welt vereinigen wollen und haben nur die Verachtung Gottes und der Welt gewonnen. Denn von Seiten des Gewissens ist es augenscheinlich und von Seiten der Welt sind sie keine guten Cabalisten. Sie haben Macht, wie ich schon oft sagte, das heißt im Vergleich mit andern Orden. Sie werden den Credit haben, eine Capelle bauen zu lassen und eine Jubiläumsstation zu haben, nicht aber Bisthümer und Regierungen. Es ist ein ungeschickter Posten in der Welt um den eines Mönches, welchen sie nach ihrem eignen Geständnisse einnehmen. (P. Brisacier, Benedictiner.) Jedoch .... ihr schmieget euch unter die Mächtigen und erdrückt mit eurem Bischen Ansehen diejenigen, welche in der Welt weniger Schleichwege kennen. —

XXXVI † Indem sie die Bischöffe und die Sorbonne bestechen, sind sie zwar nicht so glücklich gewesen, ihr Urtheil gerecht, aber doch die Richter ungerecht zu machen. Darum wenn sie meist von ihnen verdammt werden, so können sie ad hominem beweisen, daß jene ungerecht sind und werden ihr Urtheil zurückweisen. Aber das führt zu nichts Denn wie sie nicht schließen konnen, daß die Jansenisten mit Recht verdammt sind, daraus daß sie überhaupt verdammt sind, so konnen sie alsdann auch nicht schließen, daß sie selbst mit Unrecht verdammt seien, weil es durch bestechliche Richter geschah. Denn ihre Verdammung wird gerecht sein, nicht weil sie durch stets gerechte Richter gegeben wurde, sondern durch Richter, die wenigstens hierin gerecht waren, wie sich aus andern Beweisen zeigen wird.

XXXVII. † Man muß den Häretikern, welche sich die Lehre der Jesuiten zu Nutze machen, zeigen, daß diese nicht die Kirchenlehre ist . . . . die Lehre der Kirche, und daß unsere Spaltungen uns nicht von dem Altare trennen.

XXXVIII. † Wenn wir, abweichend, verdammten, so hattet ihr Recht. Die Einheit ohne Unterschied unnütz für Andere, der Unterschied ohne Einheit zerstörend für uns. Das Eine schädlich nach außen, das Andere nach innen.

XXXIX. † Die Casuisten überlassen die Entscheidung der verdorbenen Vernunft und die Wahl der Entscheidungsgründe dem verdorbenen Willen, damit alles Verdorbene, was im Menschen ist, an seiner Aufführung Theil habe.

XL. † Die ganze Gesellschaft ihrer Casuisten kann das irrende Gewissen nicht sichern, darum ist es wichtig, gute Führer zu wählen.

† So werden sie doppelt schuldig sein, theils weil sie

auf Wegen gegangen sind, auf denen sie nicht hätten gehen sollen, theils weil sie Lehrer gehört haben, auf welche sie nicht hören sollten. —

XLI. † Da die beiden hauptsächlichsten Interessen der Kirche die Erhaltung der Frömmigkeit der Gläubigen und die Bekehrung der Häretiker sind, so sind wir gebeugt unter dem Schmerze Parteien sich bilden zu sehen, um Irrthümer

den Eintritt in unsere Gemeinschaft zu verschließen und tödtlich zu verletzen, was uns an frommen Katholiken übrig ist. Dieser offene Angriff, welchen man heut zu Tage gegen die für das Heil wichtigsten Wahrheiten der Religion macht, erfüllt uns nicht nur mit Mißfallen, sondern auch mit Schrecken und Furcht, weil wir außer dem Bewußtsein dieser Anordnungen, welches jeder Christ haben soll, noch die besondere Verpflichtung haben, hier zu helfen und das Ansehen zu gebrauchen, das Gott uns gegeben hat, damit wir die Völker, welche er uns anvertraute u. s. w.

XLII. † Wie der Frieden in den Staaten die Sicherung des Besitzes der Völker zum Zweck hat, so hat der Friede der Kirche den Zweck, die Wahrheit zu sichern, welcher ihr Gut und der Schatz ist, wo ihr Herz ist. Und wie es dem Frieden entgegengehandelt wäre, wenn man den Frieden in einen Staat eindringen ließe, um zu plündern, ohne sich dagegenzusetzen, aus Furcht die Ruhe zu stören — weil der Friede, gerecht und nützlich für die Sicherung des Besitzes, ungerecht und verderblich wird, wenn er jenen zu Grunde gehen läßt und dagegen der Krieg, der ihn vertheidigen kann, gerecht und nothwendig wird — ebenso in der Kirche. Wenn die Wahrheit durch Feinde des Glaubens angegriffen ist, wenn man sie aus den Herzen der

Gläubigen reißen will, um den Irrthum einzuführen — hieße es der Kirche dienen, oder sie verrathen, wenn man in Frieden bleiben wollte? Hieße es sie vertheidigen oder sie zerstören? Ist es nicht sichtbar, daß es ein Verbrechen ist ruhig zu bleiben, wenn man die Wahrheit zerstört, wie es ein Verbrechen ist da den Frieden zu stören, wo die Wahrheit herrscht? Es giebt also eine Zeit, wo der Frieden

es giebt eine Zeit des Friedens und eine Zeit des Krieges. Aber es giebt nicht Zeiten der Wahrheit und Zeiten des Irrthums und es stehet im Gegentheil geschrieben, daß Gott und die Wahrheit ewig bleibet, darum sagt Christus, welcher, wie er sagt, gekommen ist, um den Frieden zu bringen, er sei auch gekommen, um das Schwerdt zu bringen. Aber er sagt nicht, daß er gekommen sei, Wahrheit und Lüge zu bringen. Die Wahrheit ist also die erste Regel und das letzte Ende der Dinge. —

XLIII † Diejenigen, welche dieses lateinisch geschrieben haben, reden französischer.

† Da das Uebel geschehen ist, es in's Französische zu setzen, so hatte man sollen das Gute stiften, sie zu verdammen.

— † Es giebt eine einzige Häresie, welche man in der Schule und in der Welt verschiedentlich erklärt.

XLIV † Est et non est, will man es vom Glauben eben so gut, als von den Wundern annehmen......

† Elende, die ihr uns nöthigt, von Wundern zu reden. Ungerechte Richter, machet nicht Gesetze für den Augenblick, urtheilt nach denen, welche gegeben sind und gegeben durch euch selbst.

Vae qui conditis leges iniquas.

— Um eure Gegner zu schwächen entwaffnet ihr die ganze Kirche.

— † Fortwährende Wunder, falsch.

— Wenn sie sagen, unser Heil hange von Gott ab, so sind es Häretiker.

Wenn sie sagen, daß sie dem Pabste unterworfen seien, so ist es Heuchelei.

Wir sind bereit, alle seine Constitutionen zu unterschreiben, das reicht nicht zu.

Wenn sie sagen, man müsse für einen Apfel nicht todten, so bekämpfen sie die Moral der Katholiken.

Wenn Wunder unter ihnen geschehen, so ist dieß kein Beweis der Heiligkeit mehr, es ist im Gegentheile ein Verdacht der Häresie.

Die Härtigkeit der Jesuiten übersteigt also die der Juden, da sie nur darum den Glauben an die Unschuld Christi verweigerten, weil sie bezweifelten, ob seine Wunder von Gott seien. Die Jesuiten aber, welche nicht bezweifeln können, daß die Wunder Port-Royals von Gott seien, zweifeln dennoch an der Unschuld dieses Hauses *).

XLV. † Ungerechte Verfolger derer, welche Gott sichtbar beschützt.

— † Wenn sie euch eure Fehltritte vorwerfen, so sprechen sie wie die Häretiker.

— † Wenn sie sagen, daß die Gnade Christi uns scheide, so sind sie Häretiker.

---

*) Dieses findet sich weder im Autographum noch in den andern Handschriften

— † Wenn Wunder geschehen, so ist dieß ein Beweis der Häresie.

— † Man sagt (Ezechiel) siehe das Volk Gottes, welches also redet.

— † Mein hochwürdiger Vater, alles dieses geschah in Vorbildern. Die andern Religionen vergehen, diese nicht. Die Wunder sind wichtiger, als ihr meinet sie haben gedient zur Gründung der Kirche und werden dienen zu ihrer Fortdauer bis zum Antichrist, bis ans Ende.

† Der zwei Zeugen.

— † Im alten und neuen Testamente geschehen die Wunder zur Freimachung der Gleichnisse. Heil oder Unnutzes, jedenfalls um der Creatur zu zeigen, daß sie sich unterwerfen muß. Gleichniß des Sacramentes.

— † Die Synagoge war das Gleichniß und verging darum nicht, sie war nur das Gleichniß, darum verging sie Es war ein Gleichniß, welches die Wahrheit enthielt, darum bestand sie, bis sie die Wahrheit nicht mehr hatte.

XLVI † Stets haben die Menschen vom wahren Gotte gesprochen oder der wahre Gott hat zu den Menschen gesprochen. —

— † Die beiden Grundsteine der äußere und der innere, Gnade und Wunder; beide ubernaturlich.

— † Die Unglucklichen, die mich nothigten vom letzten Grunde der Religion zu reden!

Die Wunder sind nicht mehr nothig, weil man sie schon hat. Aber wenn man nicht mehr auf die Tradition hort, wenn man nur noch den Pabst vorschiebt, welchen man hinterging, und wenn man so die wahre Quelle der Wahrheit, die Tradition, verstopft, und den Pabst, ihren Verwalter, eingenommen hat, so kann die Wahrheit nicht mehr frei erscheinen dann muß, wenn die Menschen nicht mehr von ihr reden, die Wahrheit selbst zu den Menschen reden. So geschah es zu Arius Zeiten.

— † Wunder unter Diocletian und Arius.

XLVII Die drei Kennzeichen der Religion, die ununterbrochene Dauer, das rechtschaffene Leben, die Wunder.

Sie heben die erste auf durch die Lehre von der Wahrscheinlichkeit, das rechtschaffene Leben durch ihre Sittenlehre, die Wunder, indem sie ihre Wahrheit oder ihre Folgen aufheben.

† Wenn man ihnen glaubt, so hat die Kirche nichts zu thun, als ununterbrochene Dauer, heiliges Leben, Wunder. — Die Haretiker leugnen es oder die Folgerungen daraus, sie deßgleichen.

† Aber man müßte nicht aufrichtig seın, um sie zu leugnen oder den Verstand verlieren, um die Folgerungen zu leugnen.

XLVIII † Wie dem auch sei, die Kirche ist ohne Beweise, wenn sie Recht haben.

XLIX. † Ich setze voraus, daß man Wunder glaubt.

— † Ihr verderbet die Religion entweder zu Gunsten eurer Freunde oder gegen eure Feinde. Ihr schaltet damit nach Belieben.

L. Ununterbrochene Dauer.

† Ist euer Charakter auf Eskobar gegründet?

— † Vielleicht habt ihr Gründe, um ihn nicht zu

verdammen, es genügt, daß ihr das annehmet, was ich davon an euch richte.

— † Wäre der Pabst entehrt, seine Weisheit von Gott und der Tradition zu haben, heißt es nicht ihn entehren, wenn man ihn von dieser heiligen Vereinigung trennt?

— † Tertullian nunquam Ecclesia reformabitur;

— † Ununterbrochene Dauer.

Molina.

Neuerung

— † Die Häretiker haben stets diese drei Kennzeichen bekämpft, welche ihnen abgehen.

LI. † *).

LII **)

LIII † Dieß sind die Wirkungen der Sünden der Völker und der Jesuiten die Großen wollten geschmeichelt sein, die Jesuiten wollten von den Großen geliebt sein. Sie sind Alle werth gewesen, dem Geiste der Lüge überlassen zu werden, die Einen um zu betrügen, die Andern um betrogen zu werden Sie sind habsüchtig, ehrsüchtig, wollüstig gewesen coacervabunt sibi magistros *)

LIV. † Es ist gut, daß sie Ungerechtigkeiten begehen, damit es nicht scheine, die Molinisten haben gerecht gehandelt Auch muß man sie nicht sparen, sie sind werth, dieselben zu begehen.

LV. † Man muß beide Theile hören, dafür habe ich Sorge getragen.

*) Ist ganz in L enthalten.

**) Siehe LXVII

***) Sie werden sich Lehrer sammeln

† Hat man nur Einen Theil gehört, so ist man stets auf dieser Seite, aber der andere ändert es, während der Jesuite uns bestärkt.

— † Nicht was sie thun, sondern was sie sagen.

— † Man schreit nur gegen mich; es ist mir lieb. Ich weiß, wem ich davon Rechenschaft zu geben habe.

— † Jesus Christus ist ein Stein des Anstoßes gewesen.

— † Verdammungswürdig, verdammt.

LVI. † Politik.

† Wir haben zwei Hindernisse des Wunsches den Menschen zu helfen, gefunden. Das Eine die innern Gesetze des Evangeliums das Andere die äußeren Gesetze des Staates und der Religion. Ueber die Einen sind wir Meister, bei den andern haben wir es so gemacht .... amplienda, restringenda, a majori ad minus.

LVII. † .... Wie man sie doch so menschlich behandelt hat, als es nur möglich war, um sich zwischen Liebe der Wahrheit und der Pflicht der Liebe in der Mitte zu halten.

† Wie die Frommigkeit nicht darin besteht, sich nie gegen seine Brüder zu erheben, es wäre sehr leicht u. s. w.

† Es ist eine falsche Frommigkeit den Frieden zu berühren auf Kosten der Wahrheit Es ist auch ein falscher Eifer die Wahrheit zu schützen, indem man die Liebe verletzt.

— † Auch haben sie sich darüber nicht beklagt.

— † Ihre Grundsätze haben ihre Zeit und ihren Ort.

— † Ihre Eitelkeit strebt sich aus ihren Irrthümern zu erheben.

† Den Heiden gleich durch ihre Fehler, den Märtyrern durch ihre Leiden.

† Sie durften nur den Auszug nehmen und ihn verwerfen.

— † Sanctificum proelium

— † Herr Bourseys wenigstens können sie nicht ablehnen, daß er sich der Verdammung entgegensetzt.

LVIII. † Christus hat nie verdammt, ohne zu hören. Zu Judas amice quid venisti*)? zu dem, der das hochzeitliche Kleid nicht anhatte, ebenso u. s. w.

† Nisi videritis signa, non creditis**) er tadelt sie nicht, daß sie nicht glauben, ohne daß es Wunder gegeben habe, aber ohne daß sie selbst die Zuschauer gewesen seien.

LIX. † Es ist aber unmöglich, daß Gott jemals das Ende sei, wenn er nicht der Anfang ist.

† Man richtet das Auge nach oben, aber man stützt sich auf den Sand und die Erde wird vergehen und man wird fallen den Himmel anschauend.

LX. † Neben so vielen Beweisen von Frömmigkeit haben sie auch noch den der Verfolgung, das beste Zeichen der Frömmigkeit.

LXI. † Wenn der h. Augustin heute käme und so wenig äußeres Ansehen hätte, als seine Vertheidiger, er würde nichts ausrichten. Gott führt seine Kirche gut, ihn mit seinem Ansehen vorangeschickt zu haben.

---

*) Freund, warum bist du gekommen?

**) Wenn ihr nicht sehet die Zeichen, so glaubet ihr nicht.

LXII. † Die Wahrheit ist in unserer Zeit so verdunkelt und die Lüge so fest gegründet, daß man ohne die Wahrheit zu lieben, sie nicht erkennen würde.

LXIII. † Wenn es je eine Zeit giebt, wo man zwei Gegentheilige bekennen muß, so ist es, wenn man uns vorwirft, das Eine wegzulassen. Also haben die Jesuiten und die Jansenisten unrecht, indem sie es verbergen, aber die Jansenisten in höherem Grade, denn die Jesuiten haben beides besser bekannt.

LXIV † Die fünf Sätze verdammt, kein Wunder, denn die Wahrheit war nicht angegriffen. Aber die Sorbonne, aber die Bulle . . . . .

LXV. — † Es ist unmöglich, daß diejenigen, welche Gott von ganzem Herzen lieben, die Kirche mißkennen, so sichtlich ist sie.

† Es ist unmöglich, daß diejenigen, welche Gott nicht lieben von der Kirche überzeugt seien.

LXVI. Diese Jungfrauen, erstaunt darüber, daß man ihnen sagt, sie seien auf dem Wege des Verderbens, ihre Beichtväter führen sie nach Genf; sie geben ihn ein, Christus sei nicht im Abendmahle, noch zur Rechten Gottes; — sie wissen daß dieses Alles falsch ist, sie stellen sich darum in dieser Lage Gott dar Vide si via iniquitatis in me est*). Was geschieht? Der Ort, welcher des Teufels sein soll, wird Gottes Tempel. Man soll die Kinder dort wegnehmen Gott heilt sie dort. Es sei die Werkstätte der Hölle Gott macht daraus das Heiligthum seiner Gnaden. Man

---

*) Pf 138, 24

bedroht sie endlich mit allem Grimme und aller Rache des Himmels, und Gott überschüttet sie mit seiner Güte. Man muß den Sinn verloren haben, um hieraus zu schließen, daß sie auf dem Wege des Verderbens seien

— † Man hat ohne Zweifel dieselben Kennzeichen, wie der heilige Athanasius

LXVII ¡ Die fünf Sätze waren schwankend, sie sind es nicht mehr

LXVIII ¡ Wohl verdammt, wer es durch Eskobar ist.

¡ Ihr werfet mir Niemals Irrthümer über Eskobar vor, weil er bekannt ist.

LXIX. † Es macht für das menschliche Herz keinen Unterschied aus, an drei oder vier Personen in der Trinität zu glauben, aber nicht u. s w. Daher kommt es, daß sie sich erhitzen, um das Eine zu vertheidigen, nicht aber für das Andere

† Es ist gut, das Eine zu thun, aber man muß das Andere nicht lassen Derselbe Gott, der uns gesagt hat, u s w.

† Wer also an das Eine glaubt, aber nicht an das Andere, glaubt es nicht, weil Gott es gesagt hat, sondern weil seine Lust es nicht leugnet und er froh ist, beizustimmen und so ohne Mühe ein Zeugniß seines Gewissens zu geben . . . . .

† Aber dieß ist ein falsches Zeugniß.

LXX † Die tolle Vorstellung, welche ihr von der Wichtigkeit eurer Gesellschaft habet, hat euch diese abscheulichen Wege einschlagen lassen Es ist sichtbar, daß ihr deßhalb diese Verläumdung treibet, da ihr doch in mir als abscheulich dieselben Betrügereien tadelt, welche ihr an euch entschuldigt, weil ihr mich als einen Privatmann betrachtet, euch selbst aber als — Imago *).

† Heißt das euren Söhnen Muth machen, wenn ihr sie verdammt, wo sie der Kirche dienen.

— † Es ist ein Kunststück des Teufels, die Waffen anderwärts zu verwenden, womit diese Leute die Ketzereien bekämpften.

Die Wunder beweisen die Macht Gottes, welche er über die Herzen hat durch Vermittlung der Leiber.

† Nie hat die Kirche ein Wunder unter den Ketzern bestätigt.

— † Die Wunder, Stütze der Religion, sie haben die Juden unterschieden, sie haben die Christen unterschieden, die Heiligen, die Unschuldigen, die wahren Gläubigen.

— Ein Wunder unter den Schismatikern ist nicht so sehr zu fürchten, denn das Schisma, sichtbarer als das Wunder, zeigt deutlich ihren Irrthum. Wo aber kein Schisma ist und der Irrthum zweifelhaft, da entscheidet das Wunder.

— † Judith. Endlich spricht Gott in der äußersten Unterdrückung.

† Wenn das Erkalten der Liebe die Kirche beinahe ohne wahre Anbeter läßt, so werden die Wunder andere erwecken.

† Dieß ist eine der letzten Wirkungen der Gnade.

— † Wenn unter den Jesuiten ein Wunder geschähe!

— † Wenn das Wunder die Erwartung derer täuscht, in deren Gegenwart das geschieht, und ein Mißverhältniß zwischen ihrem Glaubenszustande und dem Werkzeuge des Wunders ist, so soll es sie zur Aenderung treiben. Ihr

---

*) Anspielung auf das der Gesellschaft gewidmete Werk Imago primi seculi. Vergl. den fünften Provincialbrief

aber ganz anders· man könnte mit eben so vielem Grunde sagen, wenn das Abendmahl einen Todten erweckte, man müsse Calvinist werden, als man müsse Katholik bleiben.

† Aber wenn es die Erwartung krönt und diejenigen, welche hofften, Gott werde die Heilmittel segnen, sich ohne Heilmittel geheilt sehen . . . . .

† Gottlose. Niemals ist ein Zeichen des Teufels erschienen, ohne ein stärkeres Zeichen Gottes, oder wenigstens ohne daß er ein solches vorhergesagt hatte.

Ueber das Wunder*).

† Da Gott keine Familie glücklicher gemacht hat, soll er auch keine dankbarer finden.

Gedanken und Bemerkungen zu den Provinzialbriefen**).

XLVI Wir selbst haben keine allgemeinen Grundsätze haben können. Wenn ihr unsere Constitutionen sehet, so werdet ihr uns kaum erkennen, sie machen uns zu Bettlern, Feinden des Hofes, und doch . . . . . u. s. w. — Aber das heißt nicht sie brechen, denn der Ruhm Gottes ist überall.

Es giebt verschiedene Wege, um dazu zu gelangen. Der h. Ignatius hat den Einen eingeschlagen, und jetzt andere. Es war besser, für den Anfang Armuth und Zurückgezogenheit vorzuschreiben. Es war besser, später

*) An der Nichte Pascal's, siehe oben.

**) Sämmtlich zum ersten Male veröffentlicht

das Uebrige zu nehmen. Denn es hätte erschreckt, oben anzufangen, das ist gegen die Natur.

Nicht ob nicht die allgemeine Regel wäre, sich an die Einrichtungen zu halten, denn man würde damit Mißbrauch treiben. Man wird wenige finden, wie wir, die wußten, sich zu erheben ohne Eitelkeit.

Wenn Gott uns nicht durch eine eigene Vorsehung zum Besten der Kirche erhielte, so will ich beweisen, daß auch, menschlich zu reden, wir nicht untergehen konnen.

Gestehet mir den Satz zu, daß das Geschick der Kirche und der Gesellschaft Hand in Hand geht, so will ich euch Alles beweisen. Ohne diesen Satz kann man nichts.

Ich bin der Beistimmung derer gewiß, welche die Bücher prufen. Diejenigen aber, welche nur die Titel lesen — und dieß ist die Mehrzahl — könnten auf euer Wort glauben, indem sie nicht argwöhnen, daß Geistliche Betrüger seien.

— Die Frommen sind kleinlich, um in sich Verbrecher zu finden und ihre besten Handlungen anzuklagen. Diese aber sind kleinlich, um die schlechtesten zu entschuldigen.

— Ein Gebäude schön von außen, aber auf schlechtem Grunde, die weisen Heiden bauten es; und der Teufel täuscht die Menschen durch diese anscheinende Aehnlichkeit, die auf dem verschiedensten Grunde ruht.

Ich bin allein gegen dreißig tausend? Nein. Behaltet ihr den Hof, den Betrug; ich die Wahrheit sie ist all' meine Kraft, wenn ich sie verliere, bin ich verloren. Es wird mir nicht an Anklagen, an Verfolgung fehlen. Aber ich habe die Wahrheit und wir wollen sehen, wer siegt.

Ich bin es nicht werth, die Religion zu vertheidigen, aber ihr verdienet nicht, den Irrthum und die Ungerech=

tigkeit zu vertheidigen. Gebe Gott nach seiner Barmherzigkeit, nicht achtend auf das Böse, das in mir ist, und achtend auf das Gute, das in euch ist, uns allen die Gnade, daß die Wahrheit in meinen Händen nicht unterliege und daß die Lüge nicht . . .*)

Arnaud und seine Freunde erklären, daß er sie in sich verdamme und wo sie sich finden, der, wenn sie in Jansen sich finden, sie dort verdamme, daß selbst wenn sie dort nicht seien, wenn nur der häretische Sinn dieser Sätze, den der Pabst verdammt hat, sich finde, er Jansen verdamme. Aber ihr seid mit dieser Erklärung nicht zufrieden, ihr wollt, daß er versichere, diese Sätze finden sich Wort für Wort in Jansen. Er hat geantwortet, daß er es nicht versichern könne, da er es nicht wisse, daß er und unendlich viele Andere sie gesucht haben, ohne sie jemals zu finden. Sie haben Sie und alle die Ihrigen gebeten, dieselben zu citiren auf irgend welcher Seite, nie hat Jemand dieses gethan. Und ihr wollet ihn doch aus der Kirche stoßen in Folge dieser Weigerung, obwohl er Alles verdammt, was sie verdammt, allein deßwegen verstoßen, weil er nicht behauptet, daß Worte oder ein Sinn in einem Buche sich finden, wo er sie niemals gesehen hat und Niemand sie ihm zeigen will. In der That, mein Vater, dieser Vorwand ist so eitel, daß es vielleicht niemals in der Kirche ein so sonderbares, so ungerechtes und so unbesonnenes Verfahren gegeben hat, als . . . . . .

— Man muß kein Theolog sein, um zu sehen, daß

*) So schließt die Seite des Manuscripts. Die Fortsetzung fand sich ohne Zweifel auf einem andern Blatte, das im Manuscripte nicht vorhanden ist.

ihre Ketzerei nur in ihrer Opposition gegen euch besteht. — Ich erfahre das an mir selbst und man sieht den Beweis an allen denen, welche euch angegriffen haben.

— Die Jesuiten haben die Wahrheit nicht ungewiß, aber sie haben ihre Unfrömmigkeit gewiß gemacht. — Der Widerspruch ist beständig dagewesen, um die Bösen zu verblenden. Denn Alles, was gegen die Wahrheit oder die Liebe anstößt, ist schlecht. Dieß ist der wahre Grundsatz.

Gedanken über den Pabst und die Kirche.

Ein Theil dieser Bruchstücke ist durch Bossut veröffentlicht worden unter dem Titel Vergleichung der alten Christen mit den heutigen. Dieselben sind aus drei Manuscripten zusammengestellt. **B. F.**

Gedanken über den Pabst und die Kirche.

I. Kirche. Pabst.

Einheit, Vielheit. — Betrachtet man die Kirche als Einheit, so ist irgend welcher Pabst ihr Haupt, gleichsam das Ganze. Betrachtet man sie als Vielheit, so ist der Pabst nur ein Theil. — Die Väter haben sie bald in dieser, bald in jener Weise betrachtet und darum in verschiedenem Sinne vom Pabste geredet. St. Cyprian sacerdos Dei*). Aber indem sie die Eine dieser zwei Wahrheiten aufstellten, haben sie die andere nicht ausgeschlossen. Die Vielheit, die sich nicht zur Einheit zusammenschließt, ist Verwirrung, die Einheit, die nicht von der Vielheit abhängt, ist Tyrannei.

*) Priester Gottes.

Man darf beinahe nur noch in Frankreich sagen, daß die Kirchenversammlung über dem Pabste stehe.

II. Man muß darüber, was der Pabst ist, nicht aus einigen Worten der Väter schließen (wie die Griechen in einer Kirchenversammlung sagten, wichtige Regel!), sondern aus den Handlungen der Kirche und der Väter und aus den Satzungen der Kirche. — Der Pabst ist der Erste. Welcher Andere ist von Allen gekannt? Welcher Andere ist von Allen anerkannt? Er hat Gewalt, auf den ganzen Leib einzufließen, weil er die Hauptader hält, welche überall einfließt. — Wie leicht kann dieses in Tyrannei verkehrt werden! Darum hat Christus ihnen die Lehre gegeben Vos autem non sic*). — Die Einheit und die Vielheit duo aut tres in unum**). Irrthum, die Eine von den Zweien auszuschließen, wie die Papisten, welche die Vielheit, oder die Hugenotten, welche die Einheit ausschließen.

III † Der Pabst haßt und fürchtet die Gelehrten, welche ihm nicht durch Gelübde unterworfen sind.

IV. † Die Könige verfügen über ihr Reich, aber die Päbste können nicht über das ihrige verfügen.

V. Man liebt die Sicherheit. Man hat es gern, daß der Pabst in Glaubenssachen untrüglich sei, daß die würdigen Doctoren es in den Sitten seien, um versichert zu sein.

VI. Gott thut keine Wunder in der gewöhnlichen

---

*) Ihr aber nicht also
**) Zwei oder Drei in Einem.

Leitung seiner Kirche. Es wäre sonderbar, wenn die Untrüglichkeit in Einem wäre, aber daß sie in der Vielheit sei, scheint so natürlich, daß die Führung Gottes unter der Natur verborgen ist, wie in allen seinen andern Werken.

VIII † Wenn die alte Kirche ein Irrthum war, so ist sie gefallen. Heute wäre es anders, denn die Kirche hat immer den höheren Grundsatz der Tradition von der Hand der alten Kirche, und so wird durch diese Unterwerfung und Gleichförmigkeit mit der alten Kirche Allem vorgesehen und Alles verbessert. Aber die alte Kirche setzte die zukünftige Kirche nicht voraus und hatte nicht auf sie Acht, wie wir die alte voraussetzen und beachten.

IX † Die Kirche hat umsonst die Worte Anathem, Häresie u. s. w. aufgestellt. Man bedient sich derselben gegen sie.

X. Die Kirche hat immer so bestanden, daß die Wahrheit unbestritten war, oder war sie bestritten, so ist der Pabst dagewesen, wo nicht, so war die Kirche da.

XI † Die Kirche ist stets durch entgegengesetzte Irrthümer bekämpft worden, aber vielleicht niemals zu gleicher Zeit, wie in diesem Augenblicke. Leidet sie mehr durch die Vielfältigkeit der Irrthümer, so hat sie davon auch den Vortheil, daß sie sich gegenseitig zerstören.

— † Sie beklagt sich über beide, aber weit mehr über die Calvinisten wegen der Spaltung.

— † Es ist gewiß, daß manche auf beiden Seiten getäuscht sind man muß sie enttäuschen.

— † Der Glaube umfaßt mehrere Wahrheiten, welche

sich zu widersprechen scheinen. Zeit zum Lachen, Zeit zum Weinen u. s. w. Respondere, ne respondeas etc.*)

— † Die Quelle davon ist die Vereinigung zweier Naturen in Christo. Deßgleichen die zwei Welten. Die Erschaffung eines neuen Himmels und einer neuen Erde, neuen Lebens, neuen Todes, Alles doppelt und dennoch dieselben Namen. — Endlich die zwei Menschen, die in den Gerechten sind, denn sie sind die beiden Welten und ein Glied und Bild Christi, so passen alle Namen auf sie, gerechte Sunder, lebendig=todt, todt=lebendig, erwählt=verworfen, u. s. w.

XII. — Es giebt also eine große Zahl von Wahrheiten sowohl des Glaubens, als der Sittenlehre, welche widersprechend scheinen und welche doch in bewunderns=wurdiger Ordnung neben einander bestehen. Die Quelle aller Ketzereien ist die Ausschliessung einzelner dieser Wahrheiten, und die Quelle aller Vorwürfe, welche uns die Ketzer machen, ist die Unwissenheit über einzelne derselben. Gewohnlich konnen sie den Zusammenhang zweier entgegengesetzter Wahrheiten nicht einsehen, glauben, die Eine schließe die andere aus, hangen sich an die Eine und läugnen die andere, und glauben wir thuen das Gegentheil. So ist das Ausschließen der Grund ihrer Ketzerei, und die Unwissenheit, als ob wir die andere festhielten, veranlaßt die Ursache ihrer Vorwürfe.

Erstes Beispiel Christus ist Gott und Mensch. Die Arianer, weil sie beides nicht vereinigen konnten und für widersprechend hielten, sagten, er sei Mensch darin sind sie Katholiken. Aber sie läugnen, daß er Gott sei darin

---

*) Antworten, um nicht zu antworten u. s. w.

sind sie Häretiker. Sie behaupten, daß wir seine Menschheit läugnen darin sind sie unwissend.

Zweites Beispiel vom Abendmahle.

Wir glauben, daß wenn die Substanz des Brodes in die des Leibes unseres Herrn Jesus Christus und zwar consubstanziell verwandelt ist, Christus wirklich darin gegenwärtig ist. Dieß ist eine Wahrheit. Eine andere ist die, daß dieses Sacrament auch ein Bild des Kreuzes und der Herrlichkeit und eine Erinnerung an beide ist. Der katholische Glaube umfaßt beide Wahrheiten, welche entgegengesetzt zu sein scheinen. Die heutige Häresie, nicht begreifend, daß dieses Sacrament Alles zusammen enthält sowohl die Gegenwart Christi, als das Bild, daß es zugleich Opfer und Erinnerung an das Opfer ist, meint man, schließt durch die Annahme der einen Wahrheit die andere aus. Sie halten sich an den Punkt allein, daß dieses Sacrament bildlich sei, darin sind sie nicht Ketzer. Sie meinen, wir schließen diese Wahrheit aus, und darum machen sie uns so viele Einwürfe über die Stellen der Väter, welche dieses aussagen. Endlich läugnen sie die Gegenwart, darin sind sie Ketzer.

Drittes Beispiel Die Indulgenzen.

— Darum ist das kürzeste Mittel die Häresieen zu verhindern, wenn man alle Wahrheiten lehrt, und das sicherste Mittel, sie zu widerlegen, ist sie alle zu erklären.

† Alle sind in einem desto gefährlicheren Irrthume, als jeder eine Wahrheit verfolgt; ihr Fehler ist nicht, etwas Falsches zu verfolgen, sondern der, einer andern Wahrheit nicht anzuhängen.

XIII. Es macht Vergnügen, in einem vom Sturme geschlagenen Fahrzeuge zu sein, wenn man gewiß ist, nicht umzukommen. Die Verfolgungen, welche die Kirche erschüttern, sind von dieser Art.

XIV. Die Kirchengeschichte sollte eigentlich heißen „Geschichte der Wahrheit.“

XV. Es ward Priester, wer da wollte, wie unter Jerobeam.

† Es ist schrecklich, daß man uns die jetzige Einrichtung der Kirche für so gut ausgiebt, daß man ein Verbrechen daraus macht, sie ändern zu wollen. Ehemals war sie fehlerlos gut und man hat eine Aenderung ohne Sünde möglich gefunden, jetzt, wie sie ist, kann man sie nicht anders wünschen!

† Es ist wohl erlaubt gewesen, die Sitte zu ändern, Priester nur mit so vieler Umsicht zu machen, daß fast Niemand der Würde werth war, und soll es nicht erlaubt sein, sich über die Gewohnheit zu beklagen, welche so viele Unwürdige dazu macht.

XVI. † Gott wollte nicht von Sünden freisprechen ohne die Kirche, wie sie Theil hat an der Beleidigung, so will er, daß sie auch Theil habe an der Verzeihung. Er nimmt sie zur Genossin dieser Machtvollkommenheit, wie die Könige ein Parlament, aber wenn sie frei spricht oder bindet ohne Gott, so ist sie nicht mehr Kirche. wie bei einem Parlament, denn wenn auch der König jemanden begnadigt hat, muß es nöthigen Falls bestätigt werden, wenn aber das Parlament ohne den König bestätigt oder wenn es sich weigert zu bestätigen auf Befehl des Königs, so ist es nicht mehr das Parlament des Königs, sondern eine aufrührerische Versammlung.

XVII. † Es ist nicht die Absolution allein, welche im Sacramente der Buße die Sünden erläßt, sondern die Reue, welche nicht die wahre ist, wofern sie nicht das Sacrament sucht — So ist es auch nicht die Einsegnung zur Ehe, welche die Sünde in der Zeugung aufhebt, sondern der Wunsch Kinder für Gott zu zeugen, welcher nur in der Ehe wahr ist Und wie der Zerknirschte ohne Sacrament tauglicher zur Absolution ist, als ein Unbußfertiger mit demselben, so waren Loth's Tochter zum Beyspiele, welche nur Kinder wunschten, reiner ohne Ehe, als die Verehelichten ohne das Verlangen, Kinder zu haben.

XVIII † Die Kirche lehrt, Gott giebt ein beide unfehlbar Die Thätigkeit der Kirche bereitet nur Gnade oder Verdammung vor Was sie thut, reicht zu, um zu verdammen, nicht zur Eingebung.

XIX. † Ueber Beichte und Absolution ohne Zeichen der Reue.

Gott sieht nur auf's Innere die Kirche urtheilt nur nach dem Aeußern Gott spricht frei, sobald er die Reue im Herzen sieht, die Kirche, wenn sie dieselbe in den Werken wahrnimmt. So bildet Gott eine reine Kirche im Innern, welche durch ihre innere und ganz geistige Heiligkeit die innere Unfrommigkeit der stolzen Weisen und Pharisäer zerstört, die Kirche will eine Gemeinschaft bilden, deren äußere Sitten so rein sind, daß sie alle heidnischen Sitten zerstören. Die Heuchler, welche sich so gut zu verstellen wissen, daß sie ihr Gift nicht erkennen kann, duldet sie, denn wenn sie schon von Gott, den sie nicht täuschen können, nicht angenommen sind, so sind sie es doch von den Menschen, welche sie täuschen. Auf diese Weise ist sie durch ihr Leben, das heilig scheint, nicht entehrt.

Ihr aber wollet, daß die Kirche weder nach dem Innern richte, weil dieses nur Gott gehöre, noch nach dem Aeußern, weil Gott darauf nicht sehe, und wollet so alle Wahl unter den Menschen ihr nehmend, selbst die Gesetzlosesten und diejenigen in ihr behalten, welche auch die Synagogen der Juden und die Secten der Philosophen ausgestoßen und als Gottlose verschmäht hatten.

---

† So ist es zwar wahr auf der Einen Seite, daß einige nachsichtige Mönche und einige verdorbene Casuisten, welche nicht Glieder der Hierarchie sind, an dieser Verderbniß theilgenommen haben, es steht aber auf der andern auch fest, daß die wahren Hirten der Kirche, die wahren Träger des göttlichen Wortes, sie unverrückt gegen die Angriffe derer beschützt haben, welche ihren Untergang suchten.

Darum haben die Gläubigen keinen Verstand, solcher Erschlaffung sich zu ergeben, die ihnen nur durch die fremden Hände dieser Casuisten geboten wird, an die Stelle der reinen Lehre, welche sie aus der väterlichen Hand ihrer eigenen wahren Hirten empfangen. Und die Gottlosen und Ketzer haben keinen Grund diese Mißbräuche für Kennzeichen auszugeben, daß die göttliche Vorsehung nicht mehr mit der Kirche sei, da die Kirche vornehmlich wurzelt in dem Ganzen der Hierarchie und man also, weit entfernt aus dem gegenwärtigen Zustande der Dinge schließen zu dürfen, daß Gott sie dem Verderben überlassen habe, vielmehr niemals deutlicher gesehen hat, daß Gott sie sichtbar vor dem Untergange beschützt.

Denn wenn Einige in Folge außerordentlicher Berufung es zu einem eigenen Geschäfte und Stande gemacht haben, aus der Welt zu treten und das Kleid des Mönches zu nehmen, um in einem vollkommneren Stande zu leben, als der gewöhnliche des Christen, und in Irrthümer fielen, welche den meisten Christen Schauder erregen, und unter uns geworden sind, was die falschen Propheten unter den Juden waren, so ist dieses ein besonderes und persönliches Unglück, das man beklagen muß, woraus man aber nichts gegen den Schutz Gottes über seiner Kirche schließen kann.

Es ist ja alles dieses so deutlich vorhergesagt und längst verkündigt, daß dergleichen Versuchungen durch solche Leute sich erheben würden, daß der Wohlunterrichtete darin vielmehr Beweise der Führung Gottes, als dafür finden muß, daß er uns vergessen habe.

XX. † Ihr kennt die Prophezeihungen nicht, wenn ihr nicht wisset, daß dieses Alles geschehen soll. Fürsten, Propheten, Pabst und selbst die Priester. Dennoch soll die Kirche bleiben. Gott lob wir sind noch nicht so weit! Wehe diesen Priestern! Aber wir hoffen, daß Gottes Gnade uns nicht darunter sein lasse.

1 Petri 2. Falsche Propheten der Vergangenheit, ein Bild der zukünftigen.

XXI. Was uns an einer richtigen Vergleichung dessen, was ehemals in der Kirche geschah und was man jetzt sieht, hindert, das ist, daß man gewöhnlich den h. Athanasius, die h. Therese und andere als ruhmgekrönt . . . . . . *), und wie Götter betrachtet Jetzt nachdem die Zeit die Begebenheiten aufgeklärt hat, scheint es so Aber damals, als man sie verfolgte, war dieser große Heilige ein Mensch,

*) Hier fehlen etliche Worte in der Handschrift

genannt Athanasius, und die heilige Therese ein Mädchen. „Elias war ein Mensch wie wir und unterworfen denselben „Leidenschaften wie wir", sagt Petrus *) um den Christen die falsche Meinung zu nehmen, welche uns die Beispiele der Heiligen, als nicht passend für unsere Zustände zurückweisen läßt. es waren Heilige, sagen wir, keine Leute wie wir.

† Was geschah denn damals? Der h. Athanasius war ein Mensch, hieß Athanasius, war vieler Verbrechen angeklagt, in diesem und jenem Concile verbannt für dieses und jenes Verbrechen. Alle Bischöfe gaben ihre Beistimmung, endlich auch der Pabst. Was sagt man von denen, welche Widerstand leisten? Sie stören den Frieden, machen Spaltungen u. s. w.

† Vielerlei Arten von Menschen Eifer ohne Wissen, Wissen ohne Eifer, weder Wissen noch Eifer, Eifer und Wissen. Die drei Ersten verdammen ihn, die letzten sprechen ihn los, sind ausgeschlossen von der Kirche und retten doch die Kirche.

Betrachtungen

über die Art und Weise, wie man ehemals in die Kirche aufgenommen wurde und in ihr lebte, und wie man jetzt in sie aufgenommen wird und ihr lebt

In den ersten Zeiten waren die Christen über alle wesentlichen Punkte der Heilslehre vortrefflich unterrichtet, während man heut zu Tage eine so grobe Unwissenheit unter ihnen findet, daß jeder sie beklagen muß, der mit Zärtlichkeit an der Kirche hängt. Man trat damals in die Kirche

*) Jacobi 5, 17

ein nur nach großen Arbeiten und langen Wünschen, jetzt ist man darin ohne Mühe, Sorge und Arbeit Nur nach genauer Prüfung war man zugelassen, jetzt ist man es, ehe man selbst einer Prüfung fähig ist. Man wurde nur nach Abschwörung des vergangenen Lebens, nach vorhergegangener Entsagung der Welt, des Fleisches und des Teufels aufgenommen, und jetzt tritt man ein, ohne daß man Eines von diesen thun kann. Kurz man mußte vormals aus der Welt treten, um in die Kirche einzugehen, jetzt tritt man in Kirche und Welt zu gleicher Zeit ein. Man kannte damals in Folge dieses Verfahrens einen wesentlichen Unterschied zwischen Welt und Kirche.

Man betrachtete sie, als zwei Gegensätze, als zwei unversöhnliche Feinde, die sich stets verfolgen, und von welchen der scheinbar schwächere nicht über den stärkeren siegen soll; man mußte also die Eine Partei verlassen, um bei der andern Aufnahme zu finden. Man verließ die Grundsätze der Einen, um die der andern anzunehmen, man zog die Denkweise der Einen aus, um die der andern anzuziehen, kurz man verließ, entsagte, schwor ab der Welt, in welcher man das Licht des Daseins gesehen hatte, um sich ganz der Kirche zu weihen, in welcher man gleichsam zum zweiten Male geboren wurde, und so begriff man die fürchterliche Kluft zwischen beiden, während man jetzt beinahe in demselben Augenblicke in beiden ist, in der Welt geboren und in der Kirche wiedergeboren wird, so daß die späterkommende Vernunft diese beiden so entgegengesetzten Welten nicht mehr scheidet. Sie wird in beiden zugleich erzogen. Man geht zu den heiligen Sacramenten und man genießt die Freuden der Welt. An die Stelle der vormaligen wesentlichen Unterscheidungen beider ist Vermengung und Vermischung getreten und man weiß sie nicht mehr zu trennen.

Daher kommt es, daß man meist unter den Christen nur wohl unterrichtete Leute fand, jetzt gräuliche Unwissenheit, daher kommt es, daß nicht die durch die Taufe Wiedergebornen, welche die Laster der Welt verlassen hatten, um in die Gottseligkeit der Kirche einzutreten, so selten nur in die Welt zurückfielen, jetzt ist nichts gewöhnlicher, als die Laster der Welt in den Herzen der Christen.

Die Kirche der Heiligen ist ganz besudelt durch die Vermischung mit den Bösen, und ihre Kinder, die sie empfangen und von Kindheit auf an ihren Brüsten genährt hat, sind es selbst, welche bis in das Herz der Kirche, d. h. bis zur Theilnahme an ihren heiligsten Mysterien ihren grausamsten Feind tragen, den Geist der Welt, den Geist der Ehrsucht, der Rache, der Unreinigkeit, der sinnlichen Lust, und die Liebe der Kirche für ihre Kinder vermag sie, bis in ihr Innerstes den grausamsten Verfolger zuzulassen.

Aber nicht der Kirche darf man das Unglück aufrechnen, welches einer so wohlthätigen Aenderung der Zucht gefolgt ist, denn nicht ihr Geist ist anders geworden, wenn gleich ihre Sitte sich änderte. Sie hatte ja gesehen, daß das Aufschieben der Taufe eine große Kinderzahl unter dem Fluche Adam's ließ, sie wollte sie befreien von der Sündenmasse, indem sie ihre Hülfe beschleunigte, und die gute Mutter sieht nun mit äußerstem Schmerze, daß, was sie zum Heile der Kinder gab, eine Ursache des Verderbens für die Erwachsenen wurde.

Ihr wahrer Sinn ist der, daß die Kinder so frühe in zartem Alter aus der verderblichen Berührung der Welt gezogen, eine dem weltlichen Sinn gerade entgegengesetzte Denkweise annehmen sollen. Sie kommt dem Gebrauche der Vernunft zuvor, um den Lastern zuvorzukommen, zu welchen die verdorbene Vernunft sie leiten würde, und ehe ihr eigener Geist handeln kann, erfüllt sie dieselben mit dem ihrigen, damit sie in Unkenntniß der Welt und in einem Zustande leben, welcher ein so entfernter vom Laster ist, als sie dieses nie kannten. Dieß ist deutlich in den Gebräuchen der Taufe, denn sie gesteht den Kindern die Taufe nur zu, nachdem sie erklärt haben, durch den Mund der Pathen, daß sie es wünschen, daß sie glauben, daß sie der Welt und dem Satan entsagen. Und da sie will, daß sie darin während ihres ganzen folgenden Lebens beharren, so gebietet sie ihnen ausdrücklich, es unverletzlich festzuhalten, und befiehlt nothwendiger Weise den Taufpathen, die Kinder in Allem diesem zu unterweisen, denn sie will nicht, daß diejenigen, welche sie an ihrer Brust genährt hat, weniger unterrichtet und weniger eifrig seien, als die Erwachsenen, welche sie ehemals in die Zahl der Ihrigen aufnahm, sie will dieselbe Vollkommenheit bei denen, welche sie nährt, wie bei denen, welche sie aufnimmt . . . . *).

Man macht aber davon ganz andern Gebrauch, als die Kirche wollte, einen Gebrauch, an welchen man nicht ohne Schauder denken kann. Man denkt kaum mehr an eine so große Wohlthat, weil man sie nie gewünscht, nie verlangt, ja kaum mehr im Gedächtniß hat, sie empfangen zu haben **). . . . . . Aber da es sichtbar ist, daß die Kirche gleichen Eifer fordert von denen, welche als Hausgenossen des Glaubens erzogen worden sind, wie von denen, welche es erst werden wollen, so muß man sich das Beispiel der Katechumenen vor Augen halten, ihren Eifer, ihre Ergebung, ihren Abscheu vor der Welt, ihre edelmuthige Entsagung der Welt, und wenn man sie nicht fur würdig hielt, die

---

*) Hier findet sich eine Lucke in der Handschrift.
**) Ebenso

Taufe, ohne diese Stimmung zu empfangen, so .....*) Darum müssen sie die Unterweisung empfangen, welche sie erhalten hatten, wenn sie erst in die Gemeinschaft der Kirche einzutreten hatten, weiter müssen sie sich einer fortwährenden Buße unterwerfen und weniger Abscheu vor der Härte ihrer Bußübungen haben, als Freude an den vergifteten Genüssen der Sünde**) ..... Um sie für die Aufnahme des Unterrichts vorzubereiten, muß man ihnen die Verschiedenheit der kirchlichen Sitte in verschiedenen Zeiten begreiflich machen***) .... daß man in der werdenden Kirche die Katechumenen unterrichtete, d. h. diejenigen, welche die Taufe empfangen wollten, ehe man dieselbe ihnen ertheilte, daß man sie nur zuließ nach vollständiger Unterweisung in den Geheimnissen der Religion, nach gründlicher Reue über ihr vergangenes Leben, nach umfassender Kenntniß der Größe und Vortrefflichkeit des Bekenntnisses christlichen Glaubens und christlicher Sitte, daß man sie da, wo sie für immer eintreten wollten, nur zuließ nach vorhergegangener wahrer Bekehrung des Herzens und höchstem Wunsche der Taufe. War dieses der ganzen Kirche bekannt, so ertheilte man die Weihe der Einbürgerung, durch welche sie Glieder der Kirche wurden. Heut zu Tage aber, wo die Taufe den Kindern zugestanden wird vor dem Gebrauche ihrer Vernunft — auf sehr gewichtige Gründe hin — geschieht es, daß die Nachlässigkeit der Eltern Christen alt werden läßt, ohne daß sie die Größe unserer Religion irgend kennen. Als noch der Unterricht der Taufe voranging, waren Alle unterrichtet, jetzt, da die Taufe dem Unterrichte vorangeht, ist die Unterweisung, die nothwendig war,

*) Lücke
**) Ebenso
***) Ebenso

freiwillig geworden, darum vernachlässigt und beinahe abgeschafft.

Der wahre Grund hiervon ist der, daß man zwar von der Nothwendigkeit der Taufe, nicht aber von der des Unterrichts überzeugt ist. Ging also der Unterricht der Taufe voran, so führte die Nothwendigkeit dieser sicher zu jener, jetzt, wo die Taufe dem Unterrichte vorhergeht und man Christ wird, ohne unterrichtet zu sein, glaubt man Christ bleiben zu können, ohne sich unterweisen zu lassen. . . . . . Und während die ersten Christen der Kirche so dankbar waren für eine Gnade, die sie nur nach langem Bitten ertheilte, so zeigt man jetzt so viele Undankbarkeit für dieselbe Gnade, welche schon zugestanden ist, ehe man sie nur bitten kann. Und wenn die Kirche ihren Abscheu vor dem so seltenen Rückfalle jener Ersten so stark aussprach, wie muß sie den Fall und Rückfall der letzteren verabscheuen, die ihr weit mehr verpflichtet sind, da sie dieselben früher und zuvorkommender aus der Verdammniß gezogen hat, in welcher sie durch ihre erste Geburt waren! Sie kann ohne Seufzen nicht sehen, wie man die größte ihrer Gnade mißbraucht, wie das, was sie zur Sicherung ihres Heiles gethan hat, eine beinahe sichere Veranlassung ihres Verderbens wird *). . . . .

Anm. des P. Guerrier „Ich habe das Voranstehende nach zwei sehr schwer leserlichen und beinahe vermoderten Copieen geschrieben."

*) Am Schlusse fehlen etliche Worte.

Unterredungen Pascal's.

1652—1662

Unter diesem Titel von Unterredungen begreifen wir die verschiedenen Gespräche und Worte Pascal's, welche großentheils von Nicole und Fontaine, von Madame Perier und Marguerite Perier aufbewahrt wurden.

Die ersten Unterredungen enthalten die Gespräche, welche Pascal mit seinem jungen Freunde, dem Herzog von Roannez, über die Stellung der Großen pflog. Ein Ohrenzeuge schrieb sie neun oder zehn Jahre in der Weise nieder, in welcher sie zum ersten Male von Nicole in seinem Traité de l'éducation d'un prince, im Jahr 1670 veröffentlicht wurden. Wir geben auch das Vorwort von Nicole wieder.

Es ist wahrscheinlich, daß dieser Bericht nur wenige Zeit nach dem Tode Pascal's, d. h. gegen das Ende des Jahrs 1662 verfaßt wurde. Die Unterredungen Pascal's daher, welche 9 oder 10 Jahre früher statthatten, fielen in's Jahr 1652 oder 1653.

Der Bericht über die berühmte Unterredung, welche Pascal mit Saci in Port-Royal des Champs 1654 hatte, wurde von Fontaine, dem Freunde und Sekretair Saci's verfaßt. Desmolets veröffentlichte ihn 1728 nach den Memoiren von Fontaine, die damals noch nicht herau... ...en waren. Marguerite Perier erfuhr von dieser ersten Ausgabe, und bat den Abbé von Etemare um näheren Aufschluß darüber. „Diese Unterredung Pascal's mit Saci, sagt dieser, muß sogleich von Fontaine aufgesetzt worden sein. Der Bericht ist, nach dem Styl zu schließen, unzweifelhaft von Fontaine, aber was den Inhalt betrifft, so trägt er so entschieden den Stempel Pascal's, daß Fontaine unmöglich etwas Aehnliches erfinden konnte." (Brief vom 20. Juni 1728. 1er Recueil MS. du P Guerrier. p. 93.) — Wir geben diese Unterredung nach den Memoiren von Fontaine (Utrecht 1736. 2 vol. in — 12.). Wir halten uns treu an die naive Erzählung des Berichterstatters, und geben auch die Einwürfe von Saci, welche die Worte Pascal's erklären, und ihnen ein neues Interesse von Originalität und Größe verleihen.

Die Worte Pascal's, welche hierauf folgen, sind Auszüge aus den MSS des P. Guerrier, aus der Logik von Port-Royal, aus den Essais von Nicole, oder aus dem Leben Pascal's von Madame Perier.

Endlich geben wir den Bericht einer Unterredung, in welcher Pascal in Gegenwart mehrerer Freunde den Plan seiner Apologie der Religion entwickelte. Der Bericht, welcher sich in der Vorrede von Etienne Perier findet, ist zwar unvollkommen gleichwohl mag er hier seine passende Stelle finden.

P. F.

Unterredungen Pascal's.

Gespräch über die Stellung der Großen.

1652 oder 1653

Einer der Gegenstände, über welche der selige Pascal zumeist nachgedacht hatte, war die Erziehung eines Fürsten, welche man auf eine Weise heranbilden wollte, die ebenso der Stellung, zu welcher ihn Gott beruft, entsprechend, als die geeignetste wäre, um ihn tüchtig zu machen, alle seine Pflichten zu erfüllen und alle seine Gefahren zu vermeiden. Oft hörte man ihn sagen, daß er keinen Gegenstand kenne, den er lieber, wenn er ihm gegeben würde, löste, und daß er willig sein Leben einem so wichtigen Gegenstande zum Opfer bringen wollte. Und da er die Gewohnheit hatte, die Gedanken niederzuschreiben, welche ihm über die Dinge, mit denen er sich eben beschäftigte, beikamen, so verwunderten sich seine Bekannten, unter seinen Papieren nichts derartiges gefunden zu haben, wenn gleich auf der andern Seite sich sagen ließe, daß alle seine Schriften darauf Bezug haben, da es nicht wohl Bücher giebt, die geeigneter wären, den Geist eines Prinzen zu bilden, als die Sammlung, welche man davon gemacht hat *).

So muß sich denn das, was er hierüber niederschrieb, verloren haben, oder achtete er es nicht für nöthig, diese Gedanken, die ihm stets vor der Seele gegenwärtig waren,

*) Eben als Nicole dieses schrieb, erschien die erste Ausgabe der Pensées.

niederzuschreiben. Und da also, sei es auf die eine, sei es auf die andere Weise, das Publikum darum gebracht ist, so kam es Jemandem, welcher 3 sehr kurzen Unterredungen Pascal's mit einem Kind von hoher Geburt*), das schon sehr entwickelt und für die erhabensten Wahrheiten reif war, in den Sinn, 7 oder 8 Jahre**) später das aufzuschreiben, was ihm davon geblieben war. Wenn er nun gleich nach so langer Zwischenzeit nicht darauf bestehen kann, dieselben Worte wie Pascal zu gebrauchen, so machte doch Alles, was Letzterer sagte, einen so tiefen Eindruck auf Ersteren, daß es ihm unmöglich war, es zu vergessen. Und so kann er versichern, daß es wenigstens die Gedanken und der Inhalt Pascal's ist.

Diese drei kleinen Unterredungen hatten zum Zweck, drei Uebeln abzuhelfen, zu welchen die Größe von selbst diejenigen zu führen scheint, welche in ihrem Schooße geboren sind. Das erste ist, sich selbst nicht zu erkennen, sich einzubilden, daß alle die Güter, welche sie genießen, ihnen von Rechtswegen gehören und gleichsam einen Theil ihres Wesens ausmachen, so daß sie sich nie in der völligen Gleichheit mit allen übrigen Menschen betrachten.

Das zweite Uebel ist, daß sie ihr Herz von diesen äußeren Vortheilen, in deren Besitz sie stehen, so ganz anfüllen, daß sie sich um alle reelleren und schätzenswertheren Eigenschaften gar nicht bekümmern; daß sie nicht streben, sie sich anzueignen, und daß sie sich einbilden, allein der Titel, vornehm zu sein, verdiene alle Art von Hochachtung, ohne es nöthig zu haben durch Vorzüge des Geistes und Herzens gehoben zu werden.

---

*) Der Herzog von Roannez, damals 22 oder 23 Jahre alt.

**) Oder vielmehr 9 oder 10 Jahre später, wie Nicole in der neuen Auflage in seinen Essais de morale corrigirt hat.

Das dritte ist, daß, da die Stellung der Großen der Willkühr und der Befriedigung seiner Leidenschaften freien Raum läßt, Viele sich unvernünftigen Begierden und niedriger Lust dahingeben, so daß sie, statt ihre Größe dazu anzuwenden, um den Menschen zu dienen, sie dazu benutzen, um diese mit Hochmuth zu verletzen, und sich aller Art von Ausschweifung blos zu geben

Dieses sind die drei Fehler, auf welche es Pascal abgesehen hatte, als er bei verschiedenen Gelegenheiten diese drei Gespräche hielt, welche wir hier wiedergeben.

Erste Unterredung.

Um Ihren Stand richtig aufzufassen, mögen Sie folgendes Gleichniß zu Herzen nehmen

Ein Mensch wird durch Sturm auf eine unbekannte Insel verschlagen, deren Bewohner sich eben alle Mühe geben, ihren König zu suchen, der verschwunden war, da der neue Ankömmling in Gestalt und Gesichtszügen viele Aehnlichkeit mit diesem Könige hat, so wird er für ihn genommen, und in dieser Eigenschaft von diesem ganzen Volke anerkannt. Zuerst wußte er nicht, was er machen sollte; doch endlich entschloß er sich, sein gutes Glück zu verfolgen. Er nahm alle die Ehrenbezeugungen, welche man ihm abstattete, an, und ließ sich als König behandeln.

Doch da er seine natürliche Abkunft sich nicht aus dem Sinne schlagen konnte, dachte er, während er diese Ehrenbezeugungen aufnahm, daran, daß er nicht dieser König wäre, welchen dieses Volk suchte, und daß dieses Königreich ihm nicht angehöre. So hatte er einen zweifachen

Gedanken: der eine ließ ihn als König handeln, im zweiten erkannte er seine wirkliche Lage, und erinnerte sich, daß nur der Zufall ihn an die Stelle gesetzt habe, welche er einnehme. Er verheimlichte diesen letzteren Gedanken, und trug den ersteren zur Schau. Dem ersteren gemäß handelte er mit dem Volk, dem zweiten gemäß handelte er mit sich selbst.

Lassen Sie sich nicht denken, es sei ein minderer Zufall, der Sie in den Besitz Ihres Reichthums setzte, als der, welcher diesem Manne Königswürde verlieh. Sie haben an sich selbst und von Haus aus ebensowenig Recht darauf, als er, und nicht nur ist Ihre Geburt als Herzog, sondern Ihre Geburt an sich selbst an eine Unzahl von zufälligen Ereignissen geknüpft. Ihre Geburt hängt von einer Ehe ab, oder vielmehr von allen Ehen Ihrer Voreltern. Aber wovon hangen diese Ehen ab? Von einem zufälligen Besuche, einem oberflächlichen Gespräch, von tausend unvorhergesehenen Zufällen.

Sie sagen, Sie besitzen Ihre Reichthümer von Ihren Vorfahren aus, aber ging es nicht durch tausendfältigen Zufall, daß Ihre Vorfahren sie sich erwarben und erhielten? Vielleicht bilden Sie sich auch ein, auf irgend welchem natürlichen Wege seien diese Güter von Ihren Vorfahren auf Sie übergegangen. Aber dem ist nicht also. Diese Ordnung gründet sich einzig und allein auf den Willen der Gesetzgeber, die weisliche Gründe dazu haben konnten, aber von denen kein. auf ein Naturrecht führt, das Sie an diesen Besitzungen hatten. Hätte es ihnen gefallen, zu bestimmen, daß diese Güter, nachdem sie von den Vätern während ihrer Lebzeiten besessen worden waren, dem Staate nach ihrem Tode wieder anheimfallen, so konnten Sie sich ganz und gar nicht beschweren

Alles Recht also, worauf sich Ihr Gut gründet, ist kein Naturrecht, sondern ein Recht menschlicher Ordnung. Eine andere Wendung der Einbildungskraft der Gesetzgeber hätte Sie arm gemacht, und nur dieses zufällige Zusammenstimmen des Zufalls, der Sie ins Leben rief, mit den beliebigen Feststellungen von Gesetzen, die für Sie günstig sind, setzt Sie in Besitz aller dieser Güter.

Ich will nicht sagen, daß Sie Ihnen nicht gesetzlich zugehören, oder daß es einem Andern erlaubt sei, sie Ihnen zu rauben; denn Gott, welcher der Herr derselben ist, hat der Gesellschaft gestattet, Gesetze über ihre Vertheilung zu geben, und nachdem diese Gesetze einmal eingeführt sind, ist es Unrecht, sie zu verletzen. Das eben unterscheidet Sie ein wenig von diesem Menschen, welcher seinen Thron nur dem Irrthume des Volks zu danken hätte, denn Gott würde diesen Besitz nicht bestätigen, und würde den Besitzer nöthigen, darauf Verzicht zu leisten, während er den Ihrigen bestätigt. Aber Euch beiden gemein ist das, daß das Recht, das Sie darauf haben, ebenso wenig als das seinige auf eine Eigenschaft oder auf ein Verdienst von Ihrer Seite, das Sie dessen würdig machte, gegründet ist. Ihr Körper und Ihr Geist sind an sich indifferent für den Stand eines Schiffers oder eines Herzogs, und kein natürliches Band findet sich, das Sie mehr an den einen, als an den andern Stand binden würde.

Was folgt hieraus? Daß Sie, wie dieser Mann, von welchem wir gesprochen haben, einen zweifachen Gedanken haben müssen, und daß Sie in Ihren Beziehungen zu Leuten Ihres Ranges im Stillen, aber nur um so tiefer dessen eingedenk sein müssen, daß Sie von Natur Nichts vor ihnen voraus haben. Wenn die allgemeine Meinung Sie über die gewöhnlichen Menschen erhebt, so möge dieser

Gedanke Sie erniedrigen, und Sie auf der gleichen Stufe mit den übrigen Menschen erhalten, denn Letzteres ist Ihr natürlicher Zustand.

Das Volk, welches Sie bewundert, kennt vielleicht dieses Geheimniß nicht. Es glaubt, der Adel sei eine wirkliche Größe, und es betrachtet die Großen beinahe als Wesen anderer Natur. Sie brauchen ihnen diesen Irrthum nicht aufzudecken, aber mißbrauchen Sie diese Erhebung nicht durch Hochmuth, und vor allen Dingen täuschen Sie sich über sich selbst nicht, indem Sie glauben, Ihre Natur sei über die Anderer erhaben.

Was würden Sie von diesem Manne sagen, der also durch einen Irrthum des Volks zur Königswürde gelangte, wenn er so sehr seine natürliche Abkunft vergäße, daß er sich einbildete, dieser Thron gehöre ihm wirklich zu, er habe ihn verdient, und er habe ein Recht darauf? Sie würden über seine Thorheit und Verrücktheit staunen. Aber ist die Thorheit derer minder groß, welche in einer so gänzlichen Vergessenheit ihrer natürlichen Lage leben?

Wie wichtig ist diese Bemerkung! denn alle Heftigkeit, alle Gewaltthätigkeit und alle Eitelkeit der Großen stammt daher, daß sie nicht wissen, was sie sind denn unmöglich wäre es, daß die, welche sich innerlich als allen Menschen gleich betrachten, und die fest überzeugt sind, daß sie nichts an sich besitzen, welches diese kleinen Auszeichnungen verdiente, welche Gott ihnen vor Andern ertheilte, diese mit Hochmuth behandelten. Hierzu muß man sich selbst vergessen haben, und glauben, man habe wirkliche Vorzüge vor Andern voraus und hierin eben besteht diese Täuschung, welche ich Ihnen aufdecken wollte.

Zweite Unterredung.

Es ist gut, mein Herr, daß Sie wissen, was man Ihnen schuldig ist, damit Sie nicht von den Menschen fordern, was Ihnen nicht zusteht, denn das ist offenbar eine Ungerechtigkeit, und doch findet sie sich bei Leuten Ihres Standes nur gar zu häufig, weil sie das Wesen derselben nicht kennen.

Es giebt in der Welt zwei Arten von Größe; denn es giebt eine Größe des Standes und eine natürliche Größe. Die Größe des Standes hängt von dem Willen der Menschen ab, welche mit Recht glaubten, man müsse gewisse Stände ehren, und gewisse Ehrfurcht ihnen zollen. Würden und Adel gehören zu dieser Classe. In dem einen Lande ehrt man die Adeligen, in einem andern die Bürgerlichen, in dem einen die Alten, in dem andern die Jungen. Warum das? weil es den Menschen also gefiel. Vor dieser Unterscheidung war diese Sache indifferent nach derselben wird sie gerecht, weil es ungerecht ist, sie aufzuheben.

Die natürliche Größe ist diejenige, welche von der Laune des Menschen unabhängig ist, weil sie in wirklichen, wahren Vorzügen des Geistes oder Körpers besteht, welche dem Einen oder dem Andern Achtung erwerben, so die Wissenschaften, die Gewandtheit des Verstandes, die Tugend, die Gesundheit, die Kraft.

Wir sind der Einen wie der Andern dieser Größen Etwas schuldig, aber da sie von verschiedenen Wesen sind, so schulden wir ihnen auch verschiedenartige Achtung. Der Größe des Standes schulden wir die Achtung des Standes, d. h. gewisse äußere Ceremonien, die jedoch der Vernunft gemäß von einer innern Achtung der Gerechtigkeit dieses Standes begleitet sein müssen, aber die uns eben nicht wirkliche Vorzüge über denen anerkennen lassen, welche wir auf diese Weise ehren. Man muß mit den Königen auf den Knieen reden, man muß in der Kammer der Adeligen stehen. Es ist Thorheit und Gemeinheit, ihnen diese Ehre verweigern zu wollen.

Aber den natürlichen Respect, der in der Achtung besteht, schulden wir nur der natürlichen Größe, und wir schulden im Gegentheil Verachtung und Abscheu den dieser natürlichen Größe entgegenstehenden Eigenschaften. Weil Sie Herzog sind, muß ich Sie nicht achten, aber ich muß Sie grüßen. Sind Sie Herzog und ehrbar zugleich, so werde ich jeder dieser beiden Eigenschaften die gebührende Ehre zollen. Ich werde Ihnen die Ceremonien nicht verweigern, welche Ihr Stand als Herzog fordert, noch die Achtung, welche ich dem ehrbaren Manne schulde. Aber wären Sie Herzog, ohne ein ehrbarer Mann zu sein, so würde ich Ihnen gleichwohl Gerechtigkeit widerfahren lassen, denn während ich Ihnen die äußere Ehre zollte, welche die Sitte der Menschen mit Ihrem Stande verbunden hat, so würde ich gleichwohl im Innern die Verachtung gegen Sie hegen, welche die Gemeinheit Ihres Charakters verdiente.

Darin also besteht das Recht dieser Pflichten, und das Unrecht besteht darin, natürlichen Respect an Größe des Standes zu knüpfen, oder den Respect des Standes für eine natürliche Größe in Anspruch zu nehmen. Herr N. ist ein größerer Mathematiker als ich, als dieser will er vor mir voraus gehen, ich werde ihm erwidern, daß ich mich hierauf nicht verstehe. Die Mathematik ist eine natürliche Größe, sie fordert den Vorzug der Achtung, aber die Menschen haben keinen äußeren Vorzug damit verbunden. Ich werde also vor ihm zugehen, ihn aber mehr als mich als Mathematiker achten. Eben so, wenn Sie als Herzog und Pair nicht damit zufrieden wären, daß ich mich mit bloßem Haupt vor Ihnen halte, und wenn Sie auch forderten, daß ich Sie achte, so würde ich Sie bitten, mir die Eigenschaften zu zeigen, welche meine Achtung verdienen. Thun Sie es, so ist diese Ihnen gewiß, und ich darf sie mit Recht Ihnen nicht verweigern, aber thun Sie es nicht, so haben Sie mit Ihrer Forderung Unrecht, und gewiß würden Sie es auch nicht von mir erlangen, selbst wenn Sie der größte Fürst der Welt wären.

Dritte Unterredung.

Ich will Ihnen, mein Herr, erklären, welches in Wahrheit Ihr Stand ist, denn hierüber sind die Leute Ihres Standes am Wenigsten im Klaren. Was heißt es in Ihrem Sinn, ein großer Herr sein? Das heißt mehre Dinge, nach denen der Mensch strebt, besitzen, und also die Bedürfnisse und Wünsche Mehrerer befriedigen können. Diese Bedürfnisse und diese Wünsche ziehen die Menschen zu Ihnen heran, und ihretwillen unterwerfen sie sich Ihnen ohne dieses würden sie Sie nicht einmal ansehen, aber sie hoffen, durch diese Dienste und Ehrenbezeugungen, die sie Ihnen zollen, von Ihnen einen Theil der Güter zu erhalten, welche sie wünschen, und über die sie Sie verfügen sehen.

Gott ist von Leuten, reich an Liebe, umgeben, welche von ihm die Gaben der Liebe bitten, die in seiner Gewalt stehen: also ist er im eigentlichsten Sinne der König der Mildthätigkeit Sie sind ebenso von einer Anzahl von

Leuten umgeben, über welche Sie in Ihrer Weise herrschen. Diese Leute sind voll von Begierden Sie fordern von Ihnen die Güter ihrer Lust, die Begierde fesselt sie an Sie. Sie sind also im eigentlichen Sinne König der Lust. Ihr Reich ist von kleiner Ausdehnung, aber Sie gleichen hierin den größten Königen der Erde sie sind, wie Sie, Könige der Lust. Die Lust bildet ihre Gewalt, d. h der Besitz der Dinge, nach welchen die Lust der Menschen steht

Aber wenn Sie so Ihre natürliche Lage kennen, so bedienen Sie sich der Mittel, welche sie Ihnen darreicht, und wollen Sie nicht auf anderem Wege herrschen, als auf dem, welcher Sie zum König eingesetzt hat. Nicht Ihre Gewalt und natürliche Macht unterwirft Ihnen alle diese Personen So mögen Sie dieselben auch nicht mit Gewalt beherrschen, noch mit Härte behandeln. Befriedigen Sie ihre gerechten Wünsche, helfen Sie ihrer Noth ab, setzen Sie darein Ihr Glück, wohlthätig zu sein, helfen Sie ihnen auf, so gut Sie vermögen, und Sie werden wirklich als König der Lust handeln.

Was ich Ihnen hier sage, geht nicht weit, und wenn Sie hierbei stehen bleiben, so können Sie nicht fehlen, sich zu verirren, aber Sie werden sich wenigstens als ehrbarer Mensch verirren. Es giebt Leute, die sich auf so thörichte Weise das Urtheil sprechen durch Habsucht, durch Brutalität, durch Wollust, durch Gewaltthätigkeit, durch Leidenschaft, durch Verläumdung! Das Mittel, das ich Ihnen darbiete, ist gewiß ehrenvoller, aber immerhin bleibt es immer eine große Thorheit, sich selbst zu schaden, und darum gilt es, nicht hierbei stehen zu bleiben. Es gilt, die Lust und ihr Reich zu verachten, und nach diesem Reich der Liebe zu trachten, wo alle Unterthanen nur Liebe athmen, und nur die Güter der Liebe wünschen. Andere als ich werden Ihnen hierzu den Weg weisen es genügt mir, Sie vor dieser thierischen Lebensweise gewarnt zu haben, welche ich mehre Leute Ihres Standes führen sehe, weil die den wahren Beruf ihres Standes nicht erkennen.

Unterredung Pascal's mit Saci. Ueber Epiktet und Montaigne. 1654.

Pascal hielt sich damals auch in Port=Royal des Champs auf. Ich verliere keine Zeit damit, zu sagen, Wer dieser Mann sei, den nicht nur ganz Frankreich, sondern ganz Europa kennt. Sein immer lebendiger, stets ruhiger Geist war von einer unbegreiflichen Große, Erhebung, Festigkeit und Scharfblick. Die großten Mathematiker reichten ihm die Palme, hierfur zeugt die Geschichte der beruhmten Rolle, welche damals die Aufmerksamkeit aller Welt auf sich zog. Er wußte das Leder zu beseelen, und dem Erz Geist einzuhauchen. Es ließ kleine unvernünftige Räder, auf deren jedem die 10 ersten Zahlen waren, den verstandigsten Personen Rede und Antwort stehen, und er ließ, so zu sagen, todte Maschinen sprechen, um spielend die Schwierigkeiten der Zahlen zu lösen, welche die Gelehrten aufhielten, dieses kostete ihm so viel Fleiß und Anstrengung, daß er, um diese Maschine in den Stand zu setzen, auf welchem sie Jedermann bewunderte, und wie ich sie mit eigenen Augen sah, er selbst wahrend drei Jahren beinahe ausschließlich damit beschaftigt war.

Dieser bewunderungswürdige Mann endlich war ein Kind Gottes, unterwarf diesen so erhabenen Geist dem sanften Joch Jesu Christi, und dieses so edle und so große Herz that Buße in Demuth. Er ging nach Paris und warf sich in die Arme von Singlin, entschlossen, Alles zu thun, was dieser ihm auflegte. Als Singlin diesen großen Geist kennen lernte, hielt er es für zweckmäßig, ihn nach Port-Royal des Champs zu schicken, wo Arnauld ihn in allen übrigen Wissenschaften einführte, während Saci ihn lehren würde, sie zu verachten. So zog er sich denn nach Port-Royal Herr von Saci konnte nicht umhin ihn zu sehen, um so mehr da er von Singlin darum gebeten war, aber die heilige Erleuchtung, die er in der Schrift und in den Vätern fand, ließ ihn hoffen, daß er von allem Glanze Pascal's, der gleichwohl alle Welt entzückte und für sich einnahm, verblendet werden würde. Er fand auch Alles, was er sagte, wirklich ganz richtig Alles, was ihm Pascal Großes sagte, hatte er schon vorher im h. Augustin gelesen, und indem er ihm öffentliche Gerechtigkeit widerfahren ließ, sagte er. „Pascal ist äußerst achtungswerth, da er, ohne die Kirchenväter gelesen zu haben, von selbst durch den Scharfblick seines Verstandes dieselben Wahrheiten fand, welche sie gefunden hatten. Er findet sie überraschend, wie er sagt, weil er sie nirgends zuvor gelesen hat aber wir freilich sind gewohnt, sie auf jeder Seite zu lesen." So benahm sich dieser kluge Kirchenmann, der zu seiner Freude fand, daß die Alten ebenso viel Verstand gehabt haben als die Männer seiner Zeit, und er schätzte Pascal sehr hoch, weil er in Allem mit dem h. Augustin zusammenstimmte.

Herr von Saci bemühte sich in seinen Unterredungen immer, den Gegenstand des Gesprächs nach den Leuten zu wählen, mit welchen er es zu thun hatte. Sah er z. B. Herrn Champagne, so sprach er mit ihm von der Malerei. Sah er Herrn Hamon, so unterhielt er sich über die Medrein. Sah er den Chirurgen des Orts, so fragte er ihn über die Chirurgie aus. Diejenigen, welche sich mit dem Ackerbau, der Baumzucht oder dem Weinbau abgaben, erzählten ihm alle ihre Beobachtungen. Jeder Gegenstand führte ihn sogleich auf Gott über, und er wußte auch die Andern mit ins Interesse zu ziehen. So glaubte er denn auch Pascal auf seine starke Seite lenken zu müssen, und er sprach mit ihm über die Lecture der Philosophie, mit der er sich zumeist beschäftigte. Sogleich bei den ersten Unterredungen, die sie mit einander pflogen, kamen sie auf diesen Gegenstand zu sprechen. Pascal sagte ihm, seine am meisten gelesenen Bücher seien Epiktet und Montaigne, und er sprach ihm mit vieler Achtung von diesen beiden Schriftstellern. Herr von Saci, der immer der Meinung war, er solle diese Bücher wenig lesen, forderte Pascal auf, ihm darüber ausführlich zu reden.

Epiktet, sagte er zu ihm, ist Einer der Philosophen der Welt, welcher die Pflichten des Menschen am Besten kannte. Er will vor Allem, daß der Mensch Gott als sein höchstes Ziel betrachte, daß er überzeugt sei, daß dieser Alles recht mache, daß er sich ihm willig unterwerfe, und gern ihm in Allem folge, da er nichts ohne die höchste Weisheit vorschreibe, daß also diese Stimmung der Seele alle Klagen und alles Murren zum Schweigen bringe, und daß er sein Herz darauf vorbereite, in Ruhe auch die härtesten Ereignisse zu ertragen. Sagt nie, sagt er, Ich habe dieses verloren, sagt vielmehr, Ich habe es zurückgegeben. Mein Sohn ist gestorben, ich habe ihn zurückgegeben, meine Frau ist gestorben, ich habe sie zurückgegeben. So mit den Gütern und mit allem Uebrigen. Aber der, welcher es Euch genommen hat, ist ein schlechter Mann, werdet Ihr sagen. Warum bekümmert Ihr Euch um den, durch welchen der, welcher es geliehen hat, es zurückfordern läßt? So lange Euch die Nutzmeßung gestattet ist, seid auf Eurer Hut damit als mit einem Gut, das einem Andern gehört, wie ein Reisender sich in einem Wirthshause wohl umsieht. Ihr müßt nicht wünschen, setzt er hinzu, daß die Dinge so sich ereignen, wie Ihr es wollt, aber Ihr mußt wollen, daß sie so sich ereignen, wie sie sich ereignen. Erinnert Euch, sagt er, daß Ihr hienieden die Rolle eines Schauspielers einnehmt, und daß Ihr Eure Rolle in einer Komödie so spielt, wie sie der Herr Euch gegeben hat. Bleibt auf den Brettern, so lange es ihm gefällt, erscheint reich oder arm, wie er es angeordnet hat. Eure Aufgabe ist, die Euch anvertraute Rolle gut zu spielen, aber sie zu wählen, ist die Sache eines Andern Habt alle Tage den Tod und die Uebel, welche die unerträglichsten zu sein scheinen, vor den Augen, und Ihr werdet niemals etwas Niedriges denken, oder etwas über Gebühr verlangen.

Er zeigt auch auf tausenderlei Weisen, was der Mensch thun muß. Er fordert, daß er demüthig sei, daß er seine guten Entschließungen verberge, vor Allem alle Anfänge, und daß er sie im Stillen ausführe nichts verderbt sie mehr, als sie zu veröffentlichen. Er wiederholt stets aufs Neue, daß alles Streben und alles Studium des Menschen darauf gerichtet sein müsse, den Willen Gottes zu erkennen und ihm zu folgen.

Sehen Sie, mein Herr, sagte Pascal zu Herrn von Saci, das ist die Erkenntniß dieses großen Geistes, welcher sich auf die Pflichten der Menschen so trefflich verstand. Ich wagte zu behaupten, daß er angebetet zu werden verdiene, wenn er ebenso gut seine Schwäche erkannt hätte, weil man Gott sein mußte, um Beides gleicher Weise die Menschen zu lehren. Da er aber Staub und Asche war, so verirrt er sich auch trotz seiner trefflichen Erkenntniß dessen, was man thun muß, in den Forderungen dessen, was man kann Er sagt, Gott habe jedem Menschen die Mittel gegeben, um alle seine Pflichten vollkommen zu erfüllen. diese Mittel seien immer in unserer Gewalt, man durfe sein Gluck nur in den Dingen suchen, welche immer in unserer Gewalt seien, weil sie Gott uns zu diesem Endzweck gegeben hat man musse sehen, was in uns frei sei, Guter, Leben, Achtung seien nicht in unserer Gewalt, und führen nicht zu Gott, der Geist aber konne nicht genöthigt werden, das zu glauben, von dem er weiß, daß es falsch sei, noch der Wille das zu lieben, wovon er weiß, daß es ihn unglücklich mache folglich seien diese beiden Gewalten vollkommen frei, und nur durch sie können wir zur Vollkommenheit gelangen. mit diesen Gewalten konne der Mensch vollkommen Gott erkennen, ihn lieben, ihm gehorchen, ihm gefallen, sich von allen Fehlern heilen, alle Tugenden erringen, und sich so heilig und zu einem Genossen Gottes machen Diese Prinzipien einer stolzen Teufelslehre führen ihn zu andern Irrthumern, so. daß die Seele ein Theil der gottlichen Substanz sei, daß der Schmerz und der Tod nicht zu den Uebeln gehören, daß man sich tödten durfe, wenn man so verfolgt werde, daß man annehmen konne, Gott rufe uns ab u. s. w.

Was Montaigne betrifft, von dem Sie ebenfalls wollen, daß ich Ihnen spreche, so bekennt er, als geboren in einem christlichen Lande, die katholische Religion, und hierdurch bietet er keine besondere Seite dar. Aber da er ne Verstandesmoral mit Ausschluß der durch den Glauben gesetzten Erkenntniß grunden wollte, so entlehnte er seine Grundsätze aus dieser Voraussetzung, und da er den Menschen als aller Offenbarung ledig betrachtet, urtheilt er auf folgende Weise

Er setzt Alles in einen so ausgebreiteten Zweifel, daß dieser Zweifel sich an sich selbst vergreift, und daß der Mensch zweifelt, ob er nur auch zweifle, so bewegt sich seine Ungewißheit in einem fortwährenden, endlosen Kreise, und er widersetzt sich ebenso denen, welche behaupten, Alles sei ungewiß, als denen, welche sagen, Alles sei es nicht, weil er nichts fest behaupten will. In diesem Zweifel, der an sich zweifelt, und in dieser Ungewißheit, die über sich ungewiß ist, besteht das Wesentliche seiner Ansicht, welche er auf keinen bestimmten Ausdruck zurückführen konnte. Denn wenn er sagt, er zweifle, so verräthet er sich, da er wenigstens das aussagt, daß er zweifle, da dieses ausgesprochener Weise gegen seinen Plan war, so konnte er sich nur durch eine Frage ausdrücken, und da er daher nicht sagen wollte. Ich weiß nicht, so sagt er, Was weiß ich? Dieses bildet seine Devise, indem er sie unter eine Waage legt, auf welcher die Gegenstände sich vollständig die Waage halten das heißt er ist ein Pyrrhonist. Auf diesem Prinzip bewegen sich alle seine Untersuchungen, und alle seine Essais gründen sich auf dasselbe, und nur dieses will er sicher beweisen, wenn er gleich diese Absicht nicht überall klar durchleuchten läßt. Er zerstört hier unvermerkt Alles, was unter den Menschen als größte Gewißheit gilt, nicht um das Gegentheil davon mit einer Gewißheit, der er allem Feind ist, zu behaupten, sondern nur um darauf aufmerksam zu machen, daß, da auf beiden Seiten gleiche Wahrscheinlichkeit schwebe, man nicht wissen könne, welcher man seine Zustimmung geben müsse.

Mit diesem Geiste bespöttelt er alle Behauptungen, so bekämpft er z. B. die, welche meinten, ein großes Mittel gegen die Prozesse in Frankreich gefunden zu haben, indem sie auf die Menge und angebliche Gerechtigkeit der Gesetze sich beriefen als ob man die Wurzel der Zweifel abschneiden könnte, aus welcher die Prozesse aufschießen, und als ob es Dämme gebe, um den Wogendrang der Ungewißheit zu hemmen, und die Vermuthungen gefangen zu nehmen! So, wenn er sagt, es wäre eben so gut, seinen Prozeß dem ersten Besten vorzulegen, als Richtern, die mit dieser Zahl von Ordonnanzen bewaffnet seien, will er damit nicht sagen, man müsse die Ordnung des Staats umändern, so weit geht seine Eitelkeit nicht, oder daß sein Rath besser sei, er hält weder das Eine noch das Andere für gut. Er behauptet dieses nur, um die Nichtigkeit der am meisten geglaubten Ansichten darzulegen, indem er zeigt, daß die Ausschließung aller Gesetze die Zahl der Streitigkeiten eher vermindern würde, als diese Masse von Gesetzen, die nur dazu dient, sie zu vermehren, weil die Dunkelheiten in demselben Maaße anwachsen, in welchem man sie wegzuräumen hofft, daß diese Dunkelheiten sich mehren durch die Commentare, und daß das sicherste Mittel, zum Verständniß eines Urtheils zu kommen, das sei, es nicht zu prüfen, sondern es nach seinem ersten Anschein aufzunehmen, je mehr man beobachte, desto schneller verschwinde alle Bestimmtheit. So urtheilt er auf gerades Wohl hin über alle Handlungen der Menschen und über geschichtliche Thatsachen, bald auf die Eine, bald auf die andere Weise, frei jener ersten Anschauung sich anschließend, und ohne seinem Gedanken unter Regeln des Verstandes Gewalt anzuthun, der ja doch nur einen falschen Maaßstab hat. Davon entzückt, durch sein Beyspiel die Widersprüche Eines und desselben Geistes in diesem ganz freien Genie zu zeigen, ist es ihm gleich dienlich, in der Unterredung besiegt zu werden oder nicht, da er immer im Einen, wie im andern Falle ein Mittel hat, die Schwäche der Meinungen aufzudecken, da er sich mit so vielem Glück diesem allgemeinen Zweifel in die Arme wirft, daß dieser sich gleicher Weise durch seinen Triumph, wie durch seine Niederlage bestärkt.

Auf diesem ganz fließenden und schwankenden Prinzip stehend bekämpft er mit einer unbesiegbaren Festigkeit die Häretiker seiner Zeit, wenn sie behaupteten, allein den wahren Sinn der h. Schrift zu erkennen, und von diesem Grundsatze aus schleudert er Blitze gegen die furchtbaren Gottlosigkeiten derer, welche zu behaupten wagen, Gott existire nicht. Er nimmt es mit ihnen besonders auf in der Apologie von Raimond de Sébonde, und da er sie aus eigenem Willen aller Offenbarung bar, und ihrem eigenen Verstand allein hingegeben findet mit Verachtung alles historischen Factums, so fragt er sie, auf welche Autorität hin sie es unternahmen, über dieses höchste Wesen zu urtheilen, das nach seiner eigenen Definition unendlich ist, sie, die auch nicht Ein Ding der Natur wahrhaft erkannten? Er fragt sie nach den Prinzipien, auf welche sie sich stützten, und drängt sie, dieselben aufzuzeigen. Er prüft alle die, welche sie aufzuweisen vermögen, und vermöge seines ausgezeichneten Talentes drängt er so sehr voran, daß er die Nichtigkeit aller derer aufdeckt, welche für die klarsten und sichersten gelten. Er fragt, ob die Seele etwas erkenne, ob sie sich selbst kenne, ob sie Substanz oder Accidenz, Geist oder Körper sei, was jedes Ding sei, und ob es Etwas gebe, was nicht zu dieser Classe gehöre, ob sie ihren eigenen Körper erkenne, ob sie wisse, was die Materie sei, ob sie die Körper in der unendlichen Mannigfaltigkeit unterscheiden könne, welche man von ihnen habe, wie sie denken könne, wenn sie Materie sei, und wenn sie an einen bestimmten Körper gebunden, und von seinen Stimmungen influenzirt sein könne, wenn sie Geist sei? Wann hat sie zu sein angefangen? Mit dem Körper oder vor ihm? Hört sie mit ihm zu sein auf, oder nicht? Täuscht sie sich niemals? Weiß sie, wann sie sich irrt, da das Wesen des Irrthums darin besteht, daß man ihn nicht als solchen erkennt? Glaubt sie nicht, so lange sie im Unklaren ist, ebenso fest, daß zwei und drei sechs gebe, als sie nachher glaubt, sie geben fünf? Denken, urtheilen, sprechen die Thiere, und Wer kann bestimmen, was die Zeit, was der Raum oder die Ausdehnung, was die Bewegung, was die Einheit sei, lauter Dinge, die uns umgeben, und dennoch unerklärlich sind! Was Gesundheit, Krankheit, Tod, Leben, Gut, Böse, Tugend, Laster sei, — Dinge, von denen wir jeden Augenblick reden? Haben wir nur Grundsätze der Wahrheit, und sind die, welche wir als solche annehmen, und die man Axiome oder allgemeine Begriffe nennt, der wesentlichen Wahrheit entsprechend? Und da wir nur durch den Glauben wissen, daß ein allgutes Wesen sie uns als wahr gegeben hat, weil es uns schuf, um die Wahrheit zu erkennen, Wer kann ohne diese Erkenntniß wissen, ob unsere Begriffe, wenn wir dem Zufall unsere Entstehung danken, nicht ungewiß sind, oder ob sie, wenn wir von einem falschen und bösen Wesen geschaffen sind, dieses uns nicht Unwahres gegeben hat, um uns zu verführen? So zeigt er, daß Gott und das Wahre unzertrennlich sind und daß wenn das Eine oder Andere ist oder nicht ist, das Andere nothwendig das gleiche Loos theilt. Wer weiß, ob der allgemeine Sinn, welchen wir gewöhnlich als Schiedsrichter des Wahren aufstellen, zu dieser Function von dem bestimmt wurde, welcher ihn geschaffen hat? Wer weiß ferner, was Wahrheit ist, und wie kann man sich versichern, sie zu besitzen, ohne sie zu erkennen? Wer weiß selbst nur, was ein Wesen ist, da es unmöglich ist, es zu definiren, da es nichts Allgemeineres giebt, und ob man sich um es zu definiren, vorerst des Ausdrucks selbst bedienen mußte, indem man sagte das ist Dieses oder Jenes? Und wenn wir nicht wissen, was Seele, Körper, Zeit, Raum, Bewegung, Wahrheit, Gute, ja selbst nicht was Wesen ist, und die Idee, die wir uns davon machen, nicht erklären konnen, wie sollen wir uns versichern, daß sie dieselbe in allen Menschen ist, da wir hiervon keinen andern Beweis haben, als die Gleichheit der Consequenzen, welche nicht immer auf die der Prinzipien schließen laßt, denn sie konnen wohl verschieden sein, und gleichwohl zu denselben Folgen führen, da Jeder weiß, daß das Wahre oft aus dem Falschen folgt.

Endlich untersucht er von Grund aus alle Wissenschaften die Geometrie, deren Ungewißheit er in ihren Axiomen und nicht definirten Worten, wie Ausdehnung und Bewegung u. s. w. nachzuweisen sucht, die Physik und Medicin, die er auf unzählige Weise herabwürdigt, die Geschichte, Politik, Moral, Jurisprudenz und das Uebrige. So konnten wir nach ihm ohne Offenbarung glauben, das Leben sei ein Traum, aus dem wir erst beim Tode aufwachen, und während dessen wir so wenig die Grundsätze des Wahren haben, als während dem naturlichen Schlafe. Auf diese Weise geißelt er so hart und grausam den des Glaubens baaren Verstand, und indem er ihn zweifeln läßt, ob er auch verstandig sei, ob die Thiere es seien, und nicht mehr als der Mensch, hebt er ihn aus der Höhe, die er sich angemaßt hat, und setzt ihn aus Mitleiden noch mit den Thieren in Parallele, ohne ihm zu gestatten, diese Reihe zu verlassen, bis er von seinem Schopfer selbst uber seinen ihm unbekannten Rang unterrichtet sei, und er droht ihm, wenn er nicht zufrieden sei, ihn zuletzt nach Allem zu setzen, was ihm eben so leicht als das Gegentheil scheint, und er ertheilt ihm keine andere Gewalt zu handeln, als die, seine Schwäche mit aufrichtiger Demuth zu erkennen, statt sich in thörichter Eitelkeit zu überheben.

Herr von Saci glaubte in einem neuen Welttheil zu leben und eine neue Sprache zu hören, und er sagte bei sich selbst Augustin die Worte nach „O Gott der Wahrheit! die, welche diese Spitzfindigkeiten des Verstandes kennen, sind sie Dir darum lieber?" Er bedauerte diesen Philosophen, der sich überall mit den selbstgeflochtenen Dornen verwunde, wie Augustin von sich selbst erzählt, so lange er sich in diesem Zustande befand. Nachdem er daher mit Geduld angehört hatte, sagte er zu Pascal

„Ich danke Ihnen, mein Herr, ich bin überzeugt, wenn ich lange Zeit Montaigne gelesen hätte, würde ich ihn nicht eben so gut verstehen, wie jetzt nach dieser Unterredung, welche ich mit Ihnen hatte. Dieser Mann sollte wünschen, daß man ihn nur durch Ihre Darstellung seiner Schriften kenne, und er könnte mit Augustin sagen **Ibi me vides, attende.** Ich bin fest überzeugt, daß dieser Mann Geist besaß, aber ich weiß nicht, ob Sie ihm nicht etwas mehr angedeihen lassen, als er wirklich besaß, in Beziehung auf diese so consequente Verkettung, die Sie von seinen Prinzipien machen. Sie können sich bei der Art und Weise meines Lebens wohl denken, daß man mir eben nicht viel zuredete, diesen Schriftsteller zu lesen, dessen sämmtliche Schriften nichts von dem enthalten, was wir der Regel Augustins zufolge vor Allem suchen müssen, weil seine Worte nicht aus Demuth und christlicher Frömmigkeit stammen, und da sie die Grundlage aller Erkenntniß und folglich die Religion selbst umstoßen. Das ist es, was dieser heilige Doctor diesen alten Philosophen, die man Akademiker nannte, und die Alles in Zweifel zogen, vorwarf. Aber wozu hatte Mon=

taigne nöthig sich den Geist aufzuheitern, indem er eine Lehre erneute, welche mit Recht unter den Christen für Thorheit gilt? Denn sagt man zur Entschuldigung von Montaigne, daß er bei Allem, was er sagt, den Glauben bei Seite liegen lasse, so müssen wir Alles, was Montaigne sagt, bei Seite legen. Ich tadle bei diesem Schriftsteller den Geist nicht, welcher ein großes Geschenk Gottes ist, aber er hatte ihn besser anwenden und ihn eher Gott als dem Teufel zum Opfer bringen sollen. Wozu dient ein Gut wenn man es schlecht anwendet? Sie sind glücklich, mein Herr, daß Sie sich über diese in der Trunkenheit der Wissenschaft begrabene Doctoren, deren Herz der Wahrheit baar ist, erhoben haben. Gott hat in Ihrem Herzen andere Süßigkeiten und andere Reize niedergelegt, als die sind, welche Sie bei Montaigne vorfanden Er hat Sie von diesem gefährlichen Vergnügen, a jucunditate pestifera zurückgerufen, wie Augustin sagt, welcher Gott dankt, daß er ihm seine Sünden, die er durch allzu großes Kosten dieser Eitelkeiten begangen hatte, vergeben habe. Augustin verdient hierin um so mehr Glauben, da er einst selbst diese Ansichten theilte, und wenn Sie von Montaigne sagen, er habe durch diesen allgemeinen Zweifel die Häretiker seiner Zeit bekämpft, so verließ auch Augustin durch diesen selben Zweifel der Akademiker die Häresie der Manichäer Seitdem er Gott angehörte, verzichtete er auf diese Eitelkeit, die er einen Tempelraub nennt. Er erkannte, mit welcher Weisheit Paulus uns warne, uns von diesen Reden nicht irre führen zu lassen. Denn er gesteht, daß dabei ein gewisses Vergnügen sich kund gebe, das uns fortreiße man glaubt zuweilen, es sei etwas wahr, weil man es mit Beredtsamkeit gesagt hat. Das ist gefährliches Fleisch, sagt er, das man in schönen Schüsseln aufträgt.

Man gleicht alsdann Leuten, welche schlafen und die im Schlafen zu essen glauben dieses eingebildete Fleisch läßt ihren Magen ebenso leer, als er zuvor war.

Herr von Saci sagte zu Pascal mehreres Aehnliche; worauf ihm Pascal erwiderte wenn er ihm das Compliment mache, daß er Montaigne gut verstehe und wiederzugeben wisse, so konnte er ihm ohne Compliment sagen, daß er weit besser den h. Augustin verstehen und anzuwenden wisse, wenn gleich auf eine nicht sonderlich vortheilhafte Weise für Montaigne. Pascal schien äußerst erbaut zu sein von der Wahrheit alles dessen, was Saci ihm vorlegte, doch da er von seinem Schriftsteller noch ganz voll war, konnte er sich nicht zurückhalten, und sagte zu ihm

„Ich gestehe Ihnen, mein Herr, daß ich in diesem Schriftsteller nicht ohne Freude sehen kann, wie die stolze Vernunft so unbesiegbar mit ihren eigenen Waffen getödtet wird, und dieser so blutige Aufstand des Menschen gegen den Menschen, welcher ihn von dem Umgang mit Gott zu welchem er sich durch die Sätze seiner schwachen Vernunft erhob, zu den Thieren hinabstößt, und ich hätte von ganzem Herzen den Vollstrecker einer so großen Rache geliebt, wenn er als demüthiger Schüler der Kirche durch den Glauben die Regeln der Moral befolgt, und die Leute, welche er so heilsam gedemüthigt hatte, dazu aufgefordert hätte, nicht durch neue Verbrechen den zu reizen, der sie allein demjenigen entreißen kann, von dem er sie überzeugte, daß sie es nicht einmal zu erkennen vermochten.

Aber statt dessen handelt er als Heide Aus diesem Prinzip, sagt er, daß außer dem Glauben Alles ungeweiht sei, und aus der Betrachtung, daß es Viele gebe, die das Wahre und Gute suchen, ohne darum in ihrer Ruhe fortzuschreiten, zieht er den Schluß, daß man diese Sorge

Andern überlassen müsse; gleichwohl in Ruhe bleiben, über diese Dinge leicht hingleitend, damit man nicht sich in sie vertiefe, wenn man an ihnen streife, das Wahre und Gute nach dem ersten Anschein aufnehmen, ohne sie näher darauf zu besehen, weil sie so wenig solid seien, daß sie, sobald man sie mit der Hand drücke, aus den Fingern gleiten und diese leer lassen. Darum folgt er dem Zeugniß der Sinne und den gemeinen Sinnen, weil er sich Gewalt anthun müßte, um sie zu läugnen, und er nicht weiß, ob er dabei gewinnen würde, wenn er nicht wisse, wo das Wahre liege. So flieht er den Schmerz und den Tod, weil sein Instinct ihn hierzu treibt, und weil er aus demselben Grunde ihm nicht widerstehen will, ohne jedoch daraus zu schließen, es seien wirkliche Uebel, da er sich nicht allzusehr diesen natürlichen Regungen der Furcht anvertrauen will, weil Andere an dem Genuß haben, was man als schlecht anklage, wenn gleich, sagt er, die Natur dagegen spreche. So, fügt er hinzu, habe ich nichts Außerordentliches in meinem Benehmen, ich handle wie die Andern, und Alles was sie thun mit dem thörichten Gedanken, dem wahren Guten zu folgen, thue ich vermöge eines andern Prinzips, dessen nämlich, daß die Wahrscheinlichkeit auf der einen, wie auf der andern Seite gleich liege, das Beispiel und die Bequemlichkeit sind das Gegengewicht, das mich hinzieht.

„Er folgt also den Sitten seines Landes, weil die Gewohnheit ihn mit sich reißt. Er steigt zu Pferde, weil das Pferd es leidet, aber ohne zu glauben, er habe ein Recht dazu, denn er weiß nicht, ob das Pferd nicht vielmehr das Recht hat, sich seiner zu bedienen. Er thut sich auch eine gewisse Gewalt an, um gewisse Laster zu vermeiden, und er beobachtet selbst die eheliche Treue wegen des Unglücks, das aus der Unordnung entsteht, denn in Allem ist die Regel für seine Handlungen die Bequemlichkeit und Ruhe. Er weist daher gar weit diese stoische Tugend zurück, welche man mit gestrenger Miene, wildem Blicke, zu Berge stehenden Haaren, gerunzelter und Schweiß triefender Stirn, in einer schmerzlichen, gespannten Stimmung, fern von den Menschen in einer todtenden Stille, und allein auf der Spitze eines Felsen abbildet ein Phantom, sagt er, eben recht Kinder, zu erschrecken, und das in fortwährender Arbeit nichts thut, als eine Ruhe suchen, zu der sie nie kommt. Seine Wissenschaft ist naiv, vertraulich, freundlich, bezaubert, ich möchte sagen muthwillig, es folgt dem, was es entzückt, und plaudert leicht über Gutes und Schlimmes, auf den weichen Pfühlen einer ruhigen Trägheit, von welcher aus er denjenigen, welche das Glück mit so vieler Anstrengung suchen, zeigt, daß es nur da ist, wo es sich ausruht, und daß Unwissenheit und Unbekümmertheit zwei süße Ruhekissen seien für einen gut organisirten Kopf, wie er selbst sagt.

Ich kann Ihnen nicht verhehlen, fügte Pascal hinzu, daß ich bei dem Lesen dieses Schriftstellers, wie ich ihn mit Epiktet verglich, gefunden habe, daß diese beiden entschieden die zwei größten Vertheidiger der beiden berühmtesten Secten der ungläubigen Welt seien, denn diese beiden Secten sind unter denen, die der Offenbarung beraubt sind, allein so zu sagen folgerecht und consequent. In der That was kann man auch ohne Offenbarung Anderes thun, als einem dieser beiden Systeme folgen? Das erstere besagt Es ist Ein Gott, er hat also den Menschen geschaffen; er hat ihn gemacht für sich selbst; er hat ihn so geschaffen, wie er sein muß, um gerecht zu sein und glücklich zu werden. Der Mensch kann also die Wahrheit erkennen, und er ist im Stande, sich durch die Weisheit bis zu Gott zu erheben, der das höchste Gut ist. Zweites System. Der Mensch kann sich nicht bis zu Gott erheben, seine Neigungen widerstreiten dem Gesetze, er muß sein Glück in den sichtbaren Gütern und selbst in dem, was das Schmählichste ist, suchen. Alles erscheint also ungewiß, und das Wahre selbst ist es, und dieses scheint uns dahin zu bringen, daß wir weder feste Regel für die Sitten, noch Gewißheit für die Wissenschaften erhalten. Es machte mir äußerst viel Vergnügen, bei diesen verschiedenen Beweisführungen nachzuforschen, worin jede von beiden einen Theil der Wahrheit, die sie zu ergründen suchten, wirklich erkannt haben. Denn wenn es in der Natur angenehm ist, ihr Verlangen wahrzunehmen, Gott in ihren Werken abzubilden, ob sie gleich nur einzelne göttliche Züge vor Augen stellt, da es die Abbilder sind, wie viel billiger ist, in den Werken des Geistes dieses Streben anzuerkennen, zur Wahrheit zu gelangen, selbst indem man sie flieht, und zu beobachten, worin der Geist zum Ziele gelangt, worin er sich verirrt, wie ich bei diesem Studium zu thun versuchte.

Es ist wahr, mein Herr, daß Sie mir eben trefflich zeigten, wie wenig die Christen dieser philosophischen Lectüre bedürfen. Doch werden Sie mir davon gestatten, daß ich Ihnen hierüber noch meine Ansicht mittheile, wenn ich gleich willig auf alle Verstandeswahrheiten verzichte, die nicht von Gott stammen, der allem sichere Wahrheit giebt. Es scheint mir, daß die Quelle des Irrthums der Stoiker auf der einen, und der Epikuräer auf der andern Seite darin besteht, daß sie nicht wußten, daß der jetzige Zustand des Menschen von dem seiner Schöpfung sich unterscheidet; und daß der Eine, da er einige Spuren seiner ursprünglichen Größe wahrnahm, und seine Verdorbenheit nicht erkannte, die Natur wie gesund behandelte, als ob sie nicht einer Wiederherstellung bedürfte, und dieses führte ihn auf den höchsten Grad von Stolz; der Andere dagegen, sein jetziges Elend aus Erfahrung kennend, aber seine ursprüngliche Würde verkennend behandelt die Natur als nothwendig schwach und unverbesserlich, und dieses stürzt ihn in die Verzweiflung, je zu einem wahren Guten zu gelangen und von da aus in die größtmögliche Laxheit. Wenn diese beiden Zustände, welche man zugleich betrachten muß, um die ganze Wahrheit zu erkennen, jeder für sich aufgefaßt werden, muß man nothwendig einen dieser beiden Fehler begehen Stolz oder Trägheit, in welche unfehlbar alle Menschen vor der Gnade stürzen, weil sie, falls sie aus ihrer Unordnung nicht aus Feigheit gehen, aus Eitelkeit davon lassen, und immer Sclaven der bösen Geister sind, welchen man, wie Augustin bemerkt, auf mancherlei Weise opfert.

Wegen dieser unvollkommenen Erkenntniß also fällt der Eine, der seine Schwäche, aber nicht seine Pflicht erkennt, in die Trägheit, und der Andere, der seine Pflicht, aber nicht seine Schwäche erkennt, erhebt sich in seinem Stolze, so daß es scheint, man könnte eine treffliche Moral bilden, wenn man beide verbände. Aber statt dieses Friedens würde aus ihrer Vereinigung nur ein Krieg und eine allgemeine Zerstörung folgen, denn da der Eine die Gewißheit, der Andere den Zweifel voranstellte, der Eine die Größe, der Andere die Schwäche des Menschen, so vermögen sie nicht sich zu verbinden und zu vertragen So können sie weder allein bestehen wegen ihres Mangels, noch sich verbinden wegen des Widerspruchs ihrer Meinungen, sie müssen sich also zerstäuben und zersprengen, um der Wahrheit des Evangeliums Platz zu machen. Sie verbindet mit wahr=

haft göttlicher Kunst die Gegensätze. Indem sie alles Wahre verbindet und alles Falsche ausscheidet, lehrt sie eine wahrhaft himmlische Weisheit, bei welcher sich die entgegengesetzten Prinzipien, welche in den menschlichen Wissenschaften nicht zusammengehen wollen, trefflich vermengen. Und der Grund hiervon ist, daß diese Weisen der Erde die Gegentheile in dasselbe Subject verlegten, denn der Eine schrieb der Natur die Kraft, der Andere derselben Natur die Schwäche zu, und dieses ging natürlich nicht an, der Glaube aber lehrt uns, diese Eigenschaften in verschiedene Subjecte zu legen; denn Alles, was schwach ist, gehört der Natur zu, und Alles, was Kraft enthält, gehört der Gnade an. Das ist die staunenswerthe und neue Wahrheit, welche nur ein Gott lehren konnte, die nur er machen kann, und die nur ein Bild und eine Wirkung der unaussprechlichen Einheit der beiden Naturen in der Einen Person des Gottmenschen ist.

Ich bitte Sie um Verzeihung, mein Herr, sagt Pascal zu Herrn von Saci, daß ich mich also vor Ihnen in die Theologie wage, statt auf die Philosophie mich zu beschränken. Aber mein Gegenstand hat mich unbemerkt darauf geführt, und es ist schwer, hierauf nicht zu kommen, welche Wahrheit man auch immer behandle, da sie das Centrum aller Wahrheiten ist, dieses zeigt sich hier klar, denn sie umschließt so deutlich alle diejenigen, welche diesen Meinungen zu Grunde liegen. Und ich könnte mir auch nicht erklären, wie irgend Einer ihr nicht folgen wollte. Denn sind sie voll von dem Gedanken der Größe des Menschen, haben sie je Etwas ersonnen, was nicht gegen die Verheißungen des Evangeliums zurückstände, Verheißungen, die nur der gebührende Lohn des Todes eines Gottes sind? Und wenn sie es vorziehen, die Schwäche der Natur anzuerkennen, so kommt ihre Idee nicht der wahren Schwäche der Sünde gleich, gegen welche derselbe Tod ein Heilmittel war. So finden hierin Alle mehr, als sie gesucht haben, und was das Bewunderungswürdigste ist, sie finden sich hier geeinigt, sie, die sich auf einer viel niedrigern Stufe nicht vereinigen konnten!"

Herr von Saci konnte es nicht unterlassen, Pascal seine Verwunderung darüber auszudrücken, welche Wendung er den Dingen zu geben wußte. Er gestand zugleich, daß nicht Jedermann wie er das Talent habe, so kluge und erhabene Gedanken aus seinem Nachdenken zu ziehen. Er sagte ihm, er gleiche diesen gewandten Medicinern, welche vermittelst ihrer Gewandtheit, die größten Gifte zu bereiten, die großen Heilmittel daraus zogen. Er fügte hinzu daß, ob er gleich aus allem von ihm Gehörten wohl sehe, daß diese Lectionen ihm nützlich gewesen seien, er gleichwohl nicht glauben könne, daß sie für Viele heilsam wären, deren Geist nicht groß genug wäre, um diese Schriftsteller zu lesen und zu beurtheilen, und um Perlen mitten aus dem Dünger aufzuheben, aus welchem selbst ein schwarzer Dunst aufsteige, welcher den schwankenden Glauben derer, welche sie lesen, verfinstern könnte. Darum möchte er immer diesen Personen rathen, sich nicht leichtsinnig dieser Lectüre auszusetzen, damit sie sich nicht mit diesen Philosophen verirren, und die Beute der Dämonen und der Raub der Würmer nach der Sprache der h. Schrift werden, wie diese Philosophen es geworden sind

Was den Nutzen dieser Lectüre betrifft, sagte Pascal, so will ich Ihnen ganz einfach sagen, was ich davon halte. Ich finde in Epiktet eine unvergleichliche Kunst, die Ruhe derer zu stören, welche diese in äußeren Dingen suchen, und sie zu nöthigen, anzuerkennen, daß sie wahrhaft Sclaven und elende Blinde seien, daß es ihnen unmöglich ist, etwas Anderes als Irrthum und Schmerz, den sie fliehen, zu erndten, wenn sie sich nicht ganz an Gott hingeben. Montaigne ist unübertrefflich, um den Stolz derer zu beschämen, welche sich ohne Glauben einer wahrhaften Gerechtigkeit rühmen, um diejenigen zu enttäuschen, welche sich an ihre Meinungen halten und glauben, ohne die Existenz und die Eigenschaften Gottes in der Wissenschaft unumstoßliche Wahrheiten finden zu können, und um den Verstand von seinem wenigen Verstand und seinen Verirrungen so gut zu überzeugen, daß es hiernach schwer werden muß, die Mysterien noch verwerfen zu wollen, weil man hier Widersprechendes zu finden glaube, denn der Geist ist davon so niedergedrückt, daß er ferne ist, entscheiden zu wollen, ob Mysterien möglich seien, — eine Frage, welche die gewöhnlichen Menschen nur zu oft beunruhigt.

Aber wenn Epiktet die Trägheit bekämpft, so führt er zum Stolz, so daß er denen sehr schädlich werden kann, welche noch nicht von der Sündhaftigkeit aller Gerechtigkeiten, die nicht aus dem Glauben stammt, überzeugt sind. Und Montaigne ist schlechthin schädlich allen denen, welche sich zur Gottlosigkeit und zu den Lastern hinneigen. Darum müssen diese Lecturen mit vieler Sorgfalt und Umsicht geregelt, und Rücksicht genommen werden auf die Lage und den Charakter derer, welchen man sie anräthet. Es scheint mir nun, daß, wenn man sie verbindet, sie nicht übel wirken müßten, weil die Eine sich dem Schaden der Andern widersetzt. Sie können nicht die Tugend geben, aber nur in dem Laster aufrütteln da der Mensch sich also von den Gegentheilen geschlagen findet, von denen das Eine den Stolz, das andere die Trägheit verjagt, und da er in keinem dieser Laster seine Ruhe finden kann, wenn er gleich ebensowenig sie alle fliehen kann!

So verständigten sich diese so unterrichteten Männer über die Lecture dieser Philosophen, und kamen zum gleichen Resultat, wenn sie gleich von etwas verschiedenen Voraussetzungen ausgegangen waren: da Herr von Saci darauf mit einem Mal durch seine christliche Anschauung gekommen war, während Pascal nur nach vielen Umwegen, indem er sich an die Prinzipien dieser Philosophen hielt, darauf gekommen war.

.... Herr von Saci und das ganze Port-Royal des Champs waren also voll Freude über die Anwesenheit und den Umgang Pascal's und man bewunderte hier die Allgewalt der Gnade, welche durch eine seltene Barmherzigkeit diesen an sich so erhabenen Geist so tief erniedrigt hatte.

Erzählung

dessen, was ich Pascal meinen Oheim nicht zu mir, sondern zu einigen Freunden in meiner Gegenwart sagen hörte. Ich war damals 16½ Jahr alt*).

1. Man fragt mich, ob es mich nicht reue, die Provinzialen geschrieben zu haben. Ich antwortete, daß ich weit entfernt, mich darüber zu reuen, sie noch viel stärker abfassen würde, wenn ich sie jetzt zu schreiben hätte.

2. Man fragt mich, warum ich die Namen der Schriftsteller genannt habe, bei welchen ich alle die verwünschten Sätze entlehnte, welche ich citirte. Ich antworte wenn ich in einer Stadt wäre, in welcher es 12 Brunnen giebt,

---

*) 3e Recueil du P Guerrier. p 260
Diese Erzählung ist von Marguerite Perier. Da dieses Mädchen 1646 geboren war, so schreibt sich diese Unterhaltung aus dem Jahre 1662, also wenige Zeit vor dem Tode Pascal's.

und wenn ich gewiß wußte, daß Einer derselben vergiftet ist, so hätte ich die Verpflichtung, Jedermann davor zu warnen, nicht aus diesem Brunnen zu schöpfen; und da man glauben konnte, es sei dieses nur reine Einbildung von meiner Seite, so wäre ich genöthigt eher den zu nennen, welcher ihn vergiftet hat, als die ganze Stadt der Gefahr auszusetzen, daß sie sich vergifte.

3. Man fragt mich, warum ich einen angenehmen, witzreichen und ergötzlichen Styl angewandt habe. Ich antworte hätte ich im dogmatischen Styl geschrieben, so hätten mich nur die Gelehrten gelesen, und diese hätten es nicht nöthig, da sie ebenso viel als ich darüber wissen, so glaubte ich auf eine Weise schreiben zu müssen, die es möglich machte, daß meine Briefe von Frauen und gewöhnlichen Leuten gelesen werden, damit sie die Gefahr aller dieser Maximen und aller dieser Grundsätze kennen lernten, welche sich damals überall ausbreiteten, und zu denen man sich leicht überreden ließ.

4 Man fragt mich, ob ich die Bücher alle selbst gelesen habe, die ich citire Ich antworte Nein: da hätte ich mein ganzes Leben mit der Lectüre sehr schlechter Bücher zubringen müssen, aber ich habe zwei Mal Escobar ganz ausgelesen, und die Andern ließ ich von meinen Freunden lesen, doch ich habe keine einzige Stelle citirt, ohne sie selbst in dem citirten Buche nachgelesen und den Zusammenhang untersucht zu haben, in welchem sie steht, um nicht Gefahr zu laufen, einen gesetzten Fall als Antwort zu nehmen denn dieses hätte mir mit Recht einen Vorwurf zugezogen.

Anm des P Guerrier „Ich habe dieses nach einem Manuscript von der Hand der Mademoiselle Marguerite Perier copirt“

Der Abbé Pascal, seit einigen Jahren gestorben, behauptete, den berühmten Pascal über die Logik von Port-Royal Folgendes sagen gehört zu haben.

Das ist mir eine schöne Arbeit für Arnauld, an einer Logik zu arbeiten. Die Bedürfnisse der Kirche fordern alle seine Anstrengung.

Kluge Leute vermeiden es, sich von vorn zu zeigen und sich ins Einzelne ansehen zu lassen, und sie suchen sich vielmehr in der Presse zu verbergen, damit man in ihren Reden nur die Wahrheit sehe, welche sie vorlegen.

Der selige Pascal, der eben so viel wahre Rhetorik besaß, als je Einer hatte, ging mit dieser Regel so weit, daß er behauptete, ein ehrlicher Mensch müsse vermeiden sich zu nennen, und selbst sich des Ausdrucks Ich nicht bedienen, und er sagte in dieser Hinsicht gewöhnlich

Die christliche Frömmigkeit zerstört das menschliche Ich, und die menschliche Höflichkeit verbirgt und unterdrückt es.

Pascal sprach wenig von den Wissenschaften, doch wenn die Gelegenheit sich darbot, sagte er sein Urtheil über die Dinge, über welche man mit ihm sprach. So sagte er z. B. zur Genüge, was er von der Philosophie Descartes' hielte, er stimmte in Betreff des Automats mit ihm überein, wich aber von ihm ab in Betreff der subtilen Materie, über die er sich sehr lustig machte, aber er konnte seine Art und Weise die Entstehung aller Dinge zu erklären nicht ertragen, und sagte sehr oft

Ich kann Descartes nicht verzeihen er hätte sich in seiner ganzen Philosophie Gottes gar gerne entschlagen wollen, doch er konnte es nicht über sich bringen, ihm nicht einen kleinen Nasenstüber zu geben, um die Welt in

Bewegung zu setzen nachher weiß er mit Gott nichts mehr anzufangen.

Wann der selige Pascal ein Beispiel einer Träumerei geben wollte, welche durch Hartnäckigkeit gerechtfertigt werden könne, so nannte er gewohnlich die Ansicht von Descartes über die Materie und uber den Raum.

Er widersetzte sich vor Jedermann den Unruhen in Paris, und wandte seit dieser Zeit alle Verstandesgründe, die man zur Rechtfertigung dieses Aufstandes beibrachte, als Vorwand an, und sagte

In einer erklärten, fertigen Republik wie in Venedig, ware es sehr großes Unrecht, dazu mitzuhelfen, einen König einzusetzen, und die Freiheit den Völkern, welchen Gott sie gegeben hat, zu benehmen. Aber in einem Staate, in welchem die konigliche Gewalt eingeführt ist, kann man den ihr gebührenden Respect nicht ohne eine Art von Tempelraub verletzen, denn da die Gewalt, welche Gott daran knüpfte, nicht nur ein Bild, sondern eine Theilnahme an der Gewalt Gottes ist, so kann man sich ihr nicht widersetzen, ohne offenbar dem Befehl Gottes zuwider zu handeln. Und da ferner der Burgerkrieg, der die Folge davon ist, zu den großten Sunden gehort, die man gegen die Nächstenliebe begehen kann, so kann man die Große dieses Verbrechens nicht groß genug darstellen. Die ersten Christen haben uns nicht den Aufruhr gelehrt, sondern die Geduld, wann die Fürsten ihre Pflichten nicht gut erfüllen.

Er sagte gewöhnlich

Ich bin von dieser Sunde ebenso weit entfernt, als davon, die Welt umzubringen, oder ein Straßenräuber zu werden, und es gebe überhaupt nichts, was seiner Natur mehr zuwider und wozu er weniger versucht sei.

Er sagte, die heilige Schrift sei nicht eine Wissenschaft des Verstandes, sondern eine Wissenschaft des Herzens, die nur denen verständlich sei, welche ein offenes Herz haben, und daß alle Andere nur Verwirrung darin finden.

Er rief zuweilen aus

Wenn mein Herz ebenso arm wäre, als mein Verstand, so wäre ich sehr glücklich, denn ich bin fest überzeugt, daß die Armuth ein großes Mittel ist, um sein Heil zu bewirken.

Er wies nie das Almosen ab, ob er es sich gleich an dem ihm Nöthigen abzog, da er wenig Vermögen besaß, und wegen seinen Krankheiten zu Ausgaben genöthigt war, die seine Einnahmen überstiegen. Aber wenn man ihm dieses vorstellen wollte, so oft er ein beträchtliches Almosen gab, so wurde er darüber böse und sagte

Ich habe bemerkt, daß, so arm man auch immer sein mag, man immer nach seinem Tode Etwas übrig läßt

---

Er sagte unter seinen härtesten Schmerzen, wenn man betrübt war, ihn so leiden zu sehen.

Beweint mich nicht die Krankheit ist der natürliche Zustand der Christen, weil man sich dann in dem Zustande befindet, in welchem man immer sein sollte, in der Ertragung der Leiden, in der Entbehrung aller Güter und sinnlichen Vergnügungen, frei von allen Leidenschaften, welche uns während unseres ganzen Lebens zu schaffen machen, ohne Ehrgeiz, ohne Habsucht, in der fortwährenden Er=

wartung des Todes. Sollten die Christen nicht also ihr Leben zubringen? Und ist es nicht ein großes Glück, wenn man sich nothgedrungen in einem Zustande befindet, in welchem man sein soll, und wenn man nichts Anderes zu thun hat, als sich demüthig und ruhig zu unterwerfen? Darum fordere ich nichts Anderes, als daß Ihr Gott bittet, daß er mir diese Gnade erzeige.

Bericht einer Unterredung,

in welcher Pascal den Plan und den Inhalt seines Werkes über die Religion auseinandersetzte*)

Vor etwa zehn oder zwölf Jahren bot sich eine Gelegenheit dar, bei welcher man ihn aufforderte, nicht niederzuschreiben, was er sich in dieser Hinsicht vorgesetzt habe, aber etwas mündlich mitzutheilen. Er that es daher in Anwesenheit und auf die Bitten mehrer seiner angesehensten Freunde. Er entwickelte ihnen in wenigen Worten den Plan seines ganzen Werkes, zeigte ihnen, was den Gegenstand und Inhalt desselben bilden sollte, legte ihnen im Kurzen die Gründe und Prinzipien vor, und belehrte sie über die Ordnung und Reihenfolge, die er darin beobachten wollte. Und diese Personen, die am geeignetsten sind, um über derlei Dinge ein Urtheil zu fällen, gestehen, nie etwas Schöneres, Kräftigeres, Rührenderes und Ueberzeugenderes gehört zu haben, sie waren bezaubert von dem Plan und Zweck des Werkes, der ihnen so in zwei oder drei Stunden aus dem Stegreife, ohne Vorbereitung und Arbeit mitge=

*) Auszug aus der Vorrede der ersten Ausgabe der Pensées.

theilt wurde, und sie schließen ließ, wie es einst sich gestalten würde, wenn dieser Plan jemals ausgeführt und zum Ziele gebracht würde von einem Manne, dessen Stärke und Talent sie kannten, der daran gewohnt war, alle seine Werke mit solcher Sorgfalt auszuarbeiten, daß er beinahe nie mit seinen ersten Gedanken, so gut sie auch ihm und den Andern scheinen mochten, zufrieden war, sondern der oft acht bis zehn Mal eine Arbeit umschrieb, die schon das erste Mal jedem Andern als ihm bewunderungswürdig schien.

Nachdem er ihnen gezeigt hatte, welche Beweise den tiefsten Eindruck auf den menschlichen Geist machen, und welche am Leichtesten überzeugen, unternahm er es, zu zeigen, daß die christliche Religion ebenso viele Kennzeichen der Gewißheit und Evidenz besitze, als die Dinge, an welchen man in der Welt am Wenigsten zweifelt.

Um dieses zu erhärten, begann er zuerst mit einem Gemälde des Menschen, bei welchem er nichts von allem dem vergaß, was ihn äußerlich und innerlich darstellen könnte bis zu den kleinsten Bewegungen seines Herzens. Er setzte sodann einen Menschen voraus, der, nachdem er lange Zeit über in der gänzlichen Ungewißheit über Alles, und zumeist über sich selbst gelebt hat, endlich dazu kommt, sich in diesem Spiegel abzuspiegeln, und zu untersuchen, was er sei. Er ist erstaunt, hier eine Masse von Dingen vorzufinden, an die er nie gedacht hatte, und er konnte nicht ohne Staunen und Bewunderung alles das bemerken, wodurch ihm Pascal seine Größe und Niedrigkeit, seine Stärke und seine Schwäche, den geringen Rest von Erkenntniß, der ihm übrig bleibt, und die Finsternisse, die ihn fast von allen Seiten umringen, und endlich alle die seltsamen Widersprüche, die sich in seinem Innern finden, aufdeckt. Nach dieser Erkenntniß kann er nicht länger in der Indifferenz verharren, wenn er auch nur einen Funken Verstand besitzt, und so gleichgültig er auch zuvor gelebt haben mag, so muß er doch nach diesem Selbsterkenntniß wünschen, zu wissen, woher er komme, und wozu er bestimmt sei.

Nachdem Pascal ihn in diese Stimmung versetzt hat, sich zu bemühen, einen so wichtigen Zweifel aufzuklären, so stellt er ihn zuerst den Philosophen, und nachdem er ihm hier entwickelt hat, was Alles die größten Philosophen aller Schulen über den Menschen gesagt haben, läßt er ihn so viele Mängel, so viele Schwächen, so viele Widersprüche und Irrthümer in Allem, was sie behaupteten, erkennen, daß es diesem Manne nicht schwer ist, zu erkennen, daß er sich nicht an diese Männer halten dürfe

Sodann läßt er ihn das ganze Universum und alle Zeiten durchlaufen, um ihn auf eine Unmasse von Religionen, die ihm hier entgegentreten, aufmerksam zu machen, aber zugleich zeigt er ihm durch so gewichtige und überzeugende Gründe, daß alle diese Religionen nur Eitelkeit, nur Thorheit, nur Irrthum, nur Ueberspanntheit seien, daß er auch hier noch nichts findet, was ihm gnügen könnte.

Endlich richtet er seine Augen auf das jüdische Volk, und zeigt ihnen hier so außerordentliche Ereignisse, daß diese leicht seine Aufmerksamkeit fesseln. Nachdem er ihm alle Eigenthümlichkeiten dieses Volkes vorgeführt hat, verweilt er besonders dabei, ihn auf ein einziges Buch aufmerksam zu machen, nach welchem es sich richtet, und das zugleich seine Geschichte, sein Gesetz und seine Religion in sich begreift. Kaum hat er dieses Buch geöffnet, so erfährt er, die Welt sei das Werk eines Gottes, und daß es derselbe Gott sei, welcher den Menschen nach seinem Bilde schuf, und ihn mit allen Vorzügen des Körpers und Geistes, die diesem Bilde entsprechend waren, ausgerüstet habe. Wenn er gleich noch nichts hat, was ihn von dieser Wahrheit überzeugen konnte, so gefällt sie ihm doch gleichwohl, und der Verstand allein reicht hin, um ihn in dieser Voraussetzung, daß ein Gott der Schöpfer des Menschen und des ganzen Weltalls sei, mehr Wahrscheinlichkeit finden zu lassen, als in Allem, was dieselben Menschen mit eigenem Verstande ersonnen haben. Hierbei wird er durch das Gemälde, das er vom Menschen erhalten hat, gestört, denn dieser ist weit entfernt, alle diese Vorzüge zu besitzen, welche er haben mußte, als er aus den Händen seines Schöpfers kam. Doch dieser Zweifel wird ihm bald benommen, denn sobald er die Lecture dieses selben Buches weiter verfolgt, so findet er darin, daß, nachdem der Mensch von Gott im Stande der Unschuld und mit allen Vollkommenheiten geschaffen worden war, dieser es seine erste Handlung sein ließ, sich gegen seinen Schöpfer aufzulehnen, und alle Vortheile, die er besaß, dazu anzuwenden, ihn zu erzürnen.

Pascal läßt ihn sodann erkennen, daß, da dieses die größte Sünde gewesen sei, welche je begangen wurde, sie nicht nur an diesem ersten Menschen bestraft wurde, welcher von seiner Höhe stürzend plötzlich sich im Elend, in der Schwäche, im Irrthum und in der Verblendung befand; sondern auch an allen seinen Nachkommen, welchen derselbe Mensch seine Verdorbenheit mitgetheilt hat und für alle Zeit mittheilen wird.

Sodann zeigt er ihm verschiedene Stellen aus diesem Buche, wo er diese Wahrheit gefunden hat. Er macht ihn darauf aufmerksam, daß vom Menschen von nun an nur noch in Bezug auf diesen Zustand der Schwäche und Unordnung gesprochen wird, daß oft gesagt wird, alles Fleisch sei verdorben, die Menschen seien ihrer Sinnlichkeit anheimgefallen, und haben von ihrer Geburt an eine Neigung zum Bösen. Er zeigt ihm sofort, daß dieser erste Fall nicht nur die Quelle alles dessen ist, was sich am Wenigsten in der Natur des Menschen begreifen läßt, sondern auch den Grund einer Unzahl von Folgen, die außerhalb seiner liegen, und deren Ursache ihm unbekannt ist. Endlich überzeugt er ihn, wie in diesem ganzen Buche der Mensch so trefflich gezeichnet, daß er sich nicht mehr von dem Bilde unterscheidet, das er ihm davon zuerst entwarf.

Doch das genügt nicht, den Menschen seinen elenden Zustand erkennen zu lassen, Pascal zeigt ihm auch, daß er in demselben Buche Trost finde. Und wirklich weist er ihn darauf hin, daß hier gesagt ist, das Mittel sei in den Händen Gottes; daß wir zu ihm unsere Zuflucht nehmen müssen, um die Kräfte zu erhalten, die uns abgehen, daß er sich erweichen lassen will, und selbst einen Befreier den Menschen senden will, der für sie Genugthuung leisten und ihrer Schwäche aufhelfen werde.

Nachdem er ihm eine Masse von sehr speciellen Erklärungen über das Buch dieses Volkes gegeben hat, läßt er ihn noch erkennen, daß es das einzige ist, das würdig vom höchsten Wesen gesprochen, und die Idee einer wahren Religion gegeben habe. Er giebt ihm die deutlichsten Fingerzeige, welche er auf die Religion bezieht, welche dieses Buch gelehrt hat, und lenkt seine besondere Aufmerksamkeit darauf, daß dieses Buch das Wesentliche des Gottesdienstes in die Liebe zu dem Gotte setze, welchen er anbetet, und dieses eben ist ein ganz besonderes Merkmal, das diese Religion wesentlich von allen übrigen unterscheidet, deren Irrthum erst durch den Mangel dieser wesentlichen Eigenschaft recht hervortritt.

Wenn gleich Pascal, nachdem er diesen Menschen, welchen er unbemerkt überführen wollte, so weit vorangelenkt hatte, noch nichts gesagt von dem, was ihn von den Wahrheiten überzeugen konnte, die er ihn aufdecken ließ, so stimmte er ihn wenigstens so, daß er diese Wahrheiten gern aufnehmen will, vorausgesetzt, daß man ihm zeigen kann, daß er sich für sie bestimmen muß, und er wünscht wenigstens von Herzensgrunde, daß sie fest und gut gegründet seien, weil er darin so große Quelle der Ruhe und so schöne Lösung seiner Zweifel findet. Dieses ist denn auch wirklich die Stimmung, in welcher jeder vernünftige Mensch sich befinden sollte, wenn er einmal in den Gedankengang alles dessen eingedrungen ist, was Pascal ihm vor die Augen führt; und man kann mit Recht voraussetzen, daß er sich alsdann willig allen Beweisen fügen wird, welche ihm Pascal an die Hand giebt, um die Gewißheit und Evidenz aller dieser Wahrheiten, von denen er gesprochen hatte, und welche die Grundlage der christlichen Religion, für die er gewinnen will, bilden, zu erhärten.

Um hier in wenigen Worten etwas von diesen Beweisen zu sagen, so bemerke ich, daß er, nachdem er gezeigt hatte im Allgemeinen, daß die Wahrheiten, um die es sich handelte, in einem Buche der Gewißheit niedergelegt seien, an welchem kein vernünftiger Mensch zweifeln könne, verweilte er insbesondere beim Buche Mosis, wo diese Wahrheiten ganz besonders enthalten sind; und ließ durch eine große Anzahl von unbezweifelbaren Einzelnheiten erkennen, daß es eben so unmöglich sei, daß Moses falsche Dinge aufgeschrieben habe, als daß das Volk, dem er seine Schriften anvertraut hatte, sich hätte täuschen lassen, selbst im Fall daß Moses fähig gewesen wäre, ein Betrüger zu sein.

Er sprach auch von allen großen Wundern, welche in diesem Buche erzählt werden, und da sie von großer Wichtigkeit für die Religion sind, die darin gelehrt wird, so bewies er, daß sie nothwendig wahr sein müßten, nicht nur aus der Auctorität des Buches, in dem sie enthalten sind, sondern auch aus allen einzelnen sie begleitenden Umständen, die sie alles Zweifels überheben.

Er gab noch zu verstehen, auf welche Weise das ganze Gesetz Mosis figürlich wäre, wie Alles, was dem Volk Israel geschehen sei, nur das Bild der mit der Ankunft des Messias in Erfüllung gegangenen Wahrheiten und wie der Schleier, welcher diese Bilder umhüllte, gelüftet worden sei, so daß es leicht sei, ihre Erfüllung und vollständige Vollendung zu Gunsten derer zu erkennen, welche Jesus Christus aufnahmen.

Pascal unternahm es hierauf, die Wahrheit der Religion durch die Weissagungen zu beweisen, und über diesen Gegenstand verbreitete er sich weit ausführlicher, als über die anderen. Da er hierüber viel gearbeitet und ganz eigenthümliche Ansichten hatte, entwickelte er sie auf eine sehr verständliche Weise er gab den Sinn und die Folge mit seltener Leichtigkeit zu erkennen, und stellte diesen Beweis in seinem ganzen Lichte und in seiner ganzen Kraft heraus

Endlich nachdem er die Bücher des alten Testamentes also durchgegangen und noch mehre überzeugende Bemerkungen gemacht hatte, um die Wahrheit der Religion zu begründen und zu beweisen, so unternahm er es noch, vom Neuen Testamente zu reden, und seine Beweise der Wahrheit aus dem Evangelium selbst zu ziehen.

Er begann mit Jesus Christus; und wenn er ihm gleich schon unbesiegbar durch die Weissagungen und durch alle Bilder des Gesetzes bewiesen hatte, deren vollständige Erfüllung in ihm erkannt wurde, so brachte er doch noch viele Beweise bei, die aus seiner Person, seinen Wundern, seiner Lehre und den Verhältnissen seines Lebens entlehnt waren.

Sodann stand er bei den Aposteln stille, und um die Wahrheit des Glaubens, welchen sie überall mit lauter Stimme predigten, zu erhärten, zeigt er zuerst, daß man sie nicht des Irrthums anklagen könne, ohne vorauszusetzen, daß sie Betrüger oder selbst Betrogene gewesen seien, und beweist dann, daß die Eine dieser Voraussetzungen so gut als die andere ganz unmöglich seien.

Endlich vergaß er nichts von dem, was zu Gunsten der Wahrheit der evangelischen Geschichte sprechen konnte, und machte dabei sehr schöne Bemerkungen über das Evangelium selbst, über den Styl der Evangelisten und über ihre Schriften, über die staunenswerthe Anzahl der Wunder, über die Martyrer; über die Heiligen; kurz über alle Wege, durch welche sich die christliche Religion festsetzte. Und wenn er gleich nicht Zeit hatte, um in einer einfachen Rede einen so weitläufigen Gegenstand in die Länge zu behandeln, wie er es in seinem Werke thun wollte, so sagte er doch genug, um zu überzeugen, daß alles dieses nicht Menschenwerk sein könne, und daß nur Gott selbst das Zusammentreffen so vieler verschiedener Umstände habe verordnen können, die alle gleicherweise auf unwidersprechliche Weise die Wahrheit beweisen, welche er unter den Menschen verkündigte.

Das sind die hauptsächlichsten Gegenstände, von welchen er in dieser Rede sprach, die er seinen Zuhörern nur als einen Auszug des großen Werkes darstellt, mit dem er sich beschäftigte und vermittelst Einer der Personen, die zugegen waren, wußte man seither das Wenige, was ich hier davon berichte.

Zugaben

zur dritten Unterredung über die Stellung der Großen*).

† Gott
hat Alles für sich geschaffen,
hat Gewalt zu Guten und Bösen für sich gegeben.
— † Sie können es auf Gott oder auf sich beziehen. Wenn auf Gott, so ist das Evangelium die Richtschnur. Wenn auf sich, so nehmen Sie die Stelle Gottes ein.
— † Wie Gott von Leuten voll von Mildthätigkeit umringt ist, welche ihm die Gaben der Mildthätigkeit abbitten, die in seiner Gewalt stehen, ebenso . . . .
— † So erkennen Sie sich und wissen Sie, daß Sie nur ein König der Lust sind, und folgen Sie die Wege der Lust.

---

*) Wir glauben hier und unter diesem Titel ein Fragment einreihen zu müssen, das sich vereinzelt, und ohne alle Angabe im MS findet, das sich aber entschieden auf die dritte Unterredung über die Stellung der Großen bezieht.

So war denn dieses Fragment eine Note, welche Pascal auf das Papier geworfen hatte, um desto besser eine seiner Betrachtungen, welche er in einer Unterredung mit seinem jungen Freunde weiter ausführen wollte, im Gedächtniß zu bewahren. Dieser interessante Fall bezeugt die Sorgfalt und die Wichtigkeit, welche Pascal selbst einfachen Unterhaltungen beilegte, in Allem, was die Regeln der Sittlichkeit betraf.

Beigaben.

Nr. I — Auszug aus einer Notiz von Margarethe Perier über Herrn und Fräulein von Roannez*)

Herr von Roannez war der Sohn des Marquis von Boisy. Seine Mutter war die Tochter des Parlaments=Präsidenten Henrequin, und er war Enkel des Herzogs von Roannez, seine Großmutter war Schwester des Grafen von Harcourt. Er verlor seinen Vater im Alter von acht oder neun Jahren, und wurde seinem Großvater übergeben, der kaum Etwas von der Religion wußte, und der ein sehr ungestümer Mann und ganz unfähig war, eine christliche Erziehung einem Kinde angedeihen zu lassen. Er gab ihm einen Erzieher, der sich ebenso wenig darauf verstand als er selbst, er ging sogar so weit, seinem Erzieher zu befehlen, ihm den Hofschnitt zu geben, und ihn schwören zu lehren, da er glaubte, es sei nothwendig, daß ein junger Mensch diese Manieren lerne. Er verlor seinen Großvater im Alter von 13 Jahren und nun war er sein eigner Herr. Seine Mutter, welche eine gute, ganz einfache Frau war, hatte weder Kraft noch Zeit, sich mit seiner Erziehung zu befassen. Doch fing er schon in seiner Jugend an, religiösen Gefühlen nachzuhängen. Er hatte viel Talent, aber kein Wissen. Er wurde (ich weiß nicht genau in welchem Alter) mit Pascal bekannt, der sein Nachbar war, er bewunderte sehr seinen Geist, und nahm ihn selbst ein oder zwei Mal nach Poitou mit sich, da er sich nicht satt an ihm sehen konnte. Als Herr von Roannez ungefähr 22 oder 23 Jahre alt

*) 3e Recueil M S du P. Guerrier. p 336.

war, so überredete ihn Pascal, der sich Gott völlig verschrieben und den festen Vorsatz gefaßt hat, sich ganz von der Welt zurückzuziehen, seinem Beispiele zu folgen. Herr von Roannez zeigte sich ganz und gar nicht abgeneigt, und im Alter von 24 oder 25 Jahren entschloß er sich, mit Pascal und Singlin, in dessen Hände ihn Pascal gegeben hatte, einige Zeit sich zu nehmen, um vor Gott sich darüber zu prüfen, was er thun sollte. Er nahm sich diese Zeit. Pascal wohnte damals bei ihm, er hatte ihm sein Zimmer gegeben, in welches er von Zeit zu Zeit ging, ob er gleich ein Haus in Paris hatte. Endlich entschloß sich Herr von Roannez nach reiflicher Ueberlegung, und war fest Willens, der Welt für immer Abschied zu sagen. Er erklärte dieses Singlin und Pascal, und sagte ihnen, er würde die erste Gelegenheit ergreifen, um die Einwilligung des Königs zu erhalten, um seine Besitzungen zu verkaufen und sich ganz ins Kloster zurückzuziehen. Nachdem er seinen Entschluß fest gefaßt und diesen Herren mitgetheilt hat, stieß ihm etwas ganz Außerordentliches zu. Vor etwa vier oder fünf Jahren, ehe er noch daran dachte, sich von der Welt zu trennen, sondern im Gegentheil sich noch an sie kettete, machte er die Bekanntschaft eines jungen Mädchens von Stand, der reichsten Erbin des Reichs, einem Fräulein von Menus, die noch für die Heirath zu jung war. Er hatte immer auf sie als auf eine passende Partie die Augen geworfen, und er zweifelte auch nicht daran, daß er ihre Einwilligung erhielte, denn er war damals alleiniger Herzog und gleichen Standes mit ihr, denn es gab dazumal nur wenig Herzoge. Ungefähr einen Monat nachdem von Roannez diesen Entschluß gefaßt hatte, schlug man dem Grafen von Harcourt Fräulein von Menus für seinen Vetter, von Roannez, vor. Der Graf von Harcourt, sehr erfreut darüber, ging zu von Roannez und sagte zu ihm mein Vetter, ich bringe Ihnen eine erfreuliche Nachricht, man schlägt mir so eben Fräulein von Menus für Sie vor. Herr von Roannez war sehr überrascht und sagte zu ihm Mein Herr, ich bitte Sie, mir einige Zeit zum Nachdenken zu lassen. Der Graf von Harcourt wurde ärgerlich und sagte So sind Sie ein Narr, mein Vetter! Wenn Sie lange Zeit Fräulein von Menus den Hof gemacht hätten und man Ihnen ein Jawort gegeben hätte, so müßten Sie sehr zufrieden sein, nun aber wirft man sie Ihnen an den Kopf und Sie sagen, Sie wollen sich erst besinnen. Das ist ein Mädchen von Stand, die reichste Erbin des Reichs. Sie müssen ein Narr sein. Herr von Roannez bestand darauf, sich eine Bedenkzeit auszubitten, und nach 12 oder 15 Tagen gab er seine Erklärung an den Grafen von Harcourt ab, daß er sich entschlossen habe, nicht zu heirathen. Der Graf von Harcourt war sehr wüthend, besonders gegen Pascal. Dieses hörte man im Hôtel von Roannez, wo sich Pascal noch aufhielt, so daß die Pförtnerin des Hauses eines Morgens gegen acht Uhr zu Pascal auf das Zimmer mit einem Dolch ging, um ihn zu tödten, glücklicher Weise traf sie ihn nicht, er war an diesem Tage gegen seine Gewohnheit sehr frühzeitig ausgegangen. Er hörte davon und kehrte nicht mehr zurück. Fräulein von Menus heirathete später Herr von Vidonne

Herr von Roannez bestand also auf seinem Entschlusse, und verkaufte einige Jahre nachher seine Besitzungen, bezahlte einige Schulden, aber nicht alle, denn sein Großvater hatte ihm sehr große hinterlassen. Doch blieb er noch in der Welt, da seine Mutter noch lebte, aber er hatte später viel Sorge, wegen der Umwandlung seiner Schwester, die nicht ebenso viel Standhaftigkeit als er besaß.

Um daher die Geschichte seiner Schwester zu erzählen, so bemerke ich, daß sie mit ihrer Mutter lebte. Sie hatte zwei Schwestern, die Benedictinernonnen waren; die älteste war Aebtissin von N*, und die jüngste starb als einfache Nonne bei den Hospitalerinnen, zu welchen sie sich zurückgezogen hatte, nach Verlassung ihres Klosters. So war Fräulein von Roannez allein übrig geblieben, und da sie sich verheirathen wollte, warfen Mehre auf sie die Augen, aber da es eben keine glänzende Partie war, weil ihr Bruder, dessen Entschluß nicht bekannt war, noch in der Welt lebte, so waren die, welche an sie dachten, keine besonders vornehmen Herren. Ein Mann von Stand bewarb sich um sie, als Fräulein von Roannez, die an den Augen litt, eine neuntägige Andacht zum heiligen Dorn in P. R. abmachte. Ich weiß nicht, ob dieses im Jahre **1656** oder **1657** geschah, aber am letzten Tage ihrer Andacht wurde sie von Gott so mächtig gerührt, daß sie während der ganzen Messe in Thränen zerfloß. Ihre Mutter, die alle Tage mit ihr dahin ging, war über diese ihre Stimmung sehr erstaunt. Fräulein von Roannez bat sie, nicht sogleich aus der Kirche zu gehen. Als sie endlich hinausgegangen und zu Haus angekommen waren, erklärte sie ihrer Mutter, sie wolle sich Gott weihen. Sie blieb einige Tage bei ihr, entfloh aber eines Morgens und ging nach Port-Royal mit der Forderung, hier aufgenommen zu werden.

Herr Singlin und die Aebtissin hielten es für gerathen, ihr das Thor zu öffnen, sie trat ein, und unterzog sich mit außergewöhnlichem Eifer dem Noviziate unter dem Namen Schwester Charlotte de la Passion, und nahm das kleine Gewand. Ich befand mich damals dort, und war davon Zeuge. Als ihre Mutter hiervon in Kenntniß gesetzt wurde, beschwerte sie sich bei P. N. und da sie ihre Freilassung hier nicht auswirken konnte, so wandte sie sich nach Verfluß von 3 Monaten an die Königin Mutter, welche ihr einen Brief mit Siegel gab, der den Befehl enthielt, sie zu entlassen. Doch ehe sie das Kloster verließ, that sie die Gelübde der Keuschheit, ich weiß nicht, ob in der Kirche, oder nur in Gegenwart der Nonnen, auch ließ sie sich das Haar abscheeren. Seit dieser Zeit blieb sie zu Hause in gänzlicher Zurückgezogenheit und Trennung von der Welt. So dauerte es bis zum Ende des Jahres 1665. Während dieser ganzen Zeit erneuerte sie ihre Gelübde, so oft sie communicirte, sie schrieb sie ein und unterzeichnete sie in einem Büchlein, welches sie sich ausdrücklich zu diesem Zwecke hielt, und gesellte sogar das Gelübde bei, Nonne zu sein. Doch da ihre Schwester, die bei den Hospitalerinnen Nonne war, sah, daß ihr Bruder auf seinem Vorsatze bestehe, sich nicht zu verheirathen, war sie ärgerlich, ihre Familie so aussterben zu sehen, und beschloß wenigstens ihre Schwester zu verheirathen. Darum wollte sie ihr eine Gelegenheit verschaffen, den Mann von Stand zu sehen, welchen sie sah, als sie in P. N. von Gott ergriffen wurde. Sie ließ ihn daher, wie durch Zufall, zu sich auf das Sprechzimmer kommen, als Fräulein von Roannez bei ihr war. Dieser Mann bezeugte ihr dieselben Aufmerksamkeiten, wie 6 oder 7 Jahre zuvor. Fräulein von Roannez war gerührt zu sehen, daß ein so langer Zwischenraum die Liebe dieses Mannes nicht erkaltet habe, sie erlaubte ihm daher, sie zu besuchen, doch von ihrer Seite nur mit dem Vorsatz, ihn als Freund zu behandeln. Als Herr von Roannez dieses entdeckte, war er sehr ärgerlich, und beschwerte sich hierüber bei Frau Perier. Pascal war vor 15 oder 16 Monaten gestorben. Frau Perier besuchte

Fräulein von Roannez, die sie versicherte, daß ihr Bruder ohne allen Grund aufgebracht sei, daß sie an eine Heirath gar nicht denke, daß sie es gar nicht dürfe, und zu gleicher Zeit zeigte sie ihr ihre Gelübde und bat sie, ihr eine Unterredung mit Herr Singlin zu verschaffen, welcher ihr Beichtvater gewesen war, und sich damals versteckt hielt. Sie sah ihn auch wirklich, und seinem Rath zufolge wollte sie den Mann, welcher sie zuvor besucht hatte, nicht mehr sehen, und kehrte zu ihrem alten Eifer zurück. Herr Singlin starb im April 1664, sein Tod betrübte sie sehr. Gleichwohl fuhr sie in ihrem Eifer fort, und sah oft Frau Perier. Aber diese sah sich im December 1664 genöthigt, Paris zu verlassen. Herr von Roannez bedauerte dieses sehr, und sagte ihr, daß er sehr fürchte, es möchte dieses Ereigniß seine Schwester wieder schwankend machen. Dieses geschah auch wirklich; da sie keine Stütze mehr hatte, Pascal, Singlin und Frau Perier nicht mehr um sie waren, fing sie 1665 wieder an, die Welt zu sehen.

Nr. II. — Brief von Menjot an Frau von Sablé*).

. . . M. Vallant ließ mich diesen überaus verbindlichen Brief Pascal's sehen. Aber ich weiß nicht, was ich von einem so günstigen Zeugniß denken soll, denn wenn ich einerseits die Aufrichtigkeit und die hohe Erkenntniß dieses großen Mannes betrachte, so weiß ich auch andererseits, daß die Liebe die erste christliche Tugend ist, so wird es mir aber schwer, zwischen der Gerechtigkeit und der

*) Portefeuilles du médecin Vallant.

Nachsicht, zumal bei einem Manne zu unterscheiden, welcher sie wohl mit ebenso viel Eifer ausübt als vertheidigt. Wie dem immer sei, jedenfalls bin ich ihm äußerst verbunden, daß er ein so wenig bedeutendes Buch eines Blicks würdigte, und ich sage Ihnen, meine Frau, den aufrichtigsten Dank dafür, daß Sie mir diese Ehre verschafften.

Nr. III — Auszug aus den Zugaben zum Nekrolog von Port-Royal, von Marguerite Perier*).

. . Einige Jahre später geschah es, daß Frau Perier, Schwester von Pascal, sich bei der Frau Marquisin von Sablé befand, diese hatte einen Arzt, Namens Menjot, der Huguenot war, ein sehr geschickter und in Charenton geschätzter Mann, und dieser war ebenfalls zugegen. Frau von Sablé, die sehr fromm war, ließ sich mit ihm in ein religiöses Gespräch ein, er bestand mit allem Nachdruck auf seiner Lehre von der wirklichen Gegenwart Frau von Sablé und Frau Perier bestritten diese Meinung. Menjot erklärte endlich Kann man mir beweisen, daß dieses der Glaube der 4 ersten Jahrhunderte ist, so werde ich mich ergeben Frau Perier, welche die Schrift von Arnauld kannte, sagte ihm, sie glaube ihm eine Schrift zeigen zu können, welche diese Wahrheit beweise, sie entfernte sich, und suchte Arnauld auf, dem sie den Vorfall erzählte. Arnauld glaubte diese Schrift abgeben zu müssen, um diesen Mann zu gewinnen, aber da er nicht die Absicht hatte, sich in einen Streit einzulassen, bat er Frau Perier, die

*) 3ᵉ Recueil MS du P Guerrier p 244

Schrift nur unter der Bedingung Menjot einzuhändigen, daß er keine Abschrift davon nehmen, und sie in bestimmter Zeit wieder zurückstatten wolle.

Frau Perier gab ihm diese Schrift bei Frau Sable unter den Bedingungen, welche er annahm. Am bestimmten Tage der Rückgabe stellte er sich ein, und überbrachte es, aber er hielt nicht Wort; denn er sagte, es sei wahr, daß die Schrift dieses als den Glauben der vier ersten Jahrhunderte ausgeben könne, aber man hätte beweisen müssen, daß dieses der Glaube der Apostel sei. Frau Perier entgegnete ihm, daß man den Glauben der Apostel am Besten an dem ihrer Schüler erkennen könne, aber er pflichtete nicht bei. Er versicherte, keine Abschrift von der Abhandlung genommen zu haben, und Frau Perier stellte sie wieder Arnauld zu

Sechs Monate später erschien ein Octavband von Claude, der eine Antwort auf diese Abhandlung enthielt, von welcher Menjot keine vollständige Abschrift genommen, aber doch die Hauptartikel sich aufgezeichnet hatte. Die Schrift von Claude war sehr gut geschrieben und verführerisch. Als es Arnauld in die Hände fiel, erstaunte er und glaubte, Menjot habe ihn betrogen. Doch erklärte er, da Gott ihn bei dieser Gelegenheit zu arbeiten auffordere, müsse er gehorchen, und diese Schrift gebiete eine Erwiderung. So ließ er denn die kleine Schrift unter dem Titel „**Perpétuité de la Foi**“ in 12. mit einer Erwiderung der Schrift von Claude drucken. Da ihn hierauf Claude und die andern Häretiker angriffen, unternahm er in Gemeinschaft mit Nicole die bekannten größern Werke. Er ließ sich durch mehre Personen Certificate von griechischen Bischöfen ausstellen, und als ihm Herr von Pomponne aus Schweden einige dieser Certificate zuschickte, schrieb er ihm zugleich, er habe in Frankreich keine besseren Katholiken als diese griechischen Bischöfe gesehen, mit Ausnahme eines gewissen **filioque**, das sie immer in ihrem **Credo** vergessen, und als er ihnen den Grund gesagt habe, aus dem er ihnen diese Certificate abforderte, und was die Lehre der Hugenotten über die wirkliche Gegenwart sei, haben sie außerordentliche Geberden gemacht, um den Abscheu zu beurkunden, welchen sie vor einer solchen Lehre hatten

---

Nr IV — Auszug einer Schrift, die den Titel führt: „Bericht über den Zustand des Jansenismus in der Stadt Clermont im Jahre 1661" *)

Kaum zeigte sich der Jansenismus in Frankreich, als er auch seine Anhänger in Clermont zählte, und wenn Auvergne die Geburtsstätte dieser Secte ist, da sie die Geburtsstadt von Arnauld, Bourzez, Brousse, Nebours, Laporte, Mauguin und Pascal ist, so trägt die Stadt Clermont viel zu dem Fortschritte und der Erhaltung dieser Lehre bei.

Denn da die Leute dieser Provinz sich gewöhnlich mit Hartnäckigkeit an einmal vorgefaßte Meinungen halten, so haben die Beschlüsse der Kirche und die Erlasse des Königs nicht vermocht die Saat dieser Irrlehre also auszurotten, daß nicht noch immer Einige wären, welche nicht nur im Geheimen diesen Ansichten nachhangen, sondern auch offen sich zu diesen Grundsätzen bekennen. Die Secte besteht aus mehren Laien beiderlei Geschlechts die Angesehensten

*) 3ᵉ Recueil MS. du P. Guerrier. p. 198.

sind Herr Montorcier, Präsident am Cour des aides, Herr Perier, Rath an diesem Hof, und das Fräulein Pascal, seine Frau, Herr Guerrier, Advokat, und die sogenannte Baudom, Hebamme*), aber der berüchtigtste ist Herr Domat, Advokat des Königs am Landgericht Clermont, welcher, da er eine gewisse Lebendigkeit des Geistes besitzt, und sich ausschließlich auf derartige Studien warf, für den Gelehrtesten gilt, seinen Verbündeten Vorlesungen hält, und einen Theil der Jugend, welche zum Schloß kommt, verführt. Es scheint nicht, daß die Geistlichkeit auch verführt sei, mit Ausnahme des Herrn Courtin, Dekan der Collegialkirche von St Amable zu Riom, welcher ein ausgemachter Jansenist ist, und oft nach Clermont kommt, um die Secte mit seinem Rath zu unterstützen ꝛc.

Anmerkung von P. Guerrier „Ich fand dieses Actenstück unter den Papieren, welche Fräulein Perier der Bibliothek des Oratori von Clermont einhändigte. Ich weiß nicht, wer der Verfasser ist, aber ich vermuthe, daß es wohl das Werk eines Jesuiten aus dem Seminar von Montferrand sein kann.“

Nr V — Brief von dom Antoine-Augustin Touttée, Benedictinermönch, an den Abt Perier**).

Mein Herr,

Ich habe die Ehre, Ihnen die drei Schriften zurückzuschicken, welche Sie mir gütigst mitgetheilt haben. Bei

*) Anmerkung von P Guerrier „Ich sah mehre Briefe von Arnauld an Perier, in welchen dieser Doctor sie grüßt“ — Der Arzt Vallant schätzte Frau Baudom sehr hoch, und man findet unter seinen Papieren eine Abhandlung über die Entbindungskunst, die von ihr verfaßt ist

**) Ier Recueil MS du P Guerrier. p 874

zweien kleinen Schriften schrieb ich den Titel unten hin, welchen man ihnen ungefähr geben konnte, ebenso machte ich einige Bemerkungen auf den Rand der grösseren Schrift. Ich habe folgende allgemeine Bemerkung darüber zu machen die Schrift verspricht von der geometrischen Methode zu sprechen, und spricht auch wirklich am Anfange davon, ohne jedoch etwas besonderes darüber zu bemerken, aber verliert sich dann in eine grosse Episode über die zwei Unendlichkeiten des Grossen und Kleinen, welche man in den drei oder vier Dingen, welche die ganze Natur ausmachen, vorfinde, und der Zusammenhang dieses Theils der Schrift mit ihrem Anfang tritt nicht deutlich hervor. Darum weiß ich nicht, ob es nicht besser sein möchte, die Schrift in zwei Schriften zu theilen, und jede besonders herauszugeben· denn ich glaube nicht, daß die eine zur andern paßt. Gleichwohl schien mir dieser zweite Theil viel Gutes zu enthalten neben einigem Andern, was allgemein bekannt ist. Ich möchte diese Schrift Herrn Varignon mittheilen, um sein Urtheil zu hören

Ich bin damit beschäftigt, die Gedanken, welche in den drei mir zugestellten Heften zerstreut liegen, zusammenzustellen. Ich glaube man sollte in diese Sammlung nur die Gedanken aufnehmen, die etwas Neues enthalten, und die trefflich genug sind, um vom Leser wenigstens theilweise verstanden zu werden. Darum werde ich die Gedanken, welche dem Inhalt oder der Form nach nichts Neues enthalten, so wie die, welche zu ungestaltet sind, um verstanden zu werden, bei Seite lassen. Ich empfehle mich Ihrer Fürbitte und ihrem Accenten.

Ich bin mit Hochschätzung und Achtung.

Saint-Denis, den 12 Juni 1711.

Nr. VI — Brief des Bischofs von Comminges an Etienne Perier, über die Gedanken Pascal's.

Paris den 21. Januar 1670.

Eine Reise, welche ich unternahm, verhinderte mich, mein Herr, Ihnen früher auf Ihren so verbindlichen Brief zu antworten, ich verdiene durchaus keinen Dank für die Anerkennung, welche ich den Gedanken Pascal's gezollt habe, aber ich schulde Ihnen viel Ehre, weil Sie meinen Namen auf dieses herrliche Werk setzen wollten. Was die Stellen betrifft, über welche ich mir einen Zweifel erlaubte, muß sich die Güte derer loben, welche sich um den Druck annahmen, sie waren rücksichtsvoll genug, die Veränderungen vorzunehmen, die mir nothwendig schienen ich bitte Sie, hierin meine Schwäche zu entschuldigen, und überzeugt zu sein, daß ich nicht die Anmaßung hatte, zu glauben, daß mein Urtheil das richtige sei, aber ich dachte vor Gott, daß es meine Pflicht sei, es offen auszusprechen. Ueberdieß, mein Herr, bemerke ich Ihnen, daß ich in der That nie etwas so Geistreiches gelesen habe, wie diese Gedanken. Wir waren der Vollendung dieses Werkes nicht werth. Ich bin ꝛc.

Gilbert de Choiseul,
Bischof von Comminges.

N. VII. — Brief von Herrn von Brienne an Frau Perier*).

Den 16. November 1668.

Ihr Sohn, meine Frau, kann heute nicht nach Hause kommen, er giebt uns hier die Ehre, bei meinem Sohn zu übernachten, nachdem er mit diesem gespeist und den ganzen Tag über gearbeitet hat, um endlich die letzte Hand an die Fragmente Ihres ausgezeichneten seligen Bruders zu legen, nachdem diese durch die Kritik des Herrn von Roannez gegangen sind, was viel heißen will, doch ich will kein Wort sagen über die angenehme Beschäftigung, die wir gegenwärtig haben. Herr von Roannez ist sehr zufrieden und man kann gewiß behaupten, daß er und seine Freunde außerordentlich gearbeitet haben. Ich glaube, Sie müssen ihm hierzur Dank sagen. Wir wollen die Arbeit noch einmal durchlesen, Ihr theurer Sohn und ich, und ist dieses geschehen, so ist Alles fertig, und ich denke, daß unser Plan weder Ihnen noch Herrn Perier mißfallen wird, den ich mit Ihrer Erlaubniß grüße; denn wir haben keinen andern Zweck, als den, zu sehen, ob man einige der Fragmente, welche Herr von Roannez gestrichen hat, nicht beibehalten kann. Morgen werden wir, so es Gott gefällt, die Arbeit vollenden. Ich habe gegenwärtig einen Ueberfluß von Kraft und Gesundheit, was ich Ihren Gebeten und denen unserer Freunde und Freundinnen danke, welchen ich meine Heilung zuschreibe, denn ich war zu übel daran und meine Krankheit hatte zu lange Zeit angedauert, als daß ich hätte hoffen dürfen, so bald davon befreit zu werden,

---

*) 2e Recueil MS. du P. Guerrier. p. 71.

darum betrachte ich meine Heilung als ein kleines Wunder. Unser guter Gott sei dafür gepriesen, möge er mir, wenn es ihm wohlgefällt, die Gnade erzeigen, mich besser als in der Vergangenheit meine Gesundheit nutzen zu lassen. Ich weiß nicht, meine Frau, wie ich Ihnen für Ihre schönen Aepfel danken soll, belieben Sie mit solchen Geschenken zu spotten? Ich weiß nicht, woher es kommt, daß ich Ihnen grolle, statt zu danken. Denn ich bin noch zu eitel, um es ertragen zu können, daß man mir gebe, ohne daß ich ein gleich werthvolles Geschenk zurückgeben könnte, und leider habe ich weder Aepfel noch Birnen, um sie Ihnen zu schicken Ich will mich nicht rühmen, aber ich habe viele Lust, Ihnen einen dieser Tage auch einen Streich zu spielen. Wenigstens weisen Sie nicht Bücher nach meiner Art ab, wie das ist, das sich gegenwärtig unter der Presse befindet, noch meine theuern Schwestern, welche ich Sie in meinem Namen zu umarmen und sie zu versichern bitte, daß ich ihrer nie vor unserm Herrn vergesse. Wie geht es mit den Kopfleiden von Herrn Domat, ich grüße ihn mit Ihrer Erlaubniß, wie auch Ihre Herren Söhne und Ihren Lehrer, den ich um dieser und Ihrer willen mehr liebe, als ich Ihnen nur sagen kann. Ich wünschte, daß Sie uns alle zuschickten ich will ein kleines Collége bei meinem Sohn errichten und Herr von Rebaque wird nicht der Letzte unsrer Lehrer, Ihre Kinder nicht die letzten Schüler sein. wenigstens wüßte ich keine willkommener zu heißen. Hätten Sie je daran gedacht, mich als Vorstand eines Collége's zu sehen? Schicken Sie uns baldmöglichst die Papiere von Pascal, die Sie noch besitzen, und die uns fehlen, und schreiben Sie uns Ihre letzte Meinung wir werden ihr pünktlich nachkommen. Wie froh bin ich nicht, wenigstens einmal in meinem Leben eine kleine Ge=

legenheit zu haben, Ihnen zu dienen, und dieses in Betreff dessen, der Ihnen auf dieser Erde der Theuerste und Würdigste war, geliebt zu werden. Ich habe Montagne Ihrem Herrn Sohn zurückgegeben, wie viel Dank schulde ich Ihnen nicht?

Es fehlen uns verschiedene Gedanken über die verschiedenen Auffassungsweisen der Schrift, über die Figürlichkeit des Gesetzes u. s. w. Die Beweise für die wahre Religion aus den Gegensätzen, die sich in der Natur des Menschen durch die Erbsünde finden. Das muß wundervoll schön sein.

Ich bin so zufrieden mit dem armen Ferrand, daß ich es Ihnen gar nicht sagen kann. Er erbaut mich und das ganze Haus alle Tage mehr, und ist mir auf eine Weise behülflich, die mich verpflichtet, ihn viel zu lieben, wenn ich nicht undankbar sein will, er ist das beste Kind der Welt.

Wenn man so lange Zeit, wie ich seit dem 24. Juli verstreichen ließ, ohne zu antworten, kann man sich dessen entschlagen. Gleichwohl liegt Ihr Brief noch auf meinem Schreibtisch, ich bewahre ihn sorgfältig auf, wie Alles, was mir von Ihnen kommt. Ich lese ihn so eben auf's Neue, und ohne zu wissen, zeigt es sich mir, daß ich ihn beantwortete, denn Sie sprachen mir nur von den bewunderungswürdigen Fragmenten unseres Heiligen. Empfehlen Sie mich gütigst seinen Gebeten und seien Sie überzeugt, daß ich in unserm Herrn J. Chr. ganz Ihnen ergeben bin. Leben Sie wohl. Tausend Grüße nochmals an Ihre ganze werthe Familie.

N. VIII. — Brief von Herrn von Brienne an Frau Perier*)

Den 7. September 1668

Ihr Herr Sohn überbrachte mir gestern Ihren Brief vom 27. vergangenen Monats, wir lasen ihn mit einander und erwogen alle Ihre Gründe mehr, als Sie es selbst hätten thun können, wenn Sie zugegen gewesen wären, um auf unsere Einwürfe zu antworten. Gewiß ist, daß Sie gewissermaßen Recht haben, wenn Sie nicht wollen, daß man an den Gedanken Ihres Herrn Bruders Etwas ändere. Sein Gedächtniß steht bei mir in so großer Achtung, daß ich, wäre ich allein, ganz Ihrer Ansicht wäre, sobald Herr von Roannez und die, welche sich die Mühe nahmen, die Fragmente durchzusehen, im Sinne gehabt hätten, ihre eignen Gedanken an die Stelle derer unseres Heiligen zu setzen, oder sie auf eine solche Weise zu ändern, daß man nicht ohne Lüge und Zweideutigkeit behaupten könnte, man gebe sie dem Publicum in derselben Gestalt, in welcher man sie nach seinem Tode auf schlechten kleinen Papierstreifen vorfand. Aber da das, was man damit anfing, in keinerlei Weise den Sinn und die Ausdrücke des Schriftstellers verändert, sondern diese nur erklärt und besser formt, und da es gewiß ist, daß er, wenn er noch lebte, gern alle diese kleinen Verbesserungen und Erläuterungen, die man seinen Gedanken gab, annehmen würde, ja daß er sie selbst so gestellt hätte, wenn er Zeit gehabt hätte, sie nochmals durchzusehen, da man nur das Nothwendigste einsetzte, und das, was Einem bei der ersten Lecture dieser

---

*) 2e Recueil MS. du P. Guerrier. p. 72

Fragmente in die Augen fällt, so glaube ich nicht, daß Sie mit Recht und auf einen ganz übel gegründeten Verdacht hin sich dem Ruhm dessen, den Sie lieben, widersetzen konnten. Die übrigen Werke, welche wir von ihm besitzen, bezeugen uns deutlich genug, daß er seine ersten Gedanken nicht in der Form gelassen hatte, in welcher er sie niederschrieb, und hätten wir auch nur das Beispiel des achtzehnten Briefes vor uns, den er 13 Mal umstellte, so wären wir schon berechtigt genug, um Sie zu versichern, daß der Schriftsteller ganz Eins mit denen wäre, welche in diesen Schriften diese kleinen Veränderungen anzubringen wagten, wäre er noch selbst im Stande, uns sein Urtheil zu sagen. Darum eben, meine Frau, stimmte ich den Herren von Roannez, Arnauld, Nicole, Dubois und de la Chèse bei, welche alle darüber einstimmig sind, daß die Gedanken Pascal's jetzt besser seien, als zuvor, ohne daß man jedoch sagen könnte, sie seien andere als zuvor da sie aus seinen Händen hervorgingen, d. h. ohne daß man irgend Etwas an ihrem Sinn und Ausdruck geändert habe, denn kleine Wörter beigeschrieben, kleine Umstellungen angebracht zu haben, aber doch immer mit Beibehaltung derselben Ausdrücke, das heißt doch nicht, Etwas an diesem schönen Werke verändert haben. Der Ruf von Pascal ist zu fest begründet, als daß das Publicum sich einbilden könnte, wenn es diese Fragmente bewunderungswürdiger und zusammenhängender und gefeilter finder, als es der Charakter von Fragmenten mit sich zu bringen scheint, daß Andere als Pascal sie in diesen Zusammenhang gestellt haben. Dieser Gedanke wird nie irgend Jemand in den Sinn kommen und man wird auch das feinste christliche Gewissen nicht verletzen, wenn man sagt, man gebe diese Fragmente so, wie man sie vorgefunden habe, und sie seien aus der Hand des Verfassers hervorgegangen, und alles Uebrige, was Sie so gut und angenehm sagen, daß Sie mich zu Ihrer Meinung hinreißen würden, so bald ich sehen würde, daß die Welt fähig wäre, den Verdacht, welchen Sie fürchten, zu hegen. Das Werk bleibt auch in seinem jetzigen Zustande immerhin ein Fragment, und dieses genügt, damit Alles, was man sagt und was Sie gesagt wissen wollen, wahr sei.

Doch damit Sie besser im Stande seien, sich von der Wahrheit dessen zu überzeugen, was ich behaupte, und da ich um Alles in der Welt Ihnen nichts sagen wollte, wovon ich nicht durchaus überzeugt wäre, so schicke ich Ihnen ein Probeblatt der Veränderungen, die man gemacht hat, so wie ich es gestern Ihrem Herrn Sohn dictirt. Ich bin überzeugt, meine Frau, daß Sie, sobald Sie dieses gesehen haben, zu weise sind, um nicht Ihre Einstimmung zu geben, und um nicht froh zu sein, daß die Sache so gegangen sei, wie sie gegangen ist, d. h. so gut, als Fragmente es nur immer sein können. Werden Sie hierauf die Vorrede sehen, welche man dazu geschrieben hat, und welche ich Ihnen kommenden Dienstag oder wenigstens von heute über acht Tagen spätestens zusenden werde, so wird es Ihnen nicht genügen, nur einfach die Hand zu dem zu geben, was man gethan hat, sondern es wird Ihnen Freude machen, und Ihr Herz wird voll guter Dinge sein, wie die Schrift sagt, wenn Sie sehen, wie würdig man von einem Bruder gesprochen hat, der so sehr alles Lob und alle Achtung wie der Ihrige verdiente, und der Ihnen jetzt an dem Ort, wo er sich befindet, noch theurer sein muß, als er Ihnen während seiner irdischen Wallfahrt war.

Ich sage Ihnen noch, ohne zu fürchten, Sie zu belästigen, und ohne wie Sie Bemerkungen zu machen, daß ich am Ende der vierten Seite bin, — der einzigen Stelle, die mir an Ihrem Briefe mißfiel, denn wozu solche Entschuldigungen vor seinen Freunden machen, zumal wenn man so trefflich, wie Sie, seine Feder zu führen weiß. Verzeihen Sie mir diese kleine Abschweifung, die mir durch den Sinn kam, so daß ich mir's nicht wehren konnte, sie niederzuschreiben. Ich wollte Ihnen sagen, meine Frau, daß ich die Veränderungen mit ebenso saurem Gesicht angesehen habe, als Sie es nur immer hätten thun können, ich war ebenso eingenommen und böse, als Sie, gegen die, welche es gewagt hatten, sich auf eigenes Gutdünken hin und ohne Ihre Einwilligung zu Correctoren Pascal's aufzuwerfen, aber ich fand ihre Veränderungen und ihre kleinen Verbesserungen so vernünftig, daß mein Aerger bald verging, und daß ich genöthigt war, meineBöswilligkeit in Dank und Achtung gegen Personen zu vertauschen, von denen ich sah, daß sie bei Allem, was sie thaten, nur den Ruhm Ihres Bruders bezweckten. Ich hoffe, daß Herr Perier und Sie ebenso urtheilen werden, wie ich, und nachdem Sie das, was ich Ihnen schicke, eingesehen haben, werden Sie nicht mehr wollen, daß man den Druck des schönsten Werkes, das je erschien, noch länger verzögere. Ich übernehme gern die Sorge für die Censur und alles Uebrige, was würde ich nicht für solche Freunde, wie Sie sind, thun?

Hätte ich dem Herrn Roannez und allen Ihren Freunden getraut, d. h. den Herren Arnauld, Nicole &c., die Alle in dieser Angelegenheit Einer Meinung sind, außer daß diese beiden letzteren mehr als Herr von Roannez ängstlich sind, Etwas zu thun, was Ihnen mißfallen könnte, weil sie vielleicht nicht ebenso überzeugt sind, wie Herr von Roannez sagt, daß er es sei, daß Sie Alles, was er thue, gut heißen, wenn ich, sage ich, ihnen getraut hätte, so wäre der Druck der Fragmente Pascal's bereits bedeutend fortgeschritten. Gewiß ist es von Wichtigkeit, den Druck nicht länger aufzuschieben, und ich bitte Sie, uns mit der Uebersendung der beiden Hefte, die uns fehlen und die ich Ihnen in meinem letzten Briefe angab, auch eine Erlaubniß zuzustellen, diese Werke unter die Presse zu geben, und genug Vertrauen in alle Ihre Freunde zu setzen, im Namen derer ich Ihnen schreibe, und die ihre Bitten mit den meinigen verbinden, damit Sie überzeugt seien, daß man bei dieser ganzen Sache Nichts thue, als was gut und sehr vortheilhaft für den ist, welchen Sie lieben, und der so sehr Liebe verdient. Ich bitte Sie dringend, mich seinen heiligen Gebeten anzuempfehlen, wenn Sie sich selbst ihnen anempfehlen, und ihm in der Stille Ihres Gebetes zu sagen, daß ich für Alles, was ihn angeht, d. h. für die Seinigen und sein eigenes seliges Andenken ebenso besorgt bin, als ob ich den Vortheil hätte, sein eigener Bruder zu sein. Ich sage Ihnen dieses mit einer Ergebenheit, die nur Gott und der, welcher in ihm gestorben ist, sehen kann, und ich flehe zu ihm von ganzem Herzen, daß er sie Ihnen zu erkennen gebe, so wie sie in Wirklichkeit ist.

Was kann ich Ihnen in meinem letzten Briefe geschrieben haben, was Sie beschäme? Sie beschämen mich weit mehr, indem Sie mir von dieser angeblichen Beschämung sprechen. Ich bitte Sie, meine Frau, für die Zukunft diese Worte, welche der Eigenliebe schmeicheln, und die eine gewisse Schmeichelei ausdrücken, die zwischen Personen, die so wie wir durch das Band der Liebe verbunden sind, nicht Statt haben soll, zu unterdrücken; ich bitte Sie um dieses mit gefalteten Händen.

Wenn es mir gleich scheint, daß ich bereits hinlänglich

Ihre Furcht weggeräumt habe, so fühle ich mich dennoch beim Wiederlesen Ihres Briefes genöthigt, Ihnen zu sagen, daß Sie nicht zu furchten haben, man vermindere den Ruhm des Autors, während man ihn vermehren wolle, und daß die Welt, wenn sie erfahre, daß man an seinen Schriften gearbeitet habe, nicht mehr unterscheiden konne, was vom Auctor und was von seinen Correctoren stamme. Sie wunschen, daß man ausdrücklich bemerke, daß man nur schlecht geschriebene kleine Papierstreifen gefunden habe, und daß auf ihnen der erste Ausdruck der Gedanken, welche Pascal in den Sinn kamen, wenn er uber sein großes Werk gegen die Atheisten nachdachte, enthalten gewesen sei, daß weder er noch ein Anderer sie durchgesehen habe, um sie auch nur in Ordnung zu bringen, daß man noch die Originalien habe, wie man sie vorfand rc. Man wird alles dieses sagen, und man hat es bereits gesagt in der Vorrede ganz auf die Weise, wie Sie es wunschen, und das Beste daran ist, daß Alles auf den Buchstaben hin wahr und genau ist, ohne alle Zweideutigkeit, wie ich glaube, Ihnen schon oben mitgetheilt zu haben. Was wollen Sie mehr? Das wird alle die guten Wirkungen haben, auf welche Sie hoffen, und die beste, von welcher Sie nicht sprechen, daß Niemand etwas finden wird, was einer Entschuldigung bedurfte, und daß man nur bedauern wird, daß der Auctor nicht lange genug gelebt habe, um ein Werk zu Ende zu bringen, das trotz aller Unvollkommenheit doch so vollendet und bewunderungswurdig ist. Weiter weiß ich Ihnen Nichts zu sagen, und Sie haben Unrecht, wenn Sie nicht zufrieden sind Mit dieser Offenheit muß man mit seinen Freunden reden, zumal mit solchen Freunden wie Herr Perier und Sie, die meine Freiheit nicht übel auslegen können, die mein Herz kennen, und wissen, daß ich gegen sie stets so gesinnt bin, wie ich sein soll, d. h. daß ich mehr ihnen als mir selbst angehöre.

Man hat keinen einzigen Zusatz gemacht. Sie haben die Arbeit von Herrn von Roannez als einen großen Commentar betrachtet, und nichts gleicht seiner Arbeit weniger als die Vorstellung, welche Sie sich davon gemacht haben.

Ich rede nicht von den Gedanken, welche man unterdrückt hat, weil Sie nicht davon reden, und damit einverstanden sind. Gleichwohl will ich Ihnen sagen, daß ich mir ein kleines Heft zusammengeschrieben habe, welches ich mein ganzes Leben als einen Schatz aufbewahren werde, um mich stets davon zu nähren, denn ich möchte kein Wort von Pascal verloren gehen lassen, denn er hat Nichts geschrieben, was nicht einen unendlichen Werth besäße, bis auf das kleine Monatsbillet hinaus, das Sie mir gegeben haben.

Es wäre nun meine Pflicht mich zu entschuldigen, denn ich bin auf der neunten Seite angelangt. Doch nach dem, was ich Ihnen gesagt habe, hüte ich mich davor. Ich küsse Ihre ganze Familie. Leben Sie wohl. Ich bitte Sie, mir eine Abschrift dieses Briefes durch Eines Ihrer Kinder machen zu lassen, oder mir ihn zurückzuschicken, wenn Sie ihn nicht aufbewahren wollen, was er nicht verdient, denn ich möchte ihn Herrn von Roannez zeigen, ich glaube, das wird einen guten Eindruck hervorrufen, ich werde ihm Ihren Brief lesen, und wäre ich nicht so von der Zeit gepreßt, so hätte er diesen Brief gesehen, bevor ich ihn Ihnen absende, aber kaum hatte ich die Zeit, ihn in Eile zu schreiben. Lesen Sie mein Gekritzel, wenn Sie können.

Man hat mir gesagt, Sie wissen wundersame Geschichten über Träume, Hexen, Zaubereien, Erscheinungen u. s. w.

Ich habe mir von derlei Erzählungen eine kleine Sammlung angelegt, und ich möchte Ihnen zeigen können, was ich bereits geschrieben habe. Ich setze nur ganz genau erprobte und wahrhaftige Geschichten, und diese so ausführlich als möglich, in mein Buch Können Sie mir Etwas dieser Art schicken, oder erfahren Sie ganz sichere Leute, so bitte ich Sie, mir diesen Gefallen zu erzeigen. Alle diese Dinge, wenn sie wahr sind, geben großen Beweis für die Religion ab.

Dabei fällt mir ein, Sie zu bitten, mir eine Abschrift von dem Billet machen zu lassen, welches man bei Pascal fand, von welchem mir Herr von Roannez gesprochen hat, figürlich wie es ist, Feuer, Flamme, Tag des heiligen Chrysogonus. Ich wäre sehr glücklich, eine Abschrift davon zu haben

Nochmals, tausend Grüße. Ich gehöre Ihnen ganz an. Vergessen Sie nicht, meine theuren Schwestern und Herrn Domat von mir zu grüßen. Leben Sie wohl, noch einmal ich kann es Ihnen nicht oft genug sagen.

Den eilften

Erstes P. S. Als ich meinen Brief zu Ende gebracht hatte, war es zu spät, ihn auf die Post zu schicken, so daß ich ihn erst heute abgehen lassen kann, und da ich unterdessen damit gethan habe, was ich wünschte, so ist es nicht nöthig, daß Sie mir eine Abschrift davon machen

Zweites P. S. Unterdessen ereignete sich Etwas, was mich nöthigt, Sie zu bitten, mir durch Einen Ihrer Söhne oder Eine Ihrer Töchter eine Abschrift veranstalten zu lassen. Ich werde Ihnen für diesen Dienst sehr verbunden sein.

Ich kann Ihnen, meine Frau, die Freude nicht ausdrücken, welche ich hatte, als ich Ihren vom 30. November datirten Brief an Herrn von Roannez, den dieser mir sogleich sandte, sah; er ist, so zu sagen, eine vorläufige Antwort auf den großen Brief, den ich Ihnen hier schreibe. Gleichwohl werde ich mit dem Druck nicht beginnen lassen, so sehr die Sache auch Eile hat, bevor ich ihre letzte Antwort auf alle meine Fragen habe, wenn gleich Ihr Brief an Herrn von Roannez mich hoffen läßt, Ihre Antwort werde so günstig ausfallen, wie wir hoffen. Ich muß Ihnen sagen, meine Frau, daß Ihr Herr Sohn sehr froh ist, sich bald am Ende seiner Verwendungen bei mir und Ihren übrigen Freunden angelangt zu sehen, und nicht mehr genöthigt zu sein, uns mit seiner Hartnäckigkeit zu widersprechen, deren wahren Grund wir nicht erkannten. Denn die Macht der Wahrheit nöthigte ihn, sich zu ergeben, und doch ergab er sich nicht, sondern kam immer auf seine Aufgabe zurück; und die Sache ging zuweilen so weit, daß wir ihn nicht mehr für einen Normannen hielten, die gefällige Leute sind, sondern für den halsstarrigsten Auvergnaten, den es je gegeben habe. das heißt Alles sagen. Doch jetzt werden wir uns nächstens versöhnen, und ich hoffe, daß Ihre Zufriedenheit, und der Ruhm und Beifall, welche mit der Veröffentlichung dieses Werkes nothwendig verbunden sind, dazu beitragen werden, die kleinen Streitigkeiten, die Herr von Roannez und ich mit Ihrem Herrn Sohne hatten, auszugleichen. Ich hätte Ihnen über ihn tausend Sachen zu erzählen, die Ihnen Freude machen würden, aber ich habe nicht genug Zeit, dieses also auf ein anderes Mal. Vergessen Sie nicht meine Geschichten. Ich gehöre Ihnen ganz an; Sie wissen es.

Nr. IX. — Bericht über eine Unterredung des Erzbischofs von Paris mit dem Buchhändler Desprez, von diesem an Herrn Perier geschickt*)

. . . . . Hierauf sagte mir dieser Prälat: Herr Desprez, ein sehr gelehrter Mann hat mich besucht, jedoch ist es nicht ein Mann von unserm Fache, ich will sagen, er ist kein Theologe, aber ein sehr gelehrter und aufgeklärter Mann, er sagte mir, er habe das Buch von Pascal gelesen, und er müsse auch beistimmen, daß es ein bewunderungswürdiges Buch sei, aber es finde sich in dem Buche eine Stelle, welche die Lehre der Jansenisten zu verrathen scheine, so daß es besser wäre, hier einen Carton einzuschieben, als etwas stehen zu lassen, was den Absatz verhindern könnte, er sagte, dieses würde ihm leid thun wegen der Achtung, welche er dem Andenken des heiligen Pascal zolle.

Ich drückte ihm so gut als möglich aus, wie sehr ihm nicht nur die Verwandten, sondern auch die Freunde Pascal's verbunden sein würden für die Gefälligkeit, mit welcher er sich um die Erhaltung seines guten Andenkens bemühte. Ich bat ihn sehr unterthänig um die Erlaubniß, Ihnen das mittheilen zu dürfen, was er mir gütigst gesagt habe, und er ging gern darauf ein. — Ueber das nun, was ihm diese Person gesagt hatte, konnte ich ihm nichts sagen, weil dieses nicht in mein Handwerk einschlägt, aber ich versicherte ihn, daß man seit der Erfindung der Buchdruckerkunst kein Buch gedruckt habe, das strenger und genauer zuvor durchgesehen worden sei, daß die Censoren es sechs Monate behalten haben, um es zu lesen und wieder zu

*) 1er Recueil MS du P. Guerrier. p. 60.

lesen, und daß man alle die Veränderungen, welche sie vorgeschlagen haben, ohne Ausnahme angenommen habe, daß Niemand ihm hierüber besseren Aufschluß geben konnte, als ich, da Ihr Herr Sohn mich mit der Sorge für die Censur beauftragt habe; daß ich darum die Herrn Prälaten und Doctoren angegangen habe, daß ich eben hierum ihm mit Entschiedenheit sagen könne, daß man Nichts habe stehen lassen, was dem Autor oder seinem Gedächtniß Schaden bringen könnte. Er sagte nun. „Nun, wer sind aber die Censoren . . ." Dann wandte er sich zu mir und sagte „Warum habt Ihr nicht die Zustimmung unserer Professoren genommen?"

Wahrlich, sagte ich ihm, mein Herr, wenn wir dazu genöthigt wären, so durften wir nur einfach unsere Läden schließen, denn diese Herren haben Anderes zu thun, und nehmen sich erst dann die Mühe, unsere Bücher zu lesen, wenn sie keine andere Beschäftigung haben. Wenn ich ihnen ein Buch wie Pascal bringe, so behalten sie es mir sechs Monate lang, und ist es dann ein Buch, dessen Erscheinen sie nicht wollen, so verweigern sie erst noch ihre Beistimmung, und geben nicht einmal den Grund dieser Verweigerung an. — Keineswegs, erwiderte der Prälat; geben Sie mir ein Buch wie dieses, und ich will es Ihnen in vierzehn Tagen gelesen und examinirt zurückgeben. — Daran zweifle ich nicht, antwortete ich dem Prälaten, aber das werden Sie aus Gehorsam und Achtung für Sie thun. Wenn aber ein Mann wie ich sie um diesen Dienst angeht, so werden sie mich wie gar nicht existirend betrachten.

Hierauf sprach der Prälat mit seinem Probste über die hohe Meinung, welche derjenige von dem Buche hege, welcher es gelesen und darüber gesprochen habe. Es ist dieses, sagte er ihm, von Lamotte Fénélon.

Ich sagte dem Erzbischof, er müsse sich die Mühe nehmen, die Lecture dieses Buches mit der Vorrede zu beginnen, weil diese nothwendig sei, um das Buch gut zu verstehen, und daß er selbst nicht die kleine Vorbemerkung übergehen dürfte; zugleich nahm ich das Buch ihm aus der Hand, um diese ihm zu zeigen, und nachdem ich sie gefunden hatte, fragte ich ihn, ob es ihm recht sei, wenn ich sie ihm lese, er sagte, es werde ihm angenehm sein. Ich las sie denn, und machte ihn auf die Stelle aufmerksam, wo vom Blumchen die Rede ist; er sagte mir, er wolle alle andere Lecture bei Seite legen, bis er unser Buch gelesen habe, sodann sprach er mir über die Person, die Familie und Geburtsstadt Pascal's. Ich erzählte ihm hiervon, und machte ihm eine so genaue Beschreibung, als es mir nur immer möglich war von den Gnadengaben, welche Gott so reichlich über Ihr ganzes Haus ausgegossen habe, besonders verwies ich ihn auf das große Verdienst von Fräulein Perier, die in Nichts von dem ihres verstorbenen Bruders abweiche. Ich sprach ihm von dem jungen Herrn Perier, und hiezu gab mir die Maschine des seligen Pascal Veranlassung, über welche ich dem Prälaten auf eine solche Weise sprach, daß er mir sagte, er sei ärgerlich, daß ich ihm nicht den Anblick einer so bewunderungswürdigen Sache verschafft habe, um so mehr, da er sie im Besitze von Herrn Perier hätte sehen können. Es that ihm um so mehr leid, als ich ihm den Plan des Ganzen vorhielt, so gut ich es vermöge meiner schwachen Erkenntniß und Bekanntschaft mit ihm konnte . . . . ."

Nr X. — Auszug eines Briefes von Frau Perier an Herrn Vallant, den Arzt der Marquisin von Sablé*).

Den 1 April 1670.

. . . . . Ich sehe, daß die Frau Marquisin den Wunsch hegt, den Verfasser der Vorrede unseres Buches zu kennen. Sie wissen, mein Herr, daß ich kein Geheimniß vor ihr haben darf, darum bitte ich Sie, ihr zu sagen, daß mein Sohn sie geschrieben hat. Aber ich bitte Sie sehr unterthänig, Niemandem etwas davon zu sagen; ich nehme hier Niemanden aus, und ich bitte Sie um dieselbe Gefälligkeit, und damit Sie den Grund meiner Bitte wissen, sage ich Ihnen den ganzen Hergang der Sache. Sie wissen, daß Herr de Lachaise eine gemacht hatte, die gewiß sehr schön war. Aber da er uns hiervon Nichts mitgetheilt hatte, waren wir sehr erstaunt, als wir sie sahen, denn sie enthielt Nichts von alle dem, was wir gesagt wissen wollten, und enthielt dagegen Mehres, was wir nicht sagen wollten. Dieses bestimmte Herrn Perier ihm zu schreiben, um ihn zu bitten, daß er erlaube, daß man daran andere, oder eine andere mache, und Herr Perier entschloß sich wirklich, eine andere Vorrede zu schreiben aber da er keinen Augenblick freie Zeit hat, überschickte er nach langem Warten, als die Zeit drangte, den Auftrag meinem Sohn, und bat ihn, sie zu machen. Doch da mein Sohn sah, daß dieser Hergang Herrn von R **), Herrn von Lachaise und Andern unangenehm wäre, rühmte er sich nicht damit und that, als ob die Vorrede ganz fertig von hier ***) gekommen

---

*) MSS de la Biblioth. royale, portefeuilles du médecin Vallant

**) Roanne,

***) Von Clermont

wäre. So sehen Sie, mein Herr, daß unter so manchem Andern, über das Sie sich beschweren zu können glauben, diese Feinheit, mit der mein Sohn verfuhr, sie gewiß verletzte . . . . G. Pascal.

Nr. XI. — Auszug eines Briefes von Herrn Arnauld an Herrn Perier, Rath des cour des aides zu Clermont*).

Den 8 November.

. . . . Das ist es, mein Herr, was mich verhinderte, nicht nur Ihnen zu schreiben, sondern auch mit diesen Herren in Betreff der Bedenken des Herrn Le Camus zu verhandeln. Ich hoffe, Alles soll sich in's Reine legen, und man werde außer einigen Stellen, wo eine Umänderung gewiß gut ist, die andern lassen wie sie sind, aber erlauben Sie mir, mein Herr, daß ich Ihnen sage, daß man nicht so gewissenhaft und scrupulös sein muß, um ein Werk so zu lassen, wie es aus den Händen des Schriftstellers kam, wenn man es der öffentlichen Kritik ausstellen will. Es ist weit gerathener, dem Tadel durch einige leichte Veränderungen, die nur den Ausdruck mildern, zuvorzukommen, als sich genöthigt zu sehen, sich zu vertheidigen. Dieses ist die Idee, welche uns geleitet hat in Betreff der Betrachtungen des verstorbenen St.-Cyran über Sonntage und Feste, welche der verstorbene Saveureux gedruckt hat. Einige unserer Freunde hatten sie vor dem Drucke durchgesehen, und da Herr Nicole, der sehr genau ist, sie seit

*) 3e Recueil MS. du P. Guerrier. p. 296.

dem Druck nochmals geprüft hatte, mußte man viele Cartons machen. Doch auch die Doctoren, welchen man sie zur Censur gab, fanden noch viele Bemerkungen zu machen, von denen mehre uns vernünftig schienen, so daß wir genöthigt waren, von Neuem Cartons zu machen. Die Freunde sind weit weniger geeignet, diese Art von Prüfungen anzustellen, als die Fernerstehenden, weil die Anhänglichkeit, die sie an ein Werk haben, sie nachgiebiger und weniger scharf sehend macht, als sie selbst vermuthen. Darum müssen Sie sich nicht verwundern, mein Herr, wenn diese einige Stellen stehen ließen, ohne sich daran zu stoßen, während wir jetzt finden, daß man sie ändern muß, indem wir mehr Aufmerksamkeit als die Andern darauf verwenden. So scheint mir z. B die Stelle Seite 293 in ihrer jetzigen Gestalt große Schwierigkeiten in sich zu schließen, und es genügt mir das nicht, was Sie zu ihrer Rechtfertigung sagen, daß nach dem h Augustin keine wesentlich gerechte Gerechtigkeit in uns wohne und daß es sich ebenso mit den andern Tugenden verhalte. Denn wenn Sie die Stelle aufmerksam lesen, so werden Sie zugeben, daß Pascal hier nicht von der Gerechtigkeit als von einer Tugend redet, die einem Menschen das Prädicat gerecht beilegt, sondern von der Gerechtigkeit, quae jus est, welche einer Sache das Prädicat gerecht beilegt; wie wenn ich sage es ist gerecht, seinen Vater und seine Mutter zu ehren, nicht zu tödten, nicht Ehebruch zu begehen, nicht zu verlaumden u. s. w. Wenn aber das Wort in diesem Sinne genommen wird, so ist es falsch und sehr gefährlich zu behaupten, daß sich nichts wesentlich Gerechtes bei den Menschen finde, und was Pascal hier sagt, mag aus einem Eindruck fließen, welchen eine Maxime von Montagne bei ihm zurückließ, denn dieser sagt, die Gesetze seien nicht gerecht an sich, sondern nur weil sie Gesetze seien. Und dieses ist wahr in Betreff der Mehrzahl menschlicher Gesetze, welche an sich gleichgültige Dinge ordnen, bevor sie geordnet waren, wie daß die Erstgeborenen diesen bestimmten Theil des Erbgutes ihrer Eltern besitzen sollen; aber sehr falsch wäre es, wollte man es allgemein nehmen, wie es z. B. an sich selbst sehr gerecht ist, und nicht blos deswegen, weil die Gesetze es verordnet haben, daß die Kinder ihre Väter nicht beschimpfen. Dieses sagt der h. Augustin ausdrücklich von gewissen schimpflichen Ausschweifungen, daß sie schlecht und verboten wären, selbst wenn alle Nationen darüber einverstanden wären, sie als erlaubte Dinge zu betrachten. So glaube ich, um es Ihnen offen zu sagen, daß diese Stelle nicht haltbar ist, und man bittet Sie, unter den Papieren Pascal's zu sehen, ob sich nicht Etwas findet, das an die Stelle gesetzt werden könnte. Kurz, mein Herr, Sie dürfen versichert sein, daß ich an dieser Arbeit mit aller nur möglichen Sorgfalt und Liebe bin. Ich grüße Fräulein Perier und alle Ihre Kinder, und werde mich immer glücklich schätzen, Ihnen mit Etwas dienen zu können.

Desprez überbringt mir so eben Ihre Antwort in Betreff der Bedenken des Abbé Le C. Ich bin derselben sehr froh, weil dieses Alles erleichtern wird. Sie werden aus diesem Briefe ersehen, was man an der Seite 295 auszusetzen hat, und daß es sich nicht um eine Versetzung handelt.

Nr. XII — Auszug eines Briefes von Louis und Blaise Perier an ihre Mutter, in Betreff des Drucks des Lebens Pascal's, welches sie verfaßt hatte*).

Paris den 8. März 1677.

Schon vor einiger Zeit haben wir mit diesen Herren über das Leben gesprochen, aber mit jedem von ihnen allein. Sie hatten uns gar keine bestimmte Antwort darüber gegeben, aber bemerkt, daß dieses ein Schritt von sehr wichtigen Folgen wäre, über den man reiflich nachdenken müsse. Da sich unterdessen diese Herren bei du Bois zusammentrafen, untersuchten sie den Gegenstand und beschlossen, das Leben nicht drucken zu lassen aus mehreren Gründen, welche die Herren von Roannez und Nicole uns mittheilten. Alle waren darüber einig, daß man das Leben nicht drucken lassen dürfe, ohne den Artikel, den wir uns beizugeben beschlossen und den sie sehr gut fanden, aber sie glauben, daß dieses eben ein Grund sein müsse, es nicht jetzt bei den gegenwärtigen Verhältnissen erscheinen zu lassen, weil dieses, wenn man gleich nicht offen von der Sache redet, dennoch in den Augen aller Welt den Anschein hätte, als ob man darauf bestehe, daß Pascal den Jansenismus nicht zurückgerufen habe, eine Erklärung, die in unserer Zeit nicht gut aufgenommen werden würde, und die selbst die Unterdrückung des Buchs nach sich ziehen könnte. Doch da es sich wohl geben könnte, daß eines Tags alle diese Rücksichten wegfielen, so meinen sie, es wäre gut, von jetzt an an dem Leben zu arbeiten, damit es fertig sei, wenn der günstige Augenblick gekommen ist. Und was die Erklärung des Herrn von St. Etienne betrifft, so soll davon

---

*) 1er Recueil MS du P Guerrier

nicht mehr auf die zuerst beschlossene Weise die Rede sein, weil es offenbar nicht zu Lebzeiten des Geistlichen von St Etienne geschehen wird, sondern man kann den Gegenstand ausführlicher behandeln, indem man selbst die Briefe einreibt, welche wir von ihm über diesen Gegenstand haben, und auf das Rucksicht nimmt, was schon zu Lebzeiten dieses Herrn gedruckt wurde. Herr von Roannez war sogar der Ansicht, daß man sogleich, ohne Zeit zu verlieren, vor dem Notar ein Actenstuck aufnehme, um darauf den wahren Gegenstand des Streites zwischen meinem Oheim und diesem Herrn anzugeben, Actenstuck, das er, Arnauld und de St. Marthe unterzeichnen wurde, und dessen man sich zu gelegener Zeit und passenden Orts bedienen konnte. Aber um auf das Leben zurückzukommen, so betrachten sie es als gefährlich, in dieser Zeit ein Leben zu veröffentlichen, sind ja doch diese Biographien so gewohnlich geworden, daß man sie mit ziemlicher Gleichgultigkeit ansieht, weil sich die Welt vorstellt, die Verwandten veroffentlichen sie nur aus Ehrgeiz und Eitelkeit. Endlich bemerten sie, daß dieses Leben in der Gestalt, in welcher man es geben würde, der Vorstellung nicht entspräche, welche die Meisten sich davon zuerst machen wurden, weil man darin die Einzelheiten uber die Geschafte erwarten wurde, an denen er Theil hatte, wie uber die Art und Weise, wie er die Provinciales rc. schrieb, denn dieses wurde die Welt am Meisten interessiren.

Alle diese Grunde bestimmten sie zu glauben, daß es nicht der geeignete Augenblick sei, das Leben drucken zu lassen, und daß dieses nur unter dringenden Verhaltnissen geschehen durfte, denn was wir ihnen in Betreff von Herrn Desprez sagten, konnte sie nicht bestimmen, und sie meinen, er habe vielleicht aus Eigennutz zu den Worten des Abbe d'Aligre etwas beigesetzt, und ware dieses, so mußte man sich davon losmachen, indem man ihm sagte, daß ein Theil dieses Lebens in den Vorreden seiner Werke enthalten sei, u. s. w.

Nr. XIII — Schrift, die sich in der Tasche des Herrn von Guitry nach seinem Tode fand*).

Ich verspreche Gott, mich, so gut es mir möglich ist, von dem kleinlichen Dienst dieser Welt loszutrennen, um eifriger an das Heil meiner Seele zu denken, und ich will von ihm dazu Stärke und Gnade erflehen.

Ich will selbst nicht die Süßigkeit, die Freude und den Genuß suchen, die aus guten Handlungen hervorgehen, weil ich weder Freude, noch Genuß, noch Süßigkeit verdiene.

Ich will mich meiner ganzen Vernunft bedienen, und wenn mir Gott einige Stärke des Geistes giebt, so will ich sie dazu anwenden, mich selbst zu überzeugen, daß es kein sicheres Gut giebt, außer wenn man Gutes thut, aber daß man es nicht aus Liebe zu sich noch um des Vergnügens willen, das daraus hervorgeht, thun dürfe, weil es dann nicht mehr ein Gutes wäre, sondern aus Liebe zu Gott, indem man anerkennt, daß alles Gute von ihm kommt, und daß er seine Gnadengaben an andern Gnadengaben wieder erkennt.

Weil ich unglücklich genug bin, mein Seelenheil durch meinen Aufenthalt am Hofe aufs Spiel gesetzt zu haben, so verspreche ich Gott, ihm alle Mühe, die ich hier habe, darzubringen als eine Strafe, die ich mehr als die Andern verdient habe. Ich verspreche ihm selbst alle Rache zum

*) MSS de la Bibl roy Résidu de Saint-Germain, portefeuilles Vallant.

Opfer zu bringen, und mich zu bemühen, in meiner Stellung, so viel als nur möglich, Gutes zu thun.

Ich verspreche Gott, gegen meine Dienstboten und Verwandten so viel als nur immer Liebe zu üben, und mehr als in der Vergangenheit, indem ich keine Gelegenheit vorbeigehen lasse, ihnen Gutes zu erzeigen.

Ich verspreche Gott, in Nichts meinen eigenen Ruhm zu suchen, sondern ihm zu gefallen.

Ich verspreche Gott, die erbauen zu wollen, welchen ich zuvor ein Aergerniß sein konnte.

Ich verspreche Gott, Alles, was in meiner Kraft ist, zu thun, um Jedem und zumal meinen Gläubigern Gerechtigkeit angedeihen zu lassen. Ich verspreche Gott, mich nicht mehr dem Zorn zu ergeben, und da dieses ein Fehler ist, in welchen ich immer wieder zurückfalle, und da ich mir hierin weniger als in irgend etwas Anderem traue, so gelobe ich bis kommenden Ostern meinen Gürtel 2 Stunden lang so oft zu tragen, als ich mich dem Zorn ergeben habe.

Ich verspreche, meinen Geist so viel als nur möglich von allen Dingen abzuwenden, die meine Einbildungskraft beflecken konnten, und meine Augen von Dingen, welche mir böse Gedanken einflößen konnten, und so oft ich hierin meinem Fleische nachgegeben habe, verspreche ich Gott, mich während fünf Vaternoster zu geißeln, und gelobe dieses bis kommenden Ostern.

Ich verspreche Gott, mit mehr Bescheidenheit und Unterwerfung über alle Gegenstände der Religion zu sprechen, und so oft ich hiergegen fehlen sollte, so verspreche ich bis kommenden Ostern, mich selbst in derselben Gesellschaft zu verdammen.

Gedruckt bei E. Polz in Leipzig

CPSIA information can be obtained
at www.ICGtesting.com
Printed in the USA
BVHW041144040321
601717BV00007B/103